SOMMAIRE

INTRODUCTION - Les métiers d'aide-soignant et d'auxilliaire de puériculture

Préparation à l'épreuve écrite : Biologie humaine - Nutrition - Alimentation

CHAPITRE 1
Organisation générale de l'être humain 7
Exercices 20
Corrigé 23
CHAPITRE 2
La peau et ses fonctions 25
Exercices 29
Corrigé 30

FONCTIONS DE RELATION

CHAPITRE 3
Le système nerveux 31
Exercices 47
Corrigé 49
CHAPITRE 4
Appareil locomoteur et locomotion 51
Exercices 60
Corrigé 62

FONCTIONS DE NUTRITION

CHAPITRE 5
Appareil circulatoire et circulation 63
Exercices 74
Corrigé 76
CHAPITRE 6
Appareil digestif et digestion 79
Exercices 89
Corrigé 93
CHAPITRE 7
Appareil excréteur et excrétion 97
Exercices 103
Corrigé 105
CHAPITRE 8
Appareil respiratoire et respiration 107
Exercices 114
Corrigé 116
CHAPITRE 9
Fonction de reproduction 117
Exercices 128
Corrigé 130

MAINTIEN DE L'INTEGRITE DE L'ORGANISME

CHAPITRE 10
Système endocrinien et maintien du milieu intérieur 131
Exercices 135
Corrigé 137
CHAPITRE 11
Système immunitaire et résistance à l'infectionmicrobienne 139
Exercices 147
Corrigé 149
CHAPITRE 12
Notion de pharmacologie 151
Exercices 000
Corrigé

000

NUTRITION-ALIMENTATION

CHAPITRE 13
Constituants alimentaires 159
Exercices 169
Corrigé 171
CHAPITRE 14
Etude des aliments 167
Exercices 169
Corrigé 171
CHAPITRE 15
Besoins nutritionnels et apports conseillés 173
Exercices 178
Corrigé 178
CHAPITRE 16
Alimentation rationnelle 179
Exercices 186
Corrigé 189
CHAPITRE 17
Comportement alimentaire 189
Exercices 192
Corrigé 193

Annales corrigées

SUJETS 1 197
SUJETS 2 204
SUJETS 3 209
SUJETS 4 215
SUJETS 5 220

L'entretien avec le jury 225

Annexes : adresses utiles 237

INTRODUCTION

LES MÉTIERS D'AIDE-SOIGNANT ET D'AUXILIAIRE DE PUÉRICULTURE

Les aides-soignants et les auxiliaires de puériculture travaillent sous la responsabilité d'une infirmière, d'une puéricultrice ou, le cas échéant, d'autres professionnels du secteur de la santé (ou du secteur éducatif et du secteur social pour les auxiliaires de puériculture). En collaboration avec ces personnels, ils participent :

– à l'accueil des personnes et de leur entourage ;

– aux soins d'hygiène et de confort de l'enfant et de l'adulte (change, toilette, installation pour les activités de la journée, pour les repas, pour la nuit, prévention des escarres…) ;

– au repérage des modifications de l'état, ou du comportement des publics auprès desquels ils travaillent. Ils assurent la transmission des informations recueillies en vue d'actions de soins adaptés ;

– à l'accomplissement des actes de la vie quotidienne pour des personnes ayant perdu leur autonomie ou ne l'ayant pas encore acquise (aide à l'habillage, à la prise des repas, changement de position, aide à la marche et au déplacement, participation aux activités occupationnelles… et plus particulièrement s'agissant des auxiliaires de puériculture, collaboration aux activités d'éveil et d'éducation de l'enfant…) ;

– à l'hygiène de l'environnement de l'enfant ou de l'adulte (nettoyage, décontamination, désinfection de la chambre, du mobilier, du matériel…).

À ces savoir-faire s'ajoutent des qualités relationnelles d'autant plus importantes que ces activités s'accomplissent auprès d'enfants, de personnes malades ou handicapées, de personnes âgées, de malades en fin de vie.

Les aides-soignantes peuvent exercer leur activité dans des établissements d'hospitalisation, de soins ou de cure et dans des services de soins à domicile. Les auxiliaires de puériculture travaillent dans des structures d'accueil de la petite enfance (crèches, haltes garderies, jardins d'enfants…), dans les centres de protection maternelle et infantile (PMI), dans les services médicaux (maternités, services de pédiatrie ou de chirurgie infantile).

En milieu hospitalier, leur service s'effectue en alternance le matin, l'après-midi ou la nuit et une permanence s'établit pour les week-ends et les jours fériés.

Ces métiers, qui requièrent des compétences techniques et des aptitudes physiques, demandent en outre des qualités d'observation, d'écoute, de réflexion ainsi que le goût de la relation à l'autre et du travail en équipe.

La formation, d'une durée d'un an, est, pour partie, commune aux aides-soignants et aux auxiliaires de puériculture. Moyennant un complément de formation, elle permet aux auxiliaires de puériculture de devenir aides-soignants et réciproquement.

PRÉPARATION À L'ÉPREUVE ÉCRITE

BIOLOGIE HUMAINE NUTRITION-ALIMENTATION

CHAPITRE I ORGANISATION GÉNÉRALE DE L'ÊTRE HUMAIN

La vie est possible grâce à des molécules spécifiques, les **biomolécules**, qui ont un rôle structural ou interviennent dans les réaction chimiques du métabolisme.
Les conditions nécessaires à la vie sont réunies dans la **cellule**, unité de petit volume qui contrôle ses échanges avec le milieu extérieur.
L'être humain, comme toutes les formes de vie élaborées, exige une organisation structurée avec **cellules spécialisées**, regroupées pour assurer les fonctions vitales.

I - Les constituants de la matière vivante

La matière vivante a une composition très différente de celle de la matière inerte, mais relativement constante (bactéries et animaux possèdent une composition chimique très proche).
On distingue **deux types de constituants :**

- **les substances organiques** : elles contiennent du carbone (élément symbolisé par « C ») ;
- **les substances minérales :** elles ne contiennent pas l'élément carbone (exception faite de l'ion HCO_3, dérivé du CO_2 ou gaz carbonique).

A - Les constituants minéraux

L'eau (H_2O) représente 65 à 70 % de la matière vivante, c'est donc **le principal constituant**.
Les autres minéraux sont présents sous forme d'ions : anions chargés négativement (*exemples* : Cl^-, HCO_3) ou cations chargés positivement (*exemples* : Na^+, Ca^{2+}).

Constituants	Rôles
Eau	**Solvant :** l'eau permet la dissolution de la plupart des constituants de la matière vivante, à l'exception des lipides qui sont hydrophobes (repoussent l'eau) et des très grosses molécules (macromolécules d'aspect généralement fibreux). **Réactif chimique :** – dans les réactions d'**hydrolyse** : coupure d'une biomolécule par addition d'eau ; – dans les réactions de **condensation** : association de deux biomolécules avec élimination d'eau. – **eau et pH** : l'eau se dissocie selon l'équation : $H_2O \rightleftarrows H^+ + OH^-$; elle comporte une infime teneur en ions H^+ et OH, en proportions égales ; son pH est égal à 7. En présence d'un acide, la teneur en H^+ augmente et le pH est inférieur à 7 ; en présence d'une base, la teneur en H^+ diminue et le pH devient supérieur à 7.
Principaux ions minéraux (macro-éléments)	Les **macro-éléments** sont présents en **quantité relativement importante** et jouent un **rôle constitutif** de la matière vivante : – intervention dans le maintien de la pression osmotique. Les plus importants sont le sodium (Na^+), le potassium (K^+) et les chlorures (Cl^-). – intervention dans la structure de l'os : cristaux de phosphate de calcium. Certains ont un rôle spécifique dans le fonctionnement des cellules (en particulier au niveau du muscle et du tissu nerveux).
Oligoéléments	Les **oligoéléments** sont présents en **très petite quantité** (c'est-à-dire moins du millième de la masse corporelle). Les plus représentés sont le fer (Fe^{2+}), le zinc (Zn^{2+}), l'iode (I^-), le fluor (F^-). On leur attribue essentiellement un **rôle catalytique** : ils sont alors associés à des molécules organiques auxquelles ils donnent des fonctions spécifiques (transport de O_2 pour le fer dans l'hémoglobine, par exemple).

B - Les constituants organiques

Ils comprennent un nombre limité de molécules de petite taille (oses, acides aminés…). Ces molécules peuvent être associées pour former des macromolécules (protéines, acides nucléiques…), on obtient alors des molécules très variées (enzymes, hormones, anticorps…), aux fonctions spécifiques (enzymatique, hormonale, immunitaire).

Molécules	Définitions
Glucides	Ensemble de constituants comportant les oses et les osides (molécules libérant des oses par hydrolyse), avec les diosides (saccharose, lactose), les polyosides (glycogène…).
Oses	Petites molécules comportant les éléments C, H, O, dont la formule peut s'écrire : Cn (H_2O)n, n étant compris entre 3 et 7. Le glucose (6 carbones) est le représentant le plus important ; les autres oses sont : le fructose, le galactose, le ribose.
Lipides	Ensemble de constituants comportant les acides gras, les glycérides (3 acides gras combinés à 1 glycérol), les phospholipides et des biomolécules présentant les mêmes caractéristiques d'insolubilité dans l'eau (cholestérol et dérivés…).
Acides gras	Acides organiques comportant au moins 4 atomes de carbone. Les principaux acides gras en comportent beaucoup (C_{16}, C_{18}) d'où leur hydrophobie. Les acides gras saturés ne comportent que des liaisons simples ($- CH_2 - CH_2 -$) ; les acides gras mono-insaturés comportent une double liaison ($- CH = CH -$), les acides gras poly-insaturés en comportent au moins deux. *Exemples* : acide butyrique et acide stéarique (C_4 et C_{18} saturés), acide oléique (C_{18} monoinsaturé), acide arachidonique (C_{20} tétrainsaturé).
Protides	Ensemble de constituants regroupant les acides aminés et les molécules qui en libèrent par hydrolyse : peptides (quelques acides aminés), polypeptides (quelques dizaines d'acides aminés), protéines (macromolécules comportant plus de cinquante acides aminés).
Acides aminés	Molécules comportant une caractéristique commune (fonction acide et fonction amine) leur permettant de se lier pour donner des peptides et un radical variable. Il existe vingt acides aminés différents qui interviennent dans la structure des protéines.
Acides nucléiques ADN et ARN	ADN (acide désoxyribonucléique) et ARN (acide ribonucléique) sont deux macromolécules constituées par l'enchaînement d'un très grand nombre de nucléotides (*cf.* la cellule).
Vitamines	Groupe hétérogène de molécules complexes qui interviennent dans le fonctionnement de l'organisme ; ce dernier ne pouvant les synthétiser, elles doivent être fournies par l'alimentation. Elles ont un rôle catalytique. Elles sont classées en deux catégories : les vitamines hydrosolubles (solubles dans l'eau) et les vitamines liposolubles (solubles dans les lipides). Les principales vitamines hydrosolubles sont la vitamine B_1, la vitamine B_2, la vitamine PP et la vitamine C. Les principales vitamines liposolubles sont les vitamines A, D et E.

II - Les niveaux d'organisation

A - La cellule

L'observation microscopique des êtres vivants montre la présence de cellules. On admet généralement que la cellule représente la plus petite unité vivante.

La cytologie est l'étude des cellules ; dans un mot, le suffixe *cyte* accolé à une racine indique une nature cellulaire ; par *exemple*, hépatocyte : cellule hépatique (du foie) ; adipocyte : cellule adipeuse…

1 – La structure cellulaire

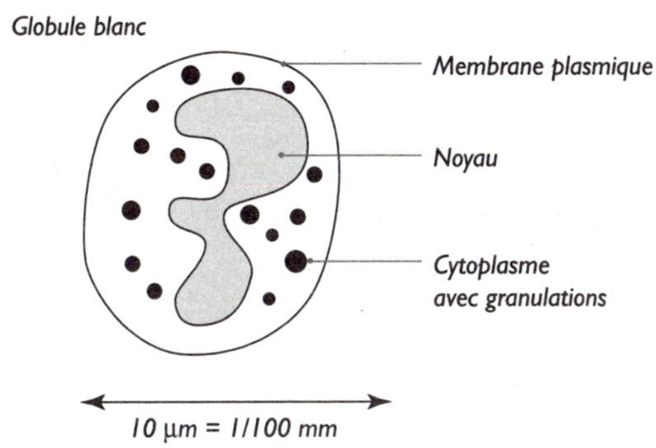

Le **microscope optique** (grossissement généralement de 100, 400, 600 ou 1000) permet l'observation de cellules vivantes et donc de **visualiser leur structure**.
L'utilisation de colorants améliore le contraste et permet de mettre en évidence quelques constituants ou organites cellulaires.
La forme de la cellule varie ; on y retrouve toujours les mêmes éléments de structure, sauf rares exceptions (par *exemple,* globule rouge : cellule sans noyau).

2 – L'ultrastructure de la cellule

a - la cellule au microscope électronique

Seul un **microscope électronique**, utilisant un rayonnement d'électrons en remplacement de la lumière, permet de **visualiser l'ultrastructure de la cellule**. On peut même observer certaines protéines des organites (observation de détails 200 fois plus petits qu'avec un microscope optique).
Le cytoplasme de la cellule comporte un gel (eau + protéines), le cytosol ou hyaloplasme, contenant des organites. Ces organites, à l'exception des ribosomes, sont entourés de membranes et constituent des compartiments individualisés dans le cytoplasme.

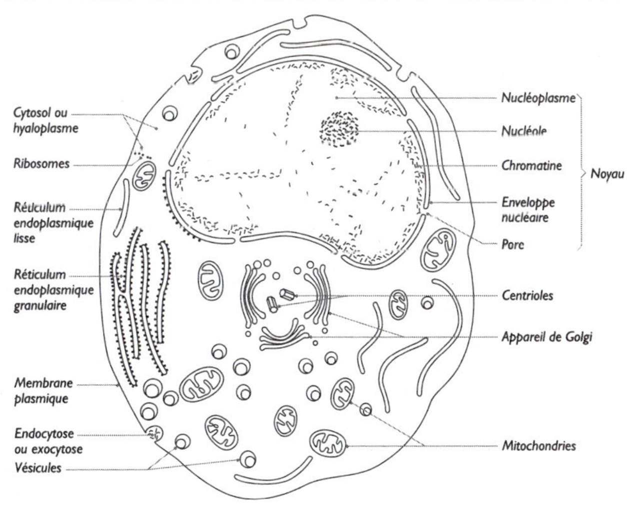

Ultrastructure de la cellule

b - rôles des organites cytoplasmiques

Organite	Rôles
Membrane plasmique	**Limite de la cellule** (frontière), elle assure le contrôle des échanges avec le liquide extracellulaire. La membrane comporte des récepteurs à diverses molécules (hormones…) susceptibles de modifier l'activité de la cellule.
Mitochondrie	**Production d'énergie.** L'oxydation des substrats énergétiques (glucose, acides gras…) se déroule en grande partie dans la mitochondrie. Elle libère de l'énergie (sous forme d'ATP), nécessite du dioxygène (O_2), et entraîne la production d'eau et de dioxyde de carbone (CO_2).
Réticulum endoplasmique	**Réticulum lisse : synthèse de lipides.** **Réticulum granulaire** (présence de ribosomes) : **synthèse de protéines** et transport des protéines vers l'appareil de Golgi.
Appareil de Golgi	**Formation de vésicules,** qui ont deux types de destination : – le cytoplasme (*exemple* : les vésicules qui contiennent des enzymes permettant la digestion intracellulaire) ; – le milieu extracellulaire : vésicules de sécrétion (sécrétion d'hormones, d'enzymes…) qui déversent leur contenu à l'extérieur de la cellule par exocytose.
Ribosomes	Lieu de **synthèse des protéines**, les ribosomes sont libres dans le cytosol ou associés au réticulum (face externe des membranes).
Noyau	Site de **stockage de l'information génétique** : la chromatine contient l'ADN. Site de **production des ARN dont les ARN messagers** qui permettent la synthèse des protéines au niveau des ribosomes.

3 – Les échanges membranaires

a - structure de la membrane

Principaux constituants	Caractéristiques	Organisation : modèle membranaire
– Phospholipide pôle hydrophile (attire l'eau) pôle hydrophobe (repousse l'eau) 	– Constitution d'une double couche comportant une zone hydrophobe. – Texture fluide à 37 °C.	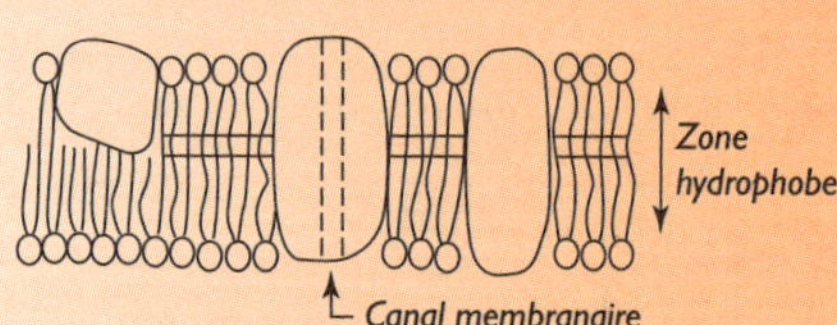
– Protéine : molécules globulaires 	– Fonctions spécifiques (transporteur, récepteur…).	La fluidité de la membrane (état pratiquement liquide) permet le déplacement et les réarrangements des protéines (associations variables).

b - types d'échanges

Mécanismes	Types	Caractéristiques	
Passif (diffusion)	**Diffusion d'eau : phénomène d'osmose**	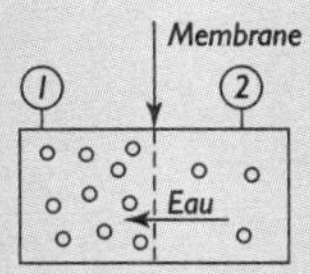	La membrane plasmique possède des pores laissant passer les très petites molécules telles que l'eau. **L'eau passe du milieu le moins concentré en substances dissoutes vers le milieu le plus concentré, jusqu'à équilibre de concentration de part et d'autre de la membrane.**
	Diffusion de substances dissoutes	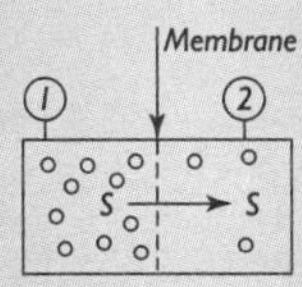	La substance **S diffuse au travers de la membrane selon le gradient de concentration**, c'est-à-dire du milieu où elle est le plus concentré ① vers le milieu où elle est le moins concentrée ②. La membrane permet la diffusion des lipides, de petites molécules (alcool...) ; les plus grosses molécules (oses...), les ions, peuvent diffuser au travers de canaux membranaires ou grâce à des transporteurs protéiques.
Actif (nécessite de l'énergie)	**Transport actif**	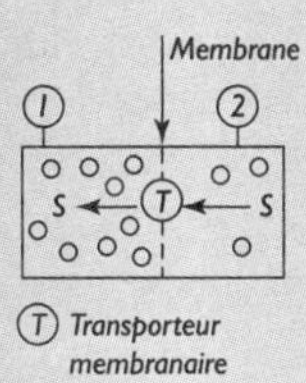	La substance **S est transportée** de ② vers ① **contre le gradient de concentration**, grâce à un transporteur protéique T situé dans la membrane. **Ce transport nécessite de l'énergie** : utilisation d'ATP. Le transport actif permet le maintien de différences de concentration entre l'intérieur et l'extérieur de la cellule pour de nombreuses substances (Na^+, K^+...).
	Phagocytose	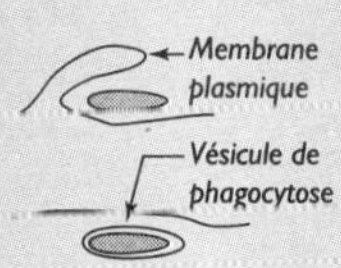	La **déformation de la membrane** permet **d'englober de grosses particules**, comme par exemple une cellule bactérienne... Il se forme une vésicule dont le contenu subira une digestion intracellulaire. La phagocytose n'est réalisée que par certaines cellules (macrophages, par *exemple*).
	Pinocytose	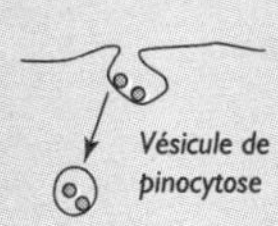	La membrane plasmique s'invagine, ce qui entraîne la formation d'une **vésicule englobant un peu de milieu extra-cellulaire**. La pinocytose se rapproche de la phagocytose, mais elle concerne l'ingestion de liquides, de molécules mais pas des particules. La plupart des cellules peuvent la réaliser.
	Exocytose	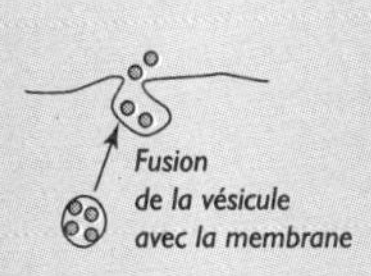	L'exocytose permet la **libération du contenu de vésicules cytoplasmiques dans le milieu extracellulaire**. Elle concerne particulièrement les cellules sécrétrices (neutrotransmetteurs, hormones...).

4 – La multiplication cellulaire

La multiplication des cellules permet la croissance de l'organisme et le renouvellement de ses cellules. **Les cellules se reproduisent par mitose.**

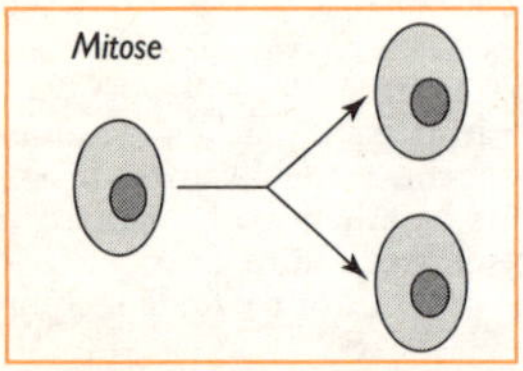

Au cours d'une mitose, la cellule mère se divise pour donner deux cellules filles qui seront strictement identiques à la cellule mère.

Les caractéristiques des cellules sont transmises d'une génération à l'autre, elles sont héréditaires.

a - matériel génétique et hérédité

Le support de l'hérédité

Les caractéristiques des cellules (morphologie, type d'activité) reposent sur la présence de **protéines** particulières qui ont un **rôle structural ou catalytique** (catalyse : accélération des réactions chimiques).

Les cellules filles sont identiques à la cellule mère parce qu'elles synthétisent les mêmes protéines. Le message permettant la synthèse d'une protéine, c'est-à-dire l'enchaînement de nombreux acides aminés qui la constituent dans le bon ordre, est contenu dans l'ADN.

C'est donc l'ADN qui est le support de l'hérédité.

L'ADN est une macromolécule constituée de deux brins complémentaires.

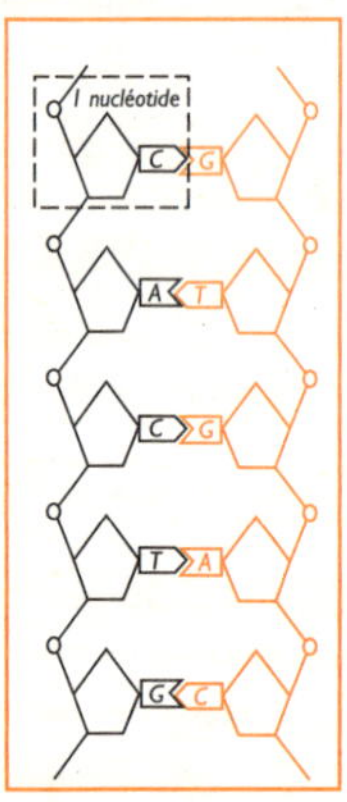

Représentation schématique d'un petit fragment d'ADN

Chaque brin est un enchaînement de nucléotides qui ne diffèrent que par la nature de leurs bases constitutives. On note :

- A pour adénine – T pour thymine
- G pour guanine – C pour cytosine

La complémentarité des brins est due à celle des bases : A se lie à T et G se lie à C.

Les brins sont enroulés l'un contre l'autre, formant une double hélice. La molécule d'ADN étant très longue, de l'ordre du centimètre, elle est à l'état très enroulé dans le noyau de la cellule.

On appelle gène un fragment d'ADN contenant le message codant la synthèse d'une protéine. On peut dire : un gène code une protéine. La molécule d'ADN est une succession de gènes. L'ADN, matériel génétique de la cellule, est localisé dans la chromatine du noyau.

On appelle **réplication** l'opération assurant **la duplication de l'ADN identique à lui-même** (même séquence de bases dans les deux molécules). **La réplication a lieu avant la division cellulaire.**

Les chromosomes

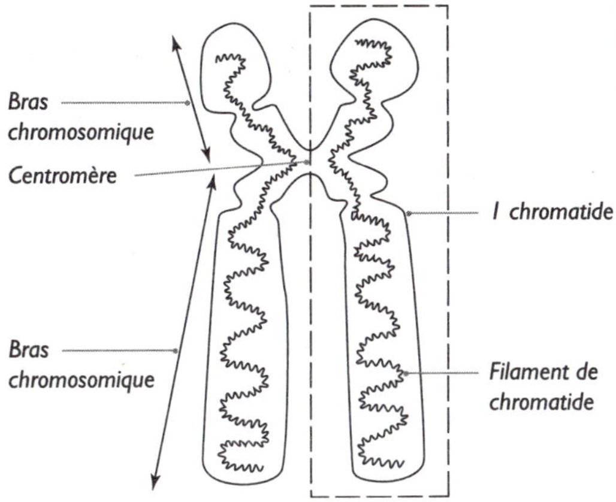

Structure d'un chromosome

Les chromosomes sont visibles dans la cellule en mitose. Ils se sont formés dans le noyau par condensation de la chromatine.

Le schéma ci-contre correspond à la structure classique d'un chromosome.

Ce chromosome comporte deux chromatides symétriques, reliées au niveau du centromère. Chaque chromatide comporte une molécule d'ADN.

Les molécules d'ADN, constitutives des deux chromatides d'un chromosome, sont identiques (même succession de bases).

Le nombre de chromosomes est caractéristique d'une espèce. Dans l'espèce humaine, il est de 46 soit 23 paires de chromosomes dits homologues. On distingue 22 paires d'**autosomes**, d'aspect identique dans les deux sexes, et une paire de chromosomes sexuels ou **gonosomes** se présentant sous forme **XX chez la femme** et **XY chez l'homme**. C'est donc le gonosome Y qui détermine le sexe masculin.

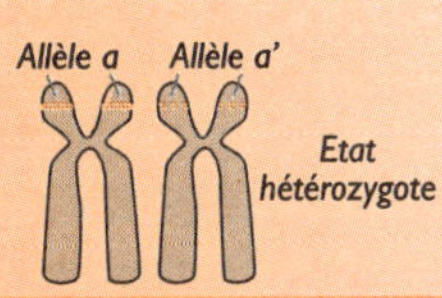	On utilise l'expression **hérédité autosomique** lorsqu'il s'agit de caractères héréditaires portés par des gènes situés sur les autosomes. Chaque gène est présent en deux exemplaires, appelés **allèles**, situés à des emplacements identiques, mais sur les chromosomes homologues. Lorsque les allèles sont identiques, on dit que le gène est présent à l'état **homozygote**. Lorsqu'ils sont différents, on parle d'état **hétérozygote**.
	La transmission des maladies héréditaires autosomales se fait de manière équivalente dans les deux sexes. Elle est dite **dominante** si des troubles apparaissent alors qu'un seul des gènes alléliques est anormal (les exemples sont assez rares : hypercholestérolémie familiale, chorée de Huntington...).
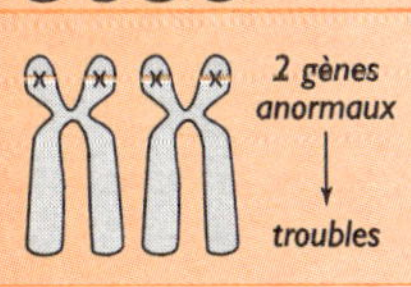	Elle est dite **récessive,** si les troubles n'apparaissent que lorsque les deux allèles sont anormaux (cas de nombreuses maladies dont la mucoviscidose, la phénylcétonurie, l'albinisme...). Dans ce cas, l'individu porteur d'un seul gène anormal n'est pas malade, mais il peut transmettre la maladie à ses descendants.

Certaines maladies héréditaires sont dites liées au sexe, c'est-à-dire que les gènes anormaux qui en sont responsables sont portés par un chromosome sexuel. Ce sont en général les chromosomes X qui en sont la cause. La plupart des maladies héréditaires liées au sexe sont récessives. S'agissant des chromosomes X, c'est alors généralement l'homme qui est atteint car il ne possède qu'un exemplaire du chromosome X. Il suffit en effet que le chromosome X soit porteur du gène anormal pour que les troubles se manifestent (hémophilie, daltonisme...). La maladie s'exprime chez la femme lorsqu'elle est homozygote pour le gène considéré.

L'expression du matériel génétique dans la cellule

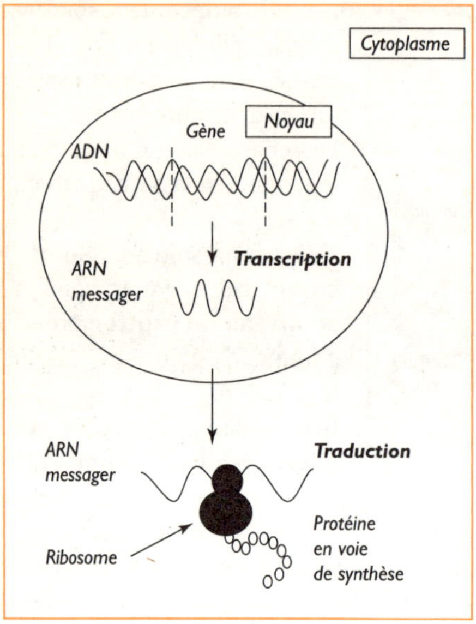

Première étape : **la transcription.**
C'est la formation d'ARN messager par copie d'un brin d'ADN du gène en ARN.
On obtient un ARN messager (ou ARN m), succession de nucléotides qui diffèrent par leur base. La succession des bases définit l'enchaînement des acides aminés dans la protéine à synthétiser.
Par *exemple,* la séquence A-U-G-A-A-G- code pour l'enchaînement : Méthionine-Lysine ; il faut une succession de trois bases dans l'ARNm (soit un codon) pour coder un acide aminé.

Deuxième étape : **la traduction.**
C'est l'assemblage des acides aminés de la protéine, selon l'ordre donné par l'ARNm.
Elle se déroule dans le cytoplasme, au niveau des ribosomes.

La synthèse d'une protéine est un phénomène complexe, nécessitant l'intervention de nombreuses molécules et très gourmand en énergie. La protéine obtenue est strictement conforme au message porté par le gène qui lui correspond.

Une maladie génétique est due à un gène porteur d'une anomalie (souvent le remplacement d'une seule base par une base différente), les troubles découlent de la synthèse d'une protéine anormale, généralement inapte à remplir sa fonction. Par *exemple,* dans le cas de l'hémophilie, l'anomalie porte sur un gène codant pour un facteur de la coagulation, porté par le chromosome X, la protéine synthétisée n'est pas fonctionnelle et les hommes atteints sont victimes d'hémorragies

b - la mitose

Au cours de la mitose, une cellule mère se divise pour donner deux cellules filles.
La **mitose est précédée de la duplication de l'ADN de la chromatine de la cellule mère** dont le noyau contient alors deux lots d'ADN, soit 92 filaments plus ou moins enchevêtrés.

Lors de la mitose, ces filaments sont organisés en 46 chromosomes qui seront équitablement répartis entre les cellules filles, grâce au fuseau achromatique.

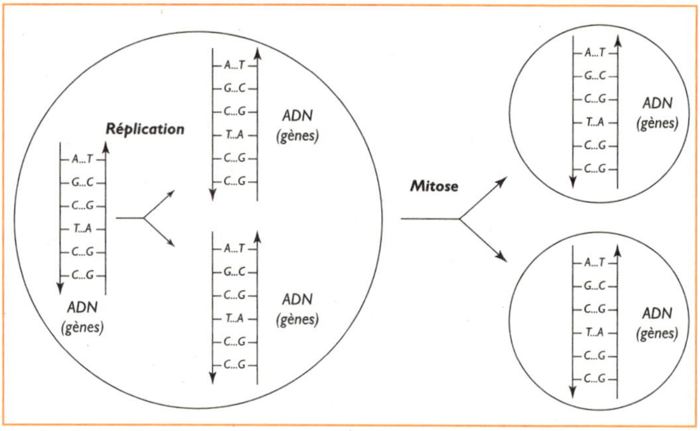

Les phases de la mitose

Phases	Schéma de la cellule	Caractéristiques
Prophase	 (cellule à 4 chromosomes pour simplifier)	**Condensation de la chromatine en chromosomes** qui deviennent visibles sous forme de filaments. **Mise en place du fuseau achromatique,** ensemble de tubules protéiques s'organisant à partir des asters (centrioles). Disparition de l'enveloppe nucléaire. En fin de prophase, les chromosomes sont en place sur le fuseau achromatique.
Métaphase		**Les chromosomes sont groupés au centre de la cellule ; leur centromère étant dans le plan équatorial de la cellule.**
Anaphase		**Division des centromères, dissociation des chromatides. Migration des chromatides vers les pôles du fuseau achromatique.**
Télophase	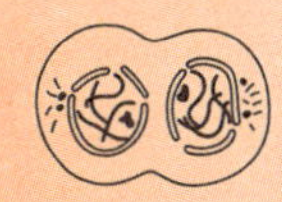	Les **chromosomes** se déroulent et **redonnent** progressivement de **la chromatine** diffuse. Le fuseau achromatique disparaît. **Les noyaux des cellules filles se forment** (enveloppe nucléaire, nucléole). **La cellule mère se divise en deux cellules filles.**

L'activité mitotique

Le cycle cellulaire comporte l'interphase, durant laquelle la cellule synthétise des protéines et croît, **suivie de la mitose**. Sa durée varie, il est soumis à un contrôle strict. L'activité mitotique varie principalement en fonction du type de cellules et de l'âge de l'individu.

Fréquences des mitoses	Exemples
Élevée	Chez le jeune : organes en croissance, d'où l'augmentation du nombre de cellules. C'est également le cas des tissus embryonnaires. Organes en période de cicatrisation, pour reconstituer les tissus. Cellules des tissus à renouvellement rapide : peau et muqueuse intestinale, lymphocytes en cas de stimulation immunitaire…
Moyenne	Chez l'adulte : renouvellement des cellules plus ou moins rapide selon les tissus et les organes, mais pas d'augmentation du nombre de cellules.
Faible	Chez la personne âgée : renouvellement des cellules ralenti, cicatrisation plus lente.
Nulle	Cas des neurones : toute perte de neurones est irréversible, mais aussi de cellules très différenciées comme la cellule musculaire.

Anomalie de la division cellulaire : le cancer

Lorsqu'une cellule échappe au mécanisme de contrôle de la division, elle donne naissance à un massif de cellules, c'est-à-dire une tumeur.

Types de tumeur	Caractéristiques
Bénigne	Tumeur à croissance lente qui reste localisée.
Maligne ou cancer	Tumeur à **croissance parfois très rapide, envahissant les tissus voisins,** capable de libérer des cellules qui vont migrer dans l'organisme et provoquer la **formation de tumeurs secondaires** appelées **métastases**. Cellules retrouvant des caractéristiques embryonnaires (dédifférenciation) et présentant un aspect modifié (par exemple noyau volumineux avec de nombreux nucléoles).

c - la méïose

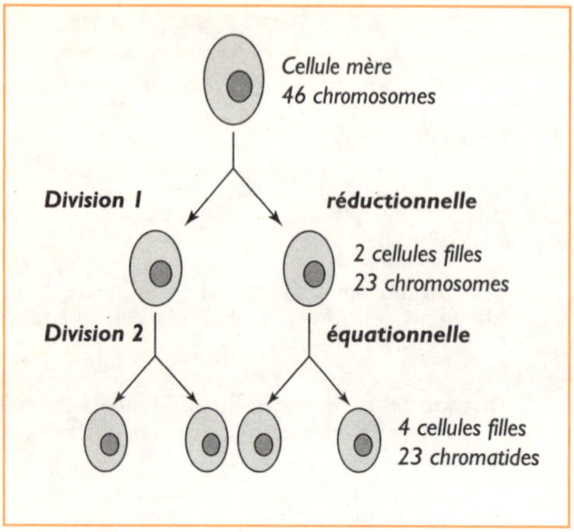

La méïose est un mode de division **réservé aux cellules précurseurs de gamètes**, c'est-à-dire les cellules reproductrices : **spermatozoïdes et ovule**.

Elle est caractérisée par la réduction du nombre de chromosomes de la cellule. Il passe de 23 paires, cellule est dite diploïde, à 23 chromosomes, cellule dite haploïde.

La méïose comporte deux divisions.
L'entrée en méïose est précédée de la réplication de l'ADN dans la cellule mère.

Chaque division de méïose est décomposée en phases (prophase, métaphase, anaphase, télophase) qui comportent des analogies avec les phases de la mitose.

Les phases de la méïose

Phases	Aspect des cellules	Caractéristiques
Phrophase 1	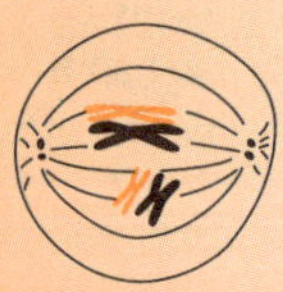	Condensation des chromosomes qui se mettent en place sur le fuseau achromatique. **Appariement des chromosomes homologues,** formation de groupes de 4 chromatides : les tétrades.
Métaphase 1		**Alignement des tétrades, formation de la plaque équatoriale.** Les centromères des chromosomes sont de part et d'autre de ce plan équatorial.
Anaphase 1	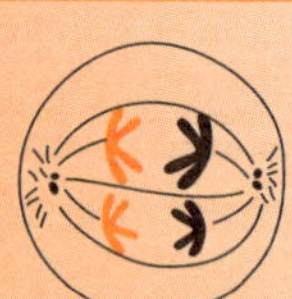	**Migration des chromosomes vers les pôles de la cellule.** Les centromères ne sont pas clivés et ce sont des chromosomes comportant deux chromatides qui migrent.
Télophase 1		Formation des deux cellules filles. **Fin de la division 1 : réductionnelle.** **Enchaînement de la division 2.**

Phase	Aspect des celluleS	Caractéristiques
Prophase 2	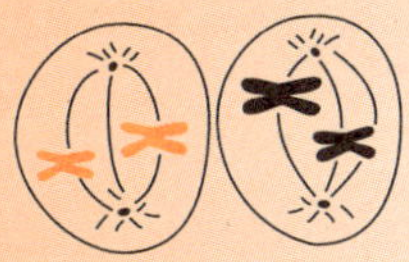	Mise en place des chromosomes qui se mettent en place sur le fuseau achromatique. Fixation des chromosomes sur les fibres des fuseaux.
Métaphase 2	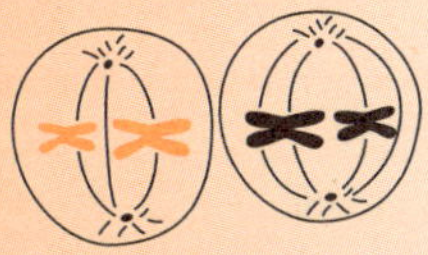	Formation de la plaque équatoriale. Les centromères des chromosomes sont dans ce plan.
Anaphase 2	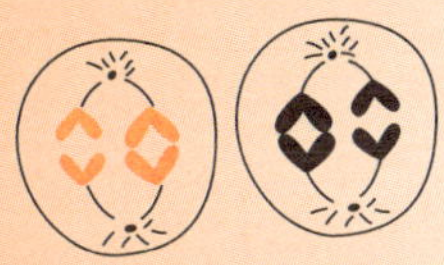	Les centromètes se clivent ; les chromatides migrent vers les pôles.
Télophase 2	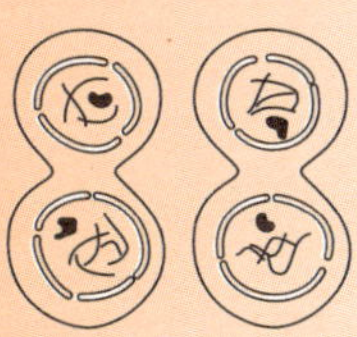	Formation des cellules filles. **Fin de la méïose, on a obtenu quatre cellules filles haploïdes.**

Les **cellules filles diffèrent de la cellule mère par la quantité d'ADN** (il y en a deux fois moins) **et par la nature de leur ADN,** les chromosomes homologues ayant été distribués de manière aléatoire dans les cellules filles (sur les schémas, les chromosomes rouges sont séparés des noirs, on aurait pu avoir un noir et un rouge de chaque côté).

Les cellules issues de la méïose possèdent 23 chromosomes, elles pourront participer à la fécondation et permettre, en fusionnant avec un autre gamète, la formation d'une cellule œuf à 46 chromosomes.

La cellule œuf comporte un lot de chromosomes provenant du spermatozoïde et un lot de chromosomes provenant de l'ovule. Dans chaque paire de chromosomes homologues, les chromosomes sont différents au niveau des gènes qu'ils portent, l'un étant d'origine paternelle, l'autre d'origine maternelle. Cette différence est symbolisée sur les schémas par la coloration des chromosomes en rouge ou en noir.

B - Tissus, organes et appareils

L'être humain, bien qu'issu d'une seule cellule œuf, comporte un très grand nombre de cellules qui sont différenciées et groupées selon un plan bien défini.

1 – Les niveaux d'organisation

Niveaux d'organisation	Définitions	Exemples
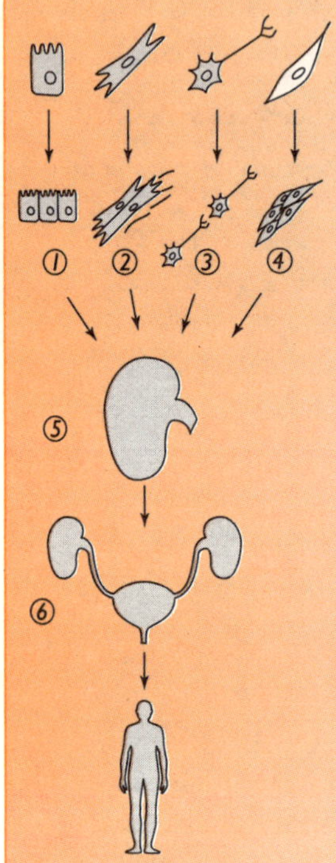	**Cellule spécialisée** : cellule qui, de par sa morphologie, son ultrastructure, ses caractéristiques enzymatiques, est adaptée à une fonction.	– cellule nerveuse (neurone) adaptée à la transmission de messages ; – cellule intestinale adaptée à l'absorption des nutriments ; – adipocyte adapté au stockage des lipides…
	Tissu : ensemble de cellules spécialisées, généralement du même type, regroupées pour assurer une fonction.	– tissu épithélial ① ; – tissu conjonctif ② ; – tissu nerveux ③ ; – tissu musculaire ④ ; – tissu glandulaire…
	Organe : unité anatomique bien définie, composée de plusieurs tissus organisés de manière à réaliser une activité vitale.	– le rein ⑤ ; assure la production d'urine ; il ne peut être remplacé par aucun autre organe ; sa fonction est essentielle, vitale ; – le cœur fait circuler le sang ; – l'aorte conduit le sang…
	Appareil ou **système** : ensemble d'organes regroupés et travaillant de manière coordonnée pour accomplir une fonction.	– l'appareil urinaire assure une fonction d'excrétion en produisant l'urine et en permettant son évacuation dans le milieu extérieur ; – l'appareil digestif assure une fonction de nutrition ; – l'appareil respiratoire ; – l'appareil circulatoire ; – l'appareil locomoteur (squelette et muscle) ; – l'appareil reproducteur ; – le système nerveux ; – le système endocrinien ; – le système immunitaire ; – le système tégumentaire (peau).
	Organisme (être vivant.) : il comporte un ensemble d'appareils (voir ci-contre), fonctionnant de manière coordonnée pour le maintenir en vie dans le milieu ambiant.	

2 – Les différents types de tissus

a - le tissus épithélial

Définition : ensemble de cellules formant la limite de l'organisme. Le tissu épithélial tapisse la surface du corps (au niveau de la peau), mais aussi les cavités internes ouvertes sur le milieu extérieur (épithélium digestif, respiratoire, urinaire, génital).

Caractéristiques

Il comporte des **cellules jointives**, réalisant un film continu de cellules et constituant **une barrière à la pénétration d'éléments étrangers**. Cette fonction protectrice, toujours présente, peut être renforcée dans le cas d'un épithélium stratifié (plusieurs couches de cellules) ou d'un épithélium cilié (épithélium bronchique).

Il peut réaliser une **fonction d'échange avec le milieu extérieur** (épithélium des alvéoles pulmonaires) ou une fonction **d'absorption** (épithélium intestinal, épithélium des tubules rénaux).

Il peut avoir un **rôle sécréteur** : cas des cellules à mucus incluses dans l'épithélium.

b - le tissu glandulaire

Tissu glandulaire	Ensemble de cellules spécialisées dans une fonction de sécrétion. La sécrétion consiste à libérer une substance dans le milieu extra-cellulaire (voir exocytose).
Glande	Organe (glandes salivaires, foie…) ou partie d'organe (glandes gastriques, glandes intestinales…) assurant une fonction de sécrétion.
Glande exocrine	Glande déversant sa **sécrétion dans le milieu extérieur**, par l'intermédiaire d'un canal. *Exemples* : glandes salivaires (salive), lacrymales (larmes), mammaires (lait)…
Glande endocrine	Glande déversant sa **sécrétion dans le milieu intérieur** (le sang). Les glandes endocrines ne comportent pas de canal excréteur mais sont richements vascularisées (réseau capillaire proche des cellules sécrétrices). Les glandes endocrines sécrètent des **hormones** (voir système endocrinien).
Glande mixte	Elle possède une fonction endocrine et une fonction exocrine. Par *exemple,* le pancréas sécrète le suc pancréatique, libéré dans le duodénum, et des hormones dont l'insuline (voir régulation de la glycémie).

Hormone	Substance sécrétée dans le sang par une glande endocrine, distribuée dans tout l'organisme grâce à l'appareil circulatoire, active à très faible concentration sur des cellules cibles (possédant des récepteurs spécifiques de l'hormone sur leur membrane) dont elle modifie l'activité.
Enzyme	Protéine assurant une fonction catalytique (un catalyseur accélère fortement une réaction chimique). Certaines sécrétions exocrines comportent des enzymes (*exemple* : les sucs digestifs), mais les enzymes, nombreuses et variées, ont essentiellement une localisation intra-cellulaire.

Attention ! *ne pas confondre hormone et enzyme.*

c - le tissu conjonctif

■ **Définition** : tissu de remplissage, assurant la liaison entre les différents tissus, entre les différentes parties d'un organe ou entre les organes. Certains tissus conjonctifs sont spécialisés (tissu osseux, tissu adipeux, tissu tendineux, sang…) et possèdent une fonction spécifique.

■ **Caractéristiques**

Il comporte **trois types de constituants** dont les proportions varient selon la catégorie de tissu conjonctif :

– **une substance fondamentale**, à base d'eau, mais plus ou moins gélifiée par des grosses molécules en solution (associations protéines et polyosides) ;

– **des fibres** : **collagène** (responsable de la grande résistance mécanique des tendons par exemple) et **élastine** (responsable de l'élasticité du parenchyme pulmonaire, de la paroi des artères…) ;

– **des cellules** : elles peuvent être peu différenciées (cellules du tissu conjonctif lâche) ou très spécialisées (cellules sanguines, cellules osseuses…).

■ **Associations tissu épithélial et tissu conjonctif**

Deux types d'associations présentent un aspect membranaire et doivent être distingués.

Muqueuse	Association d'un épithélium avec du tissu conjonctif lâche (également appelé chorion), **tapissant les cavités de l'organisme qui communiquent avec l'extérieur** : muqueuse digestive, muqueuse respiratoire, muqueuse génitale, muqueuse urinaire.
Séreuse	Association d'un tissu d'origine épithéliale avec une mince couche de tissu conjonctif, **tapissant des cavités internes de l'organisme**. La séreuse comporte toujours **deux feuillets qui sont en continuité** : – le feuillet pariétal qui tapisse la paroi de la cavité ; – le feuillet viscéral qui tapisse la surface des organes logés dans la cavité. Les plèvres, le péritoine, le péricarde sont des séreuses.

EXERCICES

CHAPITRE I

ORGANISATION GÉNÉRALE DE L'ÊTRE HUMAIN

1 – Les niveaux d'organisation : faites correspondre chaque nombre à une lettre.

1	Carbone		7	Cartilage		13	Adipocyte	
2	Nucléotide		8	Biceps		14	Cœur + vaisseaux sanguins	
3	Foie		9	Glucose		15	Squelette	
4	Thymocyte		10	Sang		16	Azote	
5	Neurone		11	Spermatozoïde		17	Nerf auditif	
6	Aorte		12	ADN		18	Epithélium respiratoire	

Atome	A	Molécule	B	Cellule	C	Tissu	D	Organe	E	Appareil	F

2 – Complétez le tableau à l'aide de croix lorsque l'affirmation est vraie.

N°	**Affirmations**	**Vraie**
1	Une molécule organique comporte toujours du carbone.	
2	L'eau est la molécule la plus abondante dans l'organisme.	
3	Un oligoélément est une petite molécule.	
4	Le glucose est un glucide constitué par l'association de plusieurs oses.	
5	Les protéines sont des macromolécules libérant de très nombreux acides aminés par hydrolyse.	
6	Il faut un microscope électronique pour observer les cellules.	
7	La cellule est la plus petite unité de matière vivante.	
8	Un gène est une protéine particulière du noyau.	
9	Une enzyme est sécrétée par une glande endocrine, elle agit sur un récepteur membranaire.	
10	Une cellule diploïde comporte deux lots de chromosomes homologues.	
11	Le chromosome, observé en métaphase, comporte deux chromatides.	
12	Le chromosome X ne se retrouve que chez la femme.	

3 – La cellule : complétez les légendes du schéma, indiquez le rôle des éléments repérés par les numéros : ①, ②, ③, ④, ⑤.

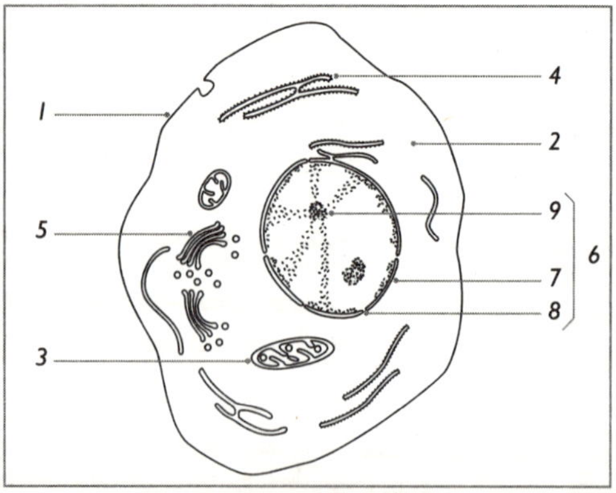

4 – *La muqueuse intestinale et les transports membranaires : complétez les phrases en choisissant parmi les mots proposés.*

Dans la .... (1) intestinale, on observe la présence d'entérocytes, cellules .... (2) disposées en monocouche, associés à du tissu .... (3)

Les entérocytes réalisent l'absorption du glucose par transport .... (4), ce qui consomme de l'énergie et nécessite la présence de .... (5) protéiques. Par contre, les acides gras pénètrent dans l'entérocyte, selon le gradient de concentration, par .... (6) .... (7).

L'eau est absorbée par .... (8), suite à l'absorption des autres nutriments. Elle passe du compartiment le .... (9) concentré en substances dissoutes vers le compartiment le .... (10) concentré en substances dissoutes.

osmose	plus	moins	glandulaires	diffusion
épithéliales	passive	actif	passif	transporteurs
séreuse	couches	pinocytose	muqueuse	conjonctif

5 – *La mitose : la microphotographie (ou le dessin) ci-dessous représente une cellule en mitose.*

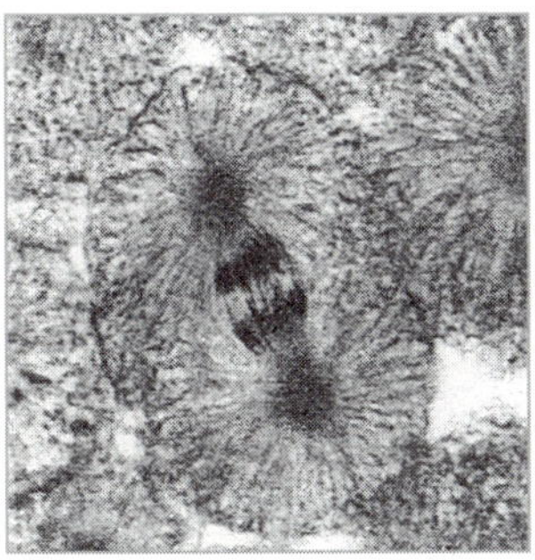

5. 1. Identifiez la phase de mitose correspondant à l'évolution de cette cellule, précisez les caractéristiques vous ayant permis de conclure.

5. 2. Situez cette phase par rapport aux autres phases de la mitose.

5. 3. Justifiez le qualificatif « équationnelle » attribué à la mitose.

6 – *La méïose :*

6. 1. Quelles sont les cellules concernées par la division méïotique ?

6. 2. Quelles sont les particularités des cellules issues de la méïose par rapport à celles issues d'une mitose ?

7 – *Complétez la grille de mots croisés.*

Horizontalement

1) Très grosse molécule constituée par l'assemblage de nombreuses unités.
2) Copie d'ADN en ARN.
3) Propriété de ce qui n'a aucune affinité pour l'eau.
4) Molécule nécessaire dans l'alimentation, en très petite quantité, pour éviter une carence.
5) Se dit d'une tumeur cellulaire envahissant les tissus voisins.
6) Niveau d'organisation des cellules, accessible grâce au microscope électronique.
7) Caractéristique se transmettant d'une génération à l'autre.
8) Maladie grave due à la perte du contrôle de la division chez certaines cellules.

Verticalement

a) Molécule « riche en énergie », présente dans la cellule.
b) Fonction assurée par les enzymes et la plupart des oligoéléments.
c) Massif de cellules.
d) Copie conforme de l'ADN en ADN.
e) Mesure de l'acidité d'un milieu.
f) Synthèse des protéines, partie réalisée au niveau des ribosomes.
g) Se dit d'un individu atteint d'une maladie génétique, souffrant de troubles de la coagulation.
h) Membrane tapissant les cavités internes de l'organisme, comporte deux feuillets en continuité.
i) Fragment d'ADN, contient l'information nécessaire à la synthèse d'une protéine.

Corrigé

■ *1 – Les niveaux d'organisation*

1	A	2	B	3	E	4	C	5	C	6	E	7	D	8	E	9	B
10	D	11	C	12	B	13	C	14	F	15	F	16	A	17	E	18	D

■ *2 – Affirmations vraies.* 1 – 2 – 5 – 7 – 10 – 11

■ *3 – La cellule*

N°	Légende	Rôle de l'élément repéré.
1	Membrane plasmique	Limite la cellule, contrôle les échanges avec le milieu extra-cellulaire.
2	Cytosol ou hyaloplasme	
3	Mitochondrie	Site principal de production de l'énergie dans la cellule.
4	Réticulum endoplasmiques granulaire	Site de production de certaines protéines.
5	Appareil de Golgi	Principal site de formation des vésicules cytoplasmiques.
6	Noyau	Stocke l'information génétique (ADN de la chromatine), site de formation des ARN à partir de l'ADN (transcription).
7	Enveloppe nucléaire	
8	Pore nucléaire	
9	Chromatine	

■ *4 – La muqueuse intestinale et les transports membranaires.*

Dans la **muqueuse** intestinale, on observe la présence d'entérocytes, cellules **épithéliales** disposées en monocouche, associés à du tissu **conjonctif**.

Les entérocytes réalisent l'absorption du glucose par transport **actif**, ce qui consomme de l'énergie et nécessite la présence de **transporteurs** protéiques. Par contre, les acides gras pénètrent dans l'entérocyte, selon le gradient de concentration, par **diffusion passive**.

L'eau est absorbée par **osmose**, suite à l'absorption des autres nutriments. Elle passe du compartiment le **moins** concentré en substances dissoutes vers le compartiment le **plus** concentré en substances dissoutes.

■ *5 – Mitose.*

1 – Cellule en anaphase, on remarque la présence de deux lots de chromosomes qui semblent tirés vers les pôles du fuseau achromatique (asters bien visibles). Il y a eu clivage des centromères et ce sont les chromatides qui migrent.

2 – L'anaphase est la troisième phase de la mitose : la première est la prophase, ensuite c'est la métaphase, l'anaphase est suivie de la télophase.

3 – La mitose est équationnelle car on obtient, à partir d'une cellule mère, deux cellules filles parfaitement identiques entre elles et identiques à la cellule mère, car possédant le même matériel génétique.

■ *6 – Méïose.*

1 – La méïose intervient lors de l'ovogenèse et de la spermatogenèse. Les cellules concernées sont les cellules précurseurs des gamètes, soit les spermatocytes I et les ovocytes I.

2 – Les cellules issues de la méïose sont :

– différentes de la cellule mère, notamment quant au nombre de chromosomes (n chromosomes au lieu de 2n) ;

– différentes entre elles ; par exemple, dans la spermatogenèse, on obtient des cellules comportant le chromosome X (susceptibles de donner un embryon femelle) et des cellules comportant le chromosome Y (susceptibles de donner un embryon mâle).

■ 7 – *Grille de mots croisés.*

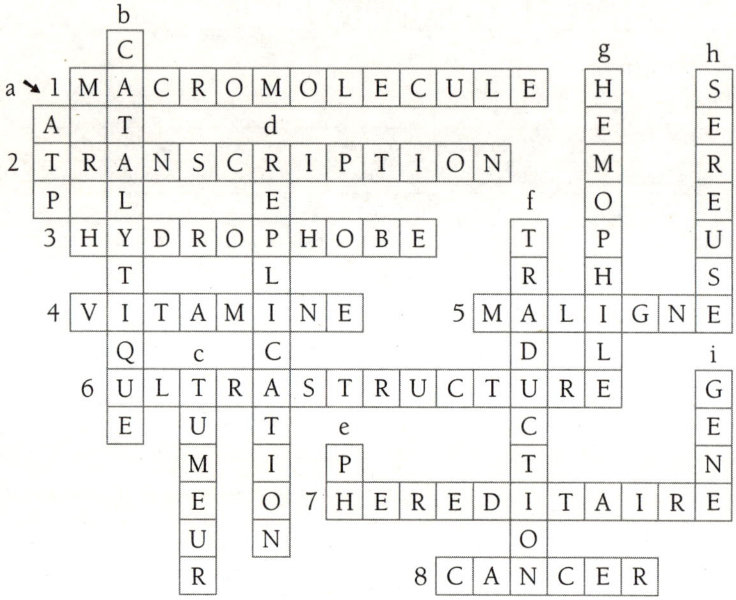

CHAPITRE 2

LA PEAU ET SES FONCTIONS

I - Caractéristiques

La peau est la barrière protectrice de tout l'organisme. Elle est imperméable et dotée de ses propres systèmes de défense.
Elle est plus ou moins souple, plus ou moins épaisse selon les endroits et plus ou moins colorée. Les peaux sombres contiennent une forte proportion d'un pigment : la **mélanine**.

Surface = 1,5 m^2	Épaisseur = 0,4 à 0,5 mm

La peau se continue au niveau des orifices naturels par les **muqueuses**.
Les ongles, les poils, les cheveux sont les annexes de la peau et sont appelés les **phanères**.
La peau reçoit de nombreuses informations (contact, chaud, froid) : c'est l'**organe du toucher**

II - La peau aux différents âges de la vie

Chez l'enfant, la peau est moins résistante aux variations de températures et aux infections microbiennes.
Chez les personnes âgées, le vieillissement se traduit par :
– une perte de l'élasticité de la peau, due à la diminution de collagène et d'élastine ;
– le ralentissement du renouvellement des cellules de l'épiderme ;
– l'amincissement du derme ;
– la moindre activité des glandes sébacées (peau sèche) ;
– l'atrophie des glandes sudoripares (modification du contrôle de la température par la sudation) ;
– la perte du tissu adipeux.

III - Description et structure de la peau

Schéma de la peau

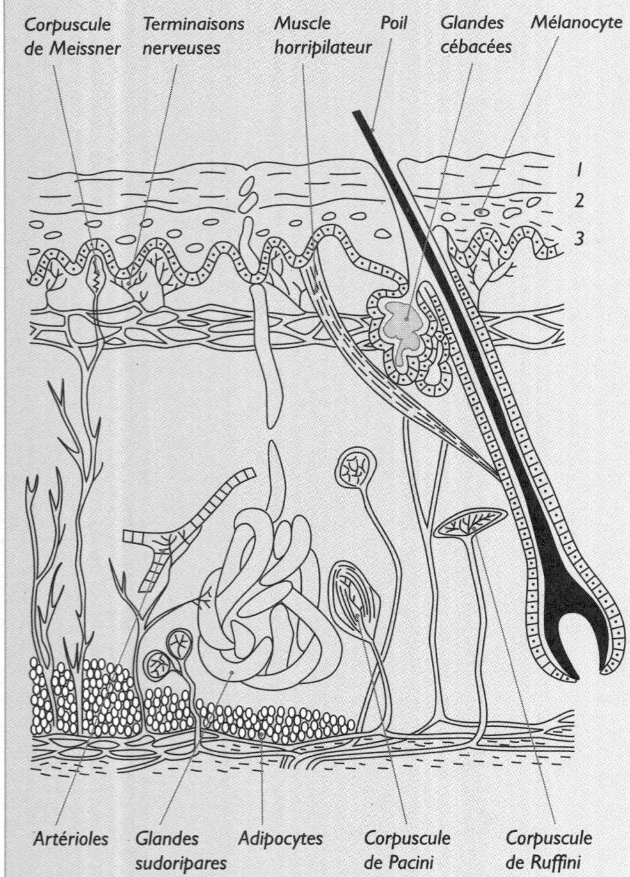

Couches	Structure et description de la peau	Rôles
Épiderme (*épithélium stratifié*)	• **Couche cornée :** les cellules se dessèchent et desquament en permanence. • **Couche muqueuse de Malpighi** contient : – des *kératocytes* : cellules produisant la *kératine* qui donne à la peau sa dureté ; – des *mélanocytes* : cellules produisant la *mélanine* responsable de la pigmentation cutanée ; – des *terminaisons nerveuses* (sensation du toucher). • **Couche basale :** les cellules s'y renouvellent au fur et à mesure qu'elles s'usent en surface.	**Protection :** – chocs et frottements, – soleil, UV (mélanocytes), – effet barrière : micro-organismes, – produits chimiques. **Absorption :** – oxygène, – corps gras, médicaments. **Métabolisme :** – UV solaires dans la synthèse, – la vitamine D.
Derme (*tissu conjonctif*)	– fibres élastiques : *élastine* – fibres de *collagène* – glandes *sébacées* et *sudoripares* – follicules pileux Il est parcouru par des vaisseaux sanguins, lymphatiques, des terminaisons nerveuses. Les récepteurs sensitifs (Meissner, Merkel, Pacini, Ruffini) réagissent selon les variations de pression.	**Souplesse** **Thermo régulation :** – épaisseur de la peau, – vasodilatation et vasoconstriction des vaisseaux, – sudation. **Élimination** de produits toxiques par – la sueur, – l'urée. **Sensoriel :** – tactile, – thermique, – douleur. **Protection** microbienne (cellules immunitaires).
Hypoderme (*tissu conjonctif*)	C'est une couche profonde de la peau, riche en cellules adipeuses (*adipocytes*). C'est par son intermédiaire que la peau glisse sur les organes sous-jacents.	**Réserve :** graisses. **Protection** contre le froid.
Phanères	**Poils :** composés d'une tige et d'un follicule pileux, d'un muscle horripilateur et d'une glande sébacée. **Ongles :** formés de *kératine* dure, fabriquée par la *matrice.* **Glandes :** – sébacées produisent le *sébum ;* – sudoripares élaborent la *sueur* qui s'évacue par les pores. **Nerfs :** sous forme de terminaisons libres et de récepteurs.	**Protection** mécanique et thermique. **Protection** antimicrobienne. **Élimination** des toxiques. **Sensitif.**

IV - Les altérations de la peau

Altérations de la peau	Caractéristiques	Conséquences et complications
Plaies	Section de la peau accompagnée ou non de blessures plus profondes (piqûre, coupure, morsure) : **– plaies simples :** épiderme et derme ; **– plaies graves :** plus profondes.	Risque d'infection Hémorragies, état de choc. Lésions nerveuses ou musculaires.
Brûlures	**Trois grands types de brûlures** – **thermiques** par la chaleur (flamme, liquide bouillant, solide brûlant) ; – **chimiques** par des liquides caustiques : chaux, acides… ; – **électriques** et **irradiation** (UV soleil). **Facteurs de gravité** **L' intensité de la brûlure :** – 1er degré : brûlure superficielle (érythème, chaleur, douleur) ; – 2e degré : complication de l'érythème par une phlyctène* ; – 3e degré : lésions plus graves allant jusqu'à la carbonisation et parfois atteinte de l'os. L'**étendue** de la brûlure et sa **localisation** déterminent la **gravité** d'une brûlure (qui s'exprime en pourcentage).	Desquamation (coup de soleil). Risques d'infection. Complications générales : – état de choc par déshydratation ; – absence d'urine et empoisonnement pouvant entraîner la mort ; – risque important d'infection ;

* Soulèvement cutané arrondi, rempli d'un liquide clair.

V - Les affections de la peau et des muqueuses

Affections	Signes caractéristiques et causes	Facteurs aggravants et complications	Mesures d'hygiène
Érythème	**Rougeur localisée** de la peau par irritation (soleil, mauvaise hygiène, utilisation de produits irritants).	Infection et extension de l'érythème.	Hygiène corporelle rigoureuse et régulière. Utilisation d'une crème solaire.
Gale	**Parasitose** contagieuse due à un parasite (*sarcopte*). La contamination se fait par **contact direct** (interhumain), **indirect** (literie…).	Surinfection par lésions de grattage.	Mesures d'hygiène strictes en prévention. Désinfection des vêtements et de la literie. Application d'un traitement local.
Eczéma	**Dermatose** caractérisée par des vésicules sèches ou séreuses pouvant desquamer.	Infection.	Éviter tout contact avec des substances irritantes ou allergènes.
Impétigo	**Infection** superficielle de la peau (*staphylocoque* ou *streptocoque*) plus fréquente chez l'enfant. Les lésions cutanées, petites bulles remplies de liquide, se transforment en croûtes. Contagiosité importante surtout en collectivité.	Contagiosité importante surtout en collectivité.	Hygiène très stricte. Éviter le grattage des lésions. Couper les ongles très court.
Muguet	**Infection** de la peau et des muqueuses par des levures.	Manque d'hygiène. Sous-alimentation. Traitement antibiotique.	Hygiène stricte (tétine de bébé). Alimentation suffisante équilibrée.

VI - Les escarres

Définition : nécrose (la circulation est interrompue) des tissus par compression prolongée entre deux plans durs formés par l'os et la surface d'appui.

Les points de pression => risques d'escarres

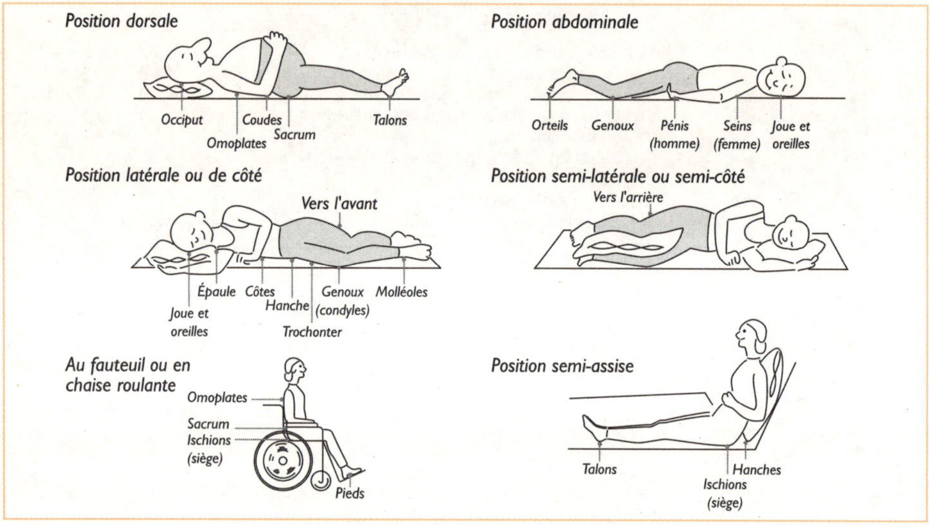

A - Les différents stades de formation de l'escarre

Stade 1 : rougeur limitée (apparition en 2 ou 3 jours voire 2 ou 3 heures).
Stade 2 : phlyctène (ampoule) plus signes d'inflammation : douleur, chaleur, œdème.
Stade 3 : nécrose : apparition d'une plaque noire signifiant la mort des cellules. Atteinte de toutes les couches jusqu'à l'hypoderme.
Stade 4 : atteinte des tissus et souvent de l'os ; l'infection apparaît.

B - Les facteurs favorisant la formation des escarres

– État général altéré.

– État nutritionnel : carence en protide.
maigreur extrême.
obésité.

– Âge : les personnes âgées cumulent plusieurs facteurs de risques.

– Immobilisation ou alitement prolongé.

C - Les méthodes de prévention

Ensemble de manœuvres manuelles et d'actions préventives, qui visent à activer la circulation locale au niveau des points d'appui :
– massage préventif sur tous les points de pression ;
– changements de position ;
– hygiène corporelle : éviter l'humidité, la macération ;
– hygiène de l'environnement : la literie ; les plis, les miettes ;
– l'alimentation : favoriser l'hydratation (un à deux litres d'eau par jour) ;
– mise en place de matelas et de matériels anti-escarres.

CHAPITRE 2

EXERCICES

LA PEAU ET SES FONCTIONS

1 – *Indiquez dans le tableau le nom correspondant au schéma. Légendez ce schéma.*

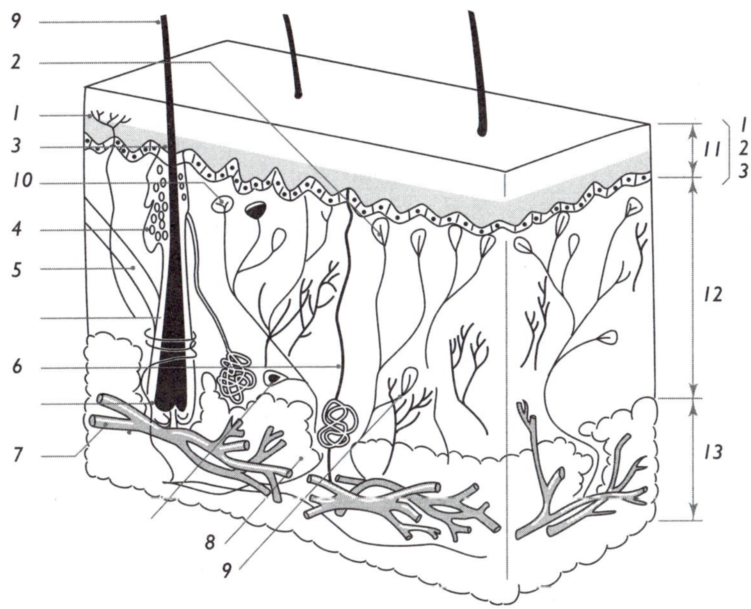

1	2	3
4	5	6
7	8	9
10	11	a
		b
		c
12	13	

2 – *Un enfant s'est renversé de l'huile chaude sur l'avant-bras. Il présente un érythème et une phlyctène.*

1 – De quel type de brûlure s'agit-il ?

2 – À quel degré d'intensité correspond cette brûlure ?

■ **3** – *Citez et cochez le points de pression chez un patient en décubitus dorsal.*

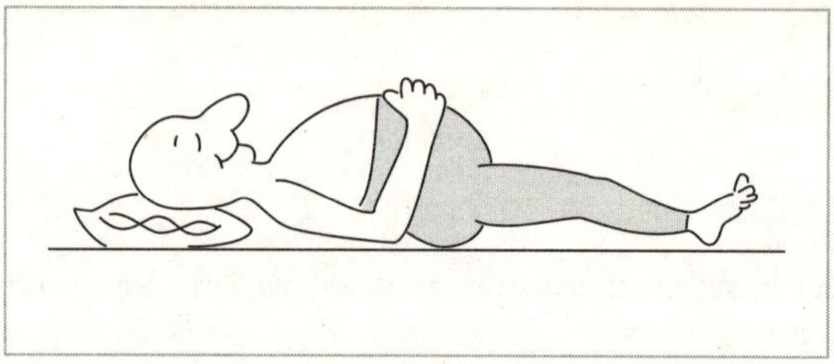

■ **4** – *Mettez en relation les structures de la peau et leurs fonctions ou leurs rôles.*

A. la kératine
D. les vaisseaux sanguins
E. l'élastine
F. les adipocytes
G. la couche cornée
H. la couche basale
B. les glandes sudoripares
C. l'épiderme
I. la mélanine
J. le collagène

1. protège contre le froid
2. sécrètent la sueur
3. donne à la peau sa pigmentation
4. protège contre les micro-organismes
5. assure l'élasticité de la peau
6. sécrètent le sébum
7. participent à la thermorégulation
8. protège contre le froid
9. est la couche où se reproduisent les cellules
10. est la couche où les cellules se dessèchent et desquament

Corrigé

■ **1**

1. terminaisons nerveuses	2. corpuscule de Meissner	3. poil
4. glandes sébacées	5. muscle horripilateur	6. glandes sudoripares
7. artériole	8. adipocytes	9. corpuscule de Pacini
10. corpuscule de Ruffini	11. épiderme – a) couche cornée, b) couche de Malpighi, c) couche basale	
12. derme	13. hypoderme	

■ **2**

1 – thermique
2 – 2e degré

■ **3**

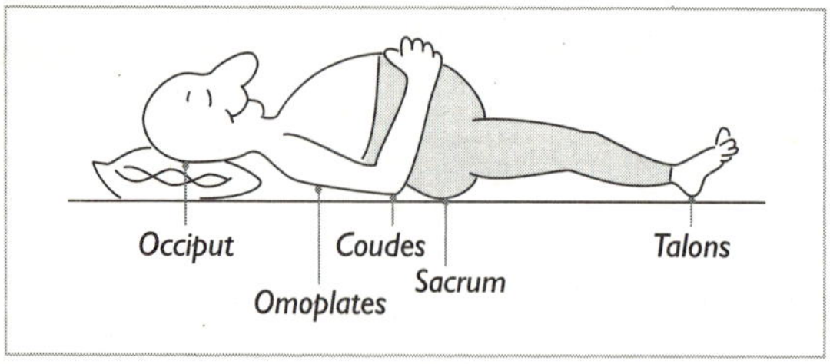

■ **4** – A-3 B-4 C-6 D-2 E-7 F-8 G-10 H-9 I-5 J-7

CHAPITRE 3

LE SYSTÈME NERVEUX

L'homme a un système nerveux très développé qui le rend capable d'inventer, de fabriquer et de penser, d'exprimer dans un langage complexe (mots, attitudes, expressions…) des sentiments, des émotions et des choix et d'exécuter les actions qui en découlent. Le système nerveux est le siège de la connaissance, de la volonté et de la conscience ; il fait de l'homme l'animal le plus évolué de la planète.

Le système nerveux est un ensemble de structures en deux parties, de fonctions complémentaires :

– **le système nerveux végétatif ou autonome, indépendant de la volonté, qui assure le contrôle des fonctions du maintien de la vie** (respiration, circulation, digestion, sécrétions, reproduction…) ;

– **le système nerveux cérébro-spinal, partiellement dépendant de la volonté, qui assure la coordination des activités de la vie de relation** (perceptions sensorielles et motricité).

Il existe des liens entre ces deux parties : la relation du corps avec son environnement modifie le fonctionnement des activités vitales (par exemple la timidité ou l'émotion font rougir par augmentation de la circulation au niveau de la peau du visage, la perception d'un danger peut déclencher une accélération cardiaque).

I - Organisation du système nerveux

A - Présentation générale

Le système nerveux comprend :

– **Les centres nerveux** abrités dans des cavités du squelette, protégés et nourris par les méninges et le liquide céphalo-rachidien (LCR) ;

– **les nerfs** qui relient les centres nerveux aux organes.

	Centres nerveux	Nerfs
RÉPARTITION	**Encéphale ① logé dans la boîte crânienne**, organisé en trois parties : – cerveau ② (centre des émotions, des activités conscientes et volontaires) ; – cervelet ③ (centre de l'équilibration et de la coordination des mouvements) ; – tronc cérébral ④ (constitué en avant du pont de Varole et du bulbe rachidien, en arrière du mésencéphale ; il contient les noyaux d'origine des nerfs crâniens et des centres du système nerveux végétatif).	Crâniens ⑥ : 12 paires numérotées de I à XII dont celles des nerfs optiques (n° II) et auditifs (n° VIII).
	Moelle épinière ⑤ logée dans le canal rachidien ou vertébral (des vertèbres cervicales à la deuxième lombaire ; le prélèvement de LCR par ponction lombaire se fait dans les méninges lombaires, sous la moelle épinière, ce qui évite le risque de la léser).	Rachidiens ⑦ : 31 paires dont certaines s'unissent à leur sortie de la moelle épinière (*exemple* : plexus brachial, nerf sciatique).
FONCTION	• Recevoir et interpréter les informations venues des organes récepteurs des différents types de stimuli. • Élaborer et envoyer les commandes adaptées aux situations vers les organes effecteurs, qui exécutent les réponses à la commande.	• **Nerf sensitif** : conduire aux centres les informations captées dans les organes récepteurs. • **Nerf moteur** : conduire les commandes des centres aux organes effecteurs.

Le système nerveux

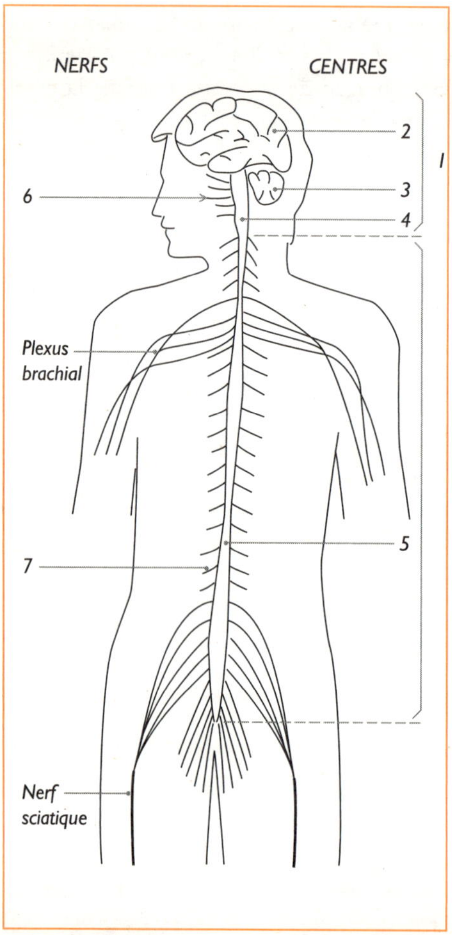

Coupe longitudinale de l'encéphale

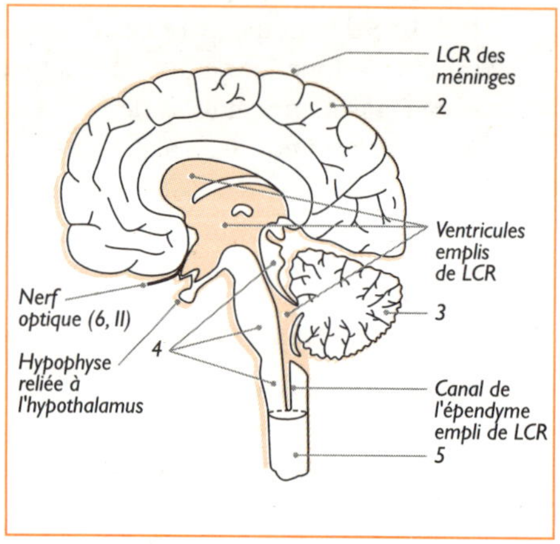

Photos : © Eddy Cervo. © Jérôme Houyvet / Sécurité Civile. © LECA / BSIP. © BLEU T. © Walter Hodges / Photogram-Stone. © P. Broze / R.E.A. © Becam / SIRP Ministère de l'Intérieur

47 6041 9	n°1	Préparer les épreuves de français aux concours administratifs - catégorie C		73,00 F
47 6236 5	n°2	Préparer l'épreuve de tableau numérique aux concours administratifs - catégorie C		73,00 F
47 6235 7	n°3	Préparer l'épreuve de mathématiques traditionnelles aux concours administratifs - catégorie C		73,00 F
47 7149 9	n°4	Préparer l'épreuve de mathématiques modernes aux concours administratifs - catégorie C		66,00 F
47 6286 0	n°5	Réussir le concours d'Adjoint administratif - catégorie C		145,00 F
47 6376 9	n°6	Réussir le concours d'Agent administratif - catégorie C		122,00 F
47 6283 7	n°7	Réussir le concours d'Agent de constatation des impôts - catégorie C		122,00 F
47 7501 1	n°8	Réussir le concours d'Agent de recouvrement du Trésor - catégorie C	*nouvelle édition avril 1999*	149,00 F
47 6375 1	n°9	Réussir le concours de sapeur-pompier professionnel de 2e classe		165,00 F
47 6281 1	n°10	Réussir QCM et exercices - concours administratifs catégories B et C		77,00 F
47 5006 3	n°11	S'entraîner aux QCM de culture générale - concours administratifs catégories B et C		55,00 F
47 5005 5	n°12	S'entraîner aux QCM de français - concours administratifs catégories B et C		55,00 F
47 5008 9	n°13	S'entraîner aux QCM de mathématiques - concours administratifs catégories B et C		55,00 F
47 6285 2	n°14	Réussir le concours d'Admission en I.F.S.I. Tests psychotechniques		59,00 F
47 7424 6	n°15	Réussir le concours d'Admission en I.F.S.I. Culture générale et entretien	*nouvelle édition*	69,00 F
47 6377 7	n°16	Réussir les concours d'Admission dans les centres de formation des travailleurs sociaux. Assistant social, éducateur spécialisé, éducateur de jeunes enfants L'entretien psychologique et les tests de personnalité		59,00 F
47 7434 5	n°17	Réussir les concours d'Admission dans les centres de formation des travailleurs sociaux. Assistant social, éducateur spécialisé, éducateur de jeunes enfants Épreuves écrites	*nouvelle édition mars 1999*	69,00 F
47 5004 8	n°18	Annales corrigées du concours de sapeur-pompier professionnel de 2e classe		99,00 F
47 7089 7	n°19	Annales corrigées du concours d'Agent de constatation des douanes - catégorie C		139,00 F
47 7088 9	n°20	Réussir le concours de Gardien de la paix, police nationale		130,00 F
47 7295 0	n°21	Réussir les épreuves sur la France et le monde contemporain - concours administratifs catégories A, B et C		82,00 F
47 7281 0	n°22	Réussir les concours d'Admission dans les écoles d'aide-soignant et d'auxiliaire de puériculture	*nouveauté février 1999*	115,00 F
47 7255 4	n°23	Concours de la fonction publique : le guide		119,00 F
47 7289 3	n°25	Annales corrigées des concours d'Adjoint administratif - catégorie C		99,00 F
47 7504 5	n°26	Annales corrigées des concours de Secrétaire administratif et de SASU - catégorie B	*nouveauté parution juillet 1999*	
47 7498 0	n°27	Réussir les concours de Secrétaire administratif et de SASU - catégorie B	*nouveauté parution avril 1999*	149,00 F
47 7292 7	n°28	Annales corrigées du concours de Contrôleur des douanes - catégorie B	*nouveauté*	149,00 F
47 7293 5	n°29	Annales corrigées du concours de Contrôleur des impôts - catégorie B		149,00 F
47 7294 3	n°30	Annales corrigées du concours de Contrôleur du Trésor - catégorie B		149,00 F
47 7246 3	n°31	Réussir les épreuves de culture générale aux concours administratifs - catégories A, B et C		60,00 F
47 7418 8	n°32	Annales corrigées du concours d'Admission en I.F.S.I.	*nouveauté*	49,00 F
47 7500 3	n°34	Annales corrigées du concours d'Inspecteur des impôts - catégorie A	*nouveauté parution juin 1999*	
47 7385 9		Le guide du Sauvetage aquatique - Préparation au BNSSA Collection Les Guides Foucher		145,00 F
47 7499 8		Préparation aux concours du secteur sanitaire et social	*nouvelle édition parution avril 1999*	

Retrouvez tous ces ouvrages
*dans notre **catalogue 99***

Réussir les concours de la fonction publique

disponible sur simple demande

E00199

B - Les neurones

Les neurones sont les cellules principales du tissu nerveux ; ils sont associés à des cellules de soutien et répartis dans une substance intercellulaire.
Ils forment :
– **le tissu nerveux des centres nerveux qui présente deux aspects**, nommés en fonction de leur coloration naturelle : **la substance grise** et **la substance blanche** ;
– **les nerfs**.

1 – Structure

Tous les neurones sont des cellules très spécialisées ; ils possèdent des structures communes, même si leur forme et leur taille varient. Ils sont associés entre eux et forment des chaînes plus ou moins complexes.

Structures de base	Localisation
Corps cellulaire ① (contient le noyau et la plupart des organites cellulaires).	**Dans la substance grise** des centres nerveux et des ganglions nerveux.
Prolongements parfois très longs **– dendrites ②, souvent nombreux** ; **– axone ③, unique, terminé par des terminaisons synaptiques ④**.	**Dans la substance blanche** des centres nerveux **et dans les nerfs** (fibres nerveuses).

Le neurone

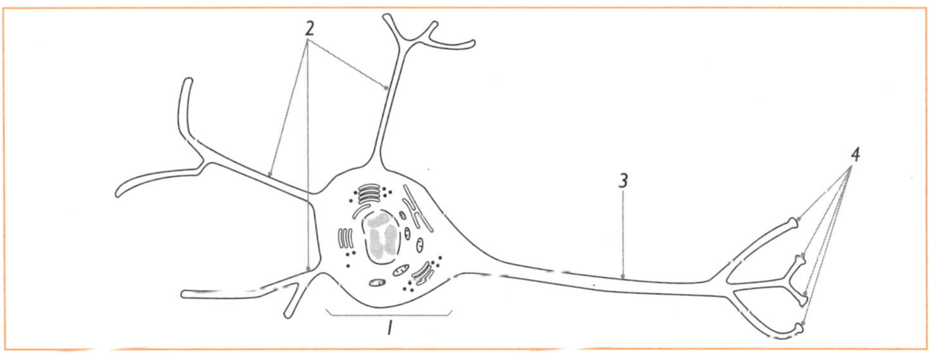

2 – Propriétés

Les neurones sont :
– **excitables** au niveau de leur membrane cytoplasmique ;
– **conducteurs de** phénomènes électriques membranaires – les potentiels d'action – nés de **l'excitation**.

Enregistrement de potentiels d'action à l'aide de deux électrodes posées à la surface d'un neurone

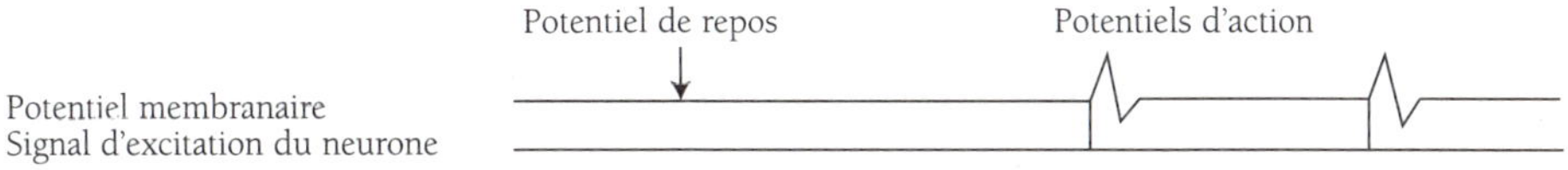

– **capables de transmettre leur excitation à d'autres cellules grâce aux synapses**.
L'excitation naît en général au niveau de la membrane des dendrites ou du corps cellulaire, puis elle se propage le long de la membrane jusqu'aux terminaisons de l'axone.

3 – Synapse

La transmission synaptique de l'excitation d'un neurone à une autre cellule est un phénomène :

– **chimique** qui passe **par** la libération d'une molécule, **le neurotransmetteur** ;

– **strictement orienté**, de la terminaison axonique du neurone pré-synaptique à la membrane de la cellule post-synaptique (neurone ou autre cellule dont l'activité est commandée nerveusement).

Étapes	Conséquences
Arrivée de l'excitation à la membrane pré-synaptique ① terminant l'axone ② du neurone pré-synaptique.	Libération du neurotransmetteur ③ – molécule chimique stockée dans les vésicules synaptiques ④ – dans la fente synaptique ⑤.
Fixation du neurotransmetteur sur des récepteurs spécifiques ⑥ situés dans la membrane post-synaptique ⑦.	Départ d'une excitation qui parcourt la membrane de la cellule post-synaptique ⑧.

Exemple de la synapse neuro-musculaire ou plaque motrice

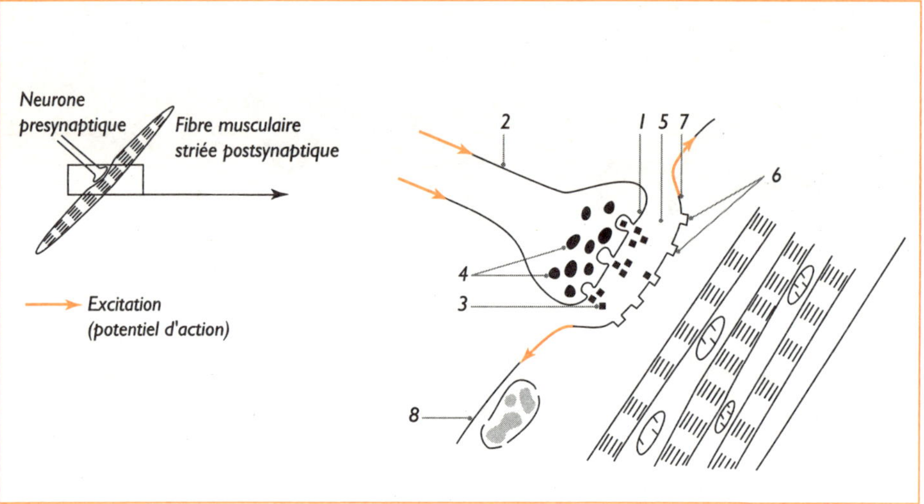

– le neurotransmetteur est l'acétylcholine ;

– la cellule post-synaptique est une cellule musculaire squelettique ; l'excitation de sa membrane déclenche sa contraction (voir appareil locomoteur).

Remarques :

Il existe de nombreuses molécules jouant le rôle de neurotransmetteurs au niveau de synapses excitatrices.

Certains neurotransmetteurs ont le pouvoir de bloquer la naissance de l'excitation ; ils agissent au niveau de synapses appelées inhibitrices.

4 – Conclusion

Les neurones forment des chaînes de cellules hautement spécialisées qui permettent au système nerveux d'assurer ses nombreuses fonctions.

On appelle influx nerveux le phénomène transmis le long de ces chaînes. Il comporte deux aspects :
– aspect électrique : potentiel d'action qui parcourt très rapidement la membrane de chaque cellule excitée ;
– aspect chimique : neurotransmetteur synaptique qui transmet, plus lentement, l'excitation entre deux cellules de la chaîne.
La transmission du message nerveux sous forme d'influx nerveux
– **est très rapide**, grâce à la grande vitesse de propagation du potentiel d'action le long des neurones et de leurs prolongements ; l'augmentation du nombre de synapses dans des chaînes complexes ralentit un peu cette transmission ;
– **arrive directement aux cellules effectrices** (cellules qui exécutent la réponse à la commande), grâce aux synapses.
Ceci explique la rapidité d'action du système nerveux.

C - Les nerfs

1 – Structure

Les nerfs sont formés par des prolongements ① des neurones – axones ou dendrites – protégés par des cellules du tissu nerveux et groupés en faisceaux ②.
Les faisceaux ② de fibres nerveuses ① sont enveloppés dans du tissu conjonctif ③ parcouru par des vaisseaux sanguins ④.

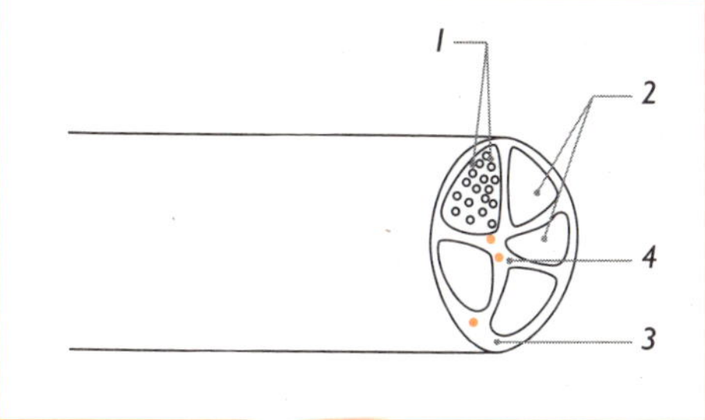

Coupe transversale de nerf

2 – Propriétés

Les nerfs sont conducteurs de l'influx nerveux. Selon le sens de la conduction, on distingue trois types de nerfs.

Types	Caractéristiques	Exemples
Nerf sensitif	**Formé de fibres nerveuses qui conduisent des influx nerveux centripètes** c'est-à-dire depuis les récepteurs de stimuli situés dans les organes sensibles vers les centres nerveux.	Nerf optique (II)
Nerf moteur	**Formé de fibres nerveuses qui conduisent des influx nerveux centrifuges** c'est-à-dire à partir des centres nerveux vers les organes effecteurs (qui exécutent la réponse à la commande nerveuse).	Nerf III pour la fermeture du sphincter de l'iris
Nerf mixte	**Formé des deux types de fibres.**	Nerfs rachidiens

D - Relation entre moelle épinière et nerfs rachidiens

À partir de ces connaissances, on peut étudier un schéma de coupe transversale de moelle épinière (coupe au niveau des vertèbres dorsales) et interpréter la disposition des substances grise et blanche, les relations avec les nerfs rachidiens, la position des neurones et de leurs prolongements.

Moelle épinière : coupe transversale et relations avec les nerfs rachidiens

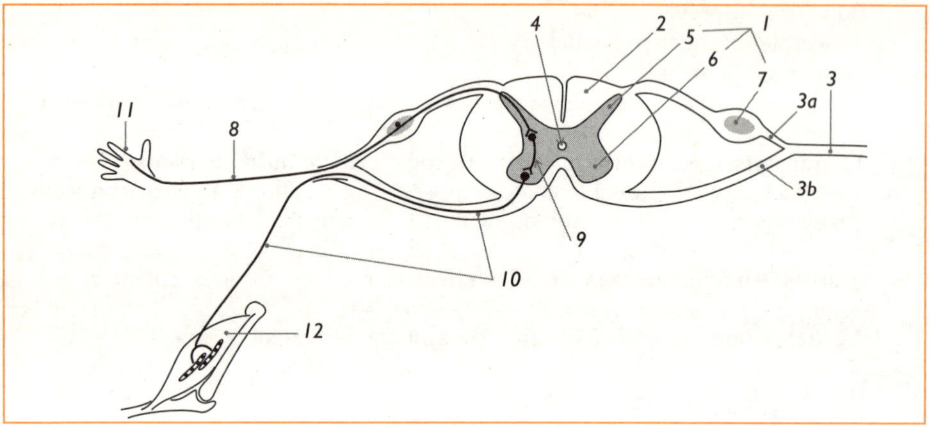

① *Substance grise*
② *Substance blanche*
③ *Nerf rachidien 3a- Racine dorsale 3b- Racine ventrale*
④ *Canal de l'épendyme contenant du LCR*
⑤ *Corne dorsale*
⑥ *Corne ventrale*
⑦ *Ganglion spinal*
⑧ *Dendrite du neurone récepteur*
⑨ *Neurone d'association*
⑩ *Axone du neurone moteur*
⑪ *Peau de la main*
⑫ *Muscle biceps*

Remarque :
On comprend sur ce schéma que les prolongements des neurones (axone ou dendrite) peuvent être très longs (supérieurs à un mètre).

Exemples :
– axone d'un neurone dont le corps cellulaire est dans la substance grise de la moelle épinière qui établit des synapses avec des fibres musculaires d'un muscle d'orteil ;
– dendrite dont l'origine est dans la peau de l'orteil, reliée à son corps cellulaire situé dans le ganglion spinal.

II - Activité réflexe et activité volontaire

A - Activité réflexe

1 – Définition, arc réflexe

Un réflexe est la réponse involontaire, immédiate et constante d'un organe effecteur **à une stimulation** venue de la sensibilité consciente ou inconsciente.
L'activité réflexe met en jeu des éléments, disposés dans un ordre précis, qui forment l'arc réflexe :

Stimulus → Récepteurs → Fibres nerveuses sensitives → Centre nerveux → Fibres nerveuses motrices → Organe effecteur → Réponse

Éléments \ Exemples		Réflexe rotulien (coup de marteau médical à la base du genou)	Réflexe pupillaire
	Stimulus	Étirement du tendon du quadriceps.	Augmentation soudaine de l'éclairement de l'œil.
ARC RÉFLEXE	Récepteurs	Structures sensibles à l'étirement, dans le quadriceps étiré avec son tendon.	Cellules de la rétine (membrane tapissant le fond de l'œil) sensibles à la lumière.
ARC RÉFLEXE	Nerf sensitif	Fibres sensitives du nerf de la cuisse.	Nerf optique (n° II).
ARC RÉFLEXE	Centre nerveux	Moelle épinière.	Tronc cérébral.
ARC RÉFLEXE	Nerf moteur	Fibres motrices du nerf de la cuisse.	Nerf crânien concerné (n° III).
ARC RÉFLEXE	Effecteur	Quadriceps.	Muscles du sphincter de l'iris.
	Réponse	Contraction : la jambe se tend.	Contraction suivie du rétrécissement de la pupille.

Caractéristiques de la réponse réflexe	Réflexe rotulien	Réflexe pupillaire
Involontaire	Essayez de retenir votre jambe !	La pupille se rétrécit, sauf en cas de traitement (gouttes d'atropine) ou de prise de drogues (alcool).
Immédiate	Ne vous mettez pas en face du sujet testé !	Observez, comme le fait le médecin, l'effet d'une lampe de poche qui éclaire l'œil.
Constante	Si vos réflexes sont normaux, la réponse est la même lorsque la stimulation est la même.	
À la suite d'une sensation consciente ou non	Vous n'avez pas conscience de l'étirement du quadriceps même si vous sentez le coup sur le genou.	Vous avez conscience de l'augmentation de lumière qui vous éblouit, mais la fermeture de la pupille se fait avant !

2 – Réflexe inné

Les réflexes traités en exemple sont des réflexes **innés** c'est-à-dire qui **existent chez tous les sujets**.

Leur étude permet de contrôler le bon fonctionnement du système nerveux : la diminution ou la disparition de ces réflexes innés chez une personne consciente est un signe d'atteinte du système nerveux dont il faut rechercher l'étendue et la cause. Elle peut être temporaire, par exemple sous l'effet de **l'alcool** qui **ralentit l'exécution des réflexes et diminue sa précision. Les réflexes innés sont abolis chez le sujet plongé dans un coma profond.**

Remarque :

Il existe des réflexes innés particuliers au nouveau-né (écartement des orteils si on caresse le côté extérieur du pied, agrippement des doigts de l'observateur permettant de soulever l'enfant qui reste suspendu…). Leur vérification à la naissance permet de contrôler la maturité et le bon fonctionnement du système nerveux du nouveau-né. Leur disparition après quelques mois est signe d'une évolution normale du système nerveux.

3 – Réflexe acquis ou conditionné

a - définition

Les réflexes acquis ou conditionnés n'existent pas naturellement chez un sujet (contrairement au réflexe inné) ; ils **doivent être créés à partir d'un réflexe inné en respectant certaines conditions. Leur installation exige l'intervention du cerveau.**

b - conditions d'acquisition

Les conditions d'acquisition d'un réflexe conditionné – bien étudiées par le Russe Pavlov qui travaillait sur le réflexe de salivation des chiens – sont les suivantes :

• **Choix d'un réflexe inné**, exemple du réflexe de la salivation : si on pose un aliment sur la langue, les glandes salivaires augmentent leur sécrétion. L'arc réflexe de base est :

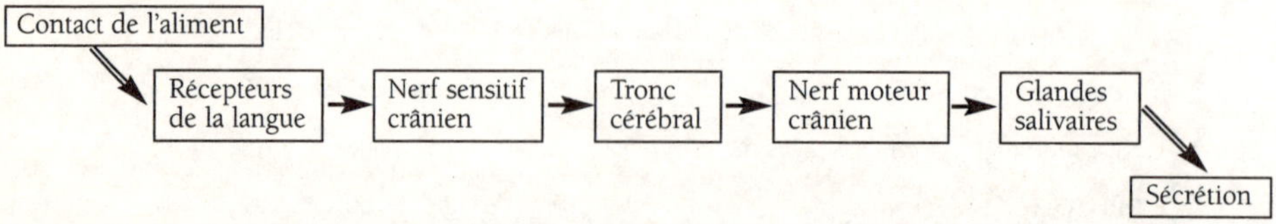

• Installation du nouveau réflexe par **répétition d'un stimulus nouveau qui précède immédiatement le stimulus normal du réflexe inné** : on répète l'association du contact de l'aliment et (par exemple) d'une sonnerie, stimulus auditif sans lien direct avec la sécrétion des glandes salivaires. Un nouvel arc réflexe se branche sur l'arc réflexe de base.

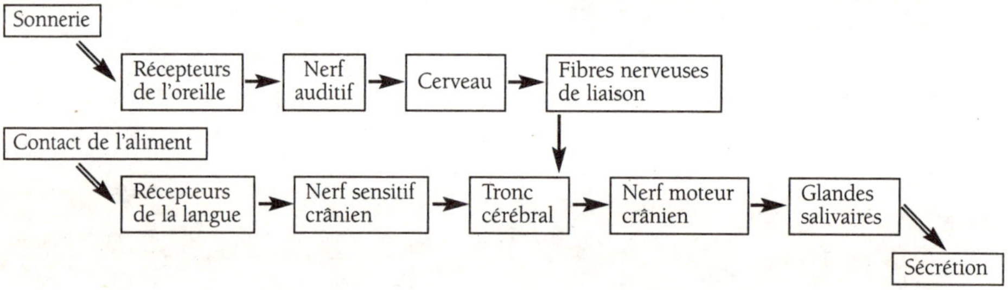

• Exécution du nouveau réflexe par **suppression du stimulus normal** : on déclenche la sonnerie sans présenter l'aliment ; le sujet salive. L'arc réflexe acquis se substitue à l'arc réflexe inné.

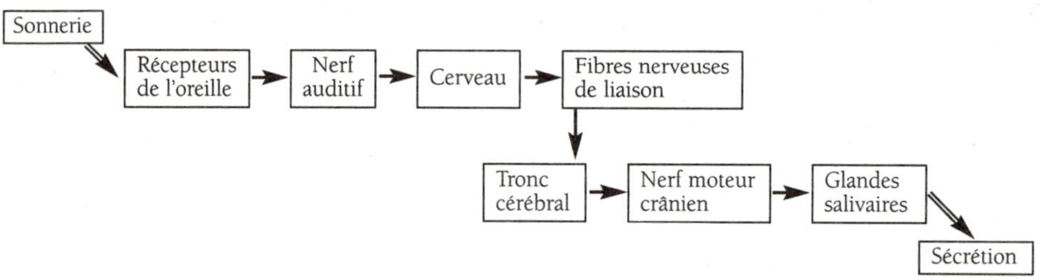

• **Entretien du nouveau réflexe** : si on déclenche un trop grand nombre de fois la sonnerie sans donner d'aliment, la sécrétion de salive diminue puis cesse ; il faut donc régulièrement rétablir l'association du stimulus de base et du stimulus étranger au réflexe inné.

c - importance

Les réflexes acquis simplifient notre vie en déclenchant des réponses automatiques bien adaptées, en réponse à des stimulations qui se répètent ; leur installation constitue le dressage des animaux et, en partie, l'éducation des humains !

Les arcs réflexes des réflexes conditionnés sont souvent très complexes.

Exemple :

– réflexes de maintien de l'équilibre, acquis lors de l'apprentissage de la marche et adaptés aux situations (équilibre à réapprendre sur un support mouvant, bateau, patins à roulettes…) ;

– réflexes du conducteur qui sont acquis par la pratique, doivent être adaptés au type de véhicule (bicyclette, motocyclette, automobile) s'atténuent ou se perdent si le sujet reste longtemps sans conduire.

Remarque :

La rapidité et la précision d'exécution des réflexes conditionnés diminue sous l'effet de l'alcool, comme dans le cas des réflexes innés. Exemple de la marche incertaine ou des risques créés par la conduite d'un sujet qui a consommé de l'alcool.

B - L'activité volontaire

1 – Définition

Tendre la main pour prendre un objet ou pour le donner, rester assis à lire ou aller se promener un jour de mauvais temps... sont des expressions de l'activité volontaire.

L'activité volontaire est le résultat de choix qui dépendent de chaque individu, même si certains éléments concrets (ici la personne à qui donner ou ne pas donner l'objet ou le temps qu'il fait) **qui déterminent ces choix semblent les mêmes pour tous. L'intervention du cerveau, partie supérieure de l'encéphale, est obligatoire pour organiser les activités volontaires** : de nombreuses informations lui arrivent conduisant à un choix et à son exécution.

2 – Représentation

Synthèse des informations	Envoi des commandes
On voit la pluie, on entend le vent, on ressent la température, on se sent fatigué ou pas... Différentes zones du cerveau – centres de la vision, de l'audition, de la sensibilité corporelle, des émotions... – reçoivent des informations par les nerfs sensitifs et les envoient à des centres d'association.	Les centres d'association stimulent les centres de la motricité (mouvements des différentes parties du corps) qui envoient les commandes aux différents muscles par les nerfs moteurs : les muscles exécutent les mouvements choisis : rester assis à lire ou sortir.

Les centres d'association ont le rôle essentiel de déterminer le choix. Leur fonctionnement est très complexe, mais passe toujours par la transmission d'influx le long des chaînes de neurones, c'est-à-dire que notre volonté est le résultat de courants électriques membranaires (potentiels d'action) et de l'action de neurotransmetteurs qui passent d'une cellule à une autre.

C - La hiérarchie nerveuse

Les centres nerveux médullaires (de la moelle épinière) et du tronc cérébral assurent des fonctions réflexes innées et continuent de fonctionner lorsque le sujet est endormi, inconscient ou en état de coma moyen (l'abolition complète des réflexes caractérise l'état de coma profond).

Les centres nerveux situés dans le cerveau (centres supérieurs de l'encéphale) sont indispensables à l'état conscient, à l'apprentissage et l'exécution de réflexes acquis et à la réalisation d'activités volontaires.

Il existe donc une hiérarchie des centres nerveux ; le cerveau, centre nerveux supérieur, commande et contrôle les autres centres pour organiser les activités dites supérieures : mémoire, apprentissage, sensibilité consciente, motricité volontaire.

III - L'activité sensorielle

L'activité sensorielle est liée aux organes des sens. Elle renseigne les centres nerveux sur le milieu extérieur. (L'activité sensitive renseigne les centres nerveux sur le corps lui-même, par exemple la position de ses différentes parties, l'état de contraction des muscles…)

A - Organes des sens

Le corps dispose de cinq organes des sens dont l'efficacité dépend des individus et de leur entraînement.

Activité sensorielle	Organe sensoriel	Stimuli	Rôle : identification
Vision	Œil	Visuels : lumière (intensité, longueur d'onde).	Forme, couleur, aspect des objets.
Audition	Oreille	Auditifs : vibrations de l'air (intensité, fréquence).	Sons.
Goût	Langue	Gustatifs : molécules chimiques.	Saveurs (sucré, salé, acide, amer).
Odorat	Nez	Olfactifs : molécules chimiques.	Odeurs.
Toucher passif (contact) et actif (palpation)	Peau	Tactiles : phénomènes mécaniques (pression), thermiques et douloureux.	Forme, structure, poids, température des objets, perception de la douleur.

B - Œil et vision

1 – Anatomie de l'œil

L'œil est logé dans l'orbite, cavité des os de la face. Il est mobile grâce à des muscles. Son anatomie est complexe. Les éléments qui participent au fonctionnement de la vision sont réunis dans le tableau suivant.

Éléments	Caractéristiques	Rôles
Milieux transparents : cornée ①, humeur aqueuse ②, cristallin ③, corps vitré ④	Transparence. Pouvoir de réfracter (faire dévier) la lumière.	**Libre passage et convergence du faisceau lumineux** admis par l'ouverture de la pupille.
Iris ⑤ délimitant la pupille ⑥	Diamètre variable : sphincter.	**Adaptation de l'ouverture** à l'intensité de la lumière.
Cristallin ③	Lentille biconvexe déformable et élastique : pouvoir de réfraction modifiable.	**Accomodation** : mise au point de la vision d'un objet proche par variation de la convexité de sa surface.
Rétine ⑦ siège des neurones et chargée de pigment noir	Sensibilité aux caractéristiques de la lumière (intensité et longueur d'onde).	– **Réception du stimulus** lumineux. – **Formation d'influx nerveux.**
Nerf optique ⑧	Nerf sensitif groupant des axones de neurones rétiniens.	**Conduction** d'influx nerveux centripètes **aux centres nerveux visuels.**

L'œil est entouré par une membrane épaisse protectrice : le blanc de l'œil ou sclérotique ⑨, remplacée, en avant, par la cornée.
La cornée est humidifiée par les larmes sécrétées par les glandes lacrymales et nettoyée

par le mouvement des paupières ⑩. La conjonctive ⑪ recouvre l'intérieur des paupières et en partie l'avant de l'œil.
L'iris, situé à l'avant de l'œil, se poursuit par une membrane nourricière, la choroïde ⑫, située entre la sclérotique et la rétine.

Coupe de l'œil

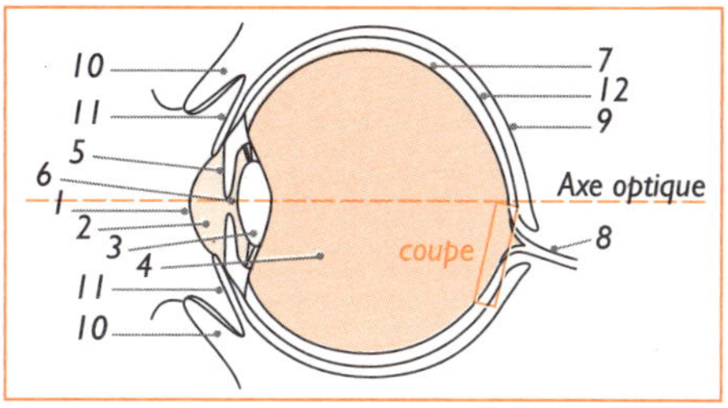

Coupe de la rétine (observation au microscope)

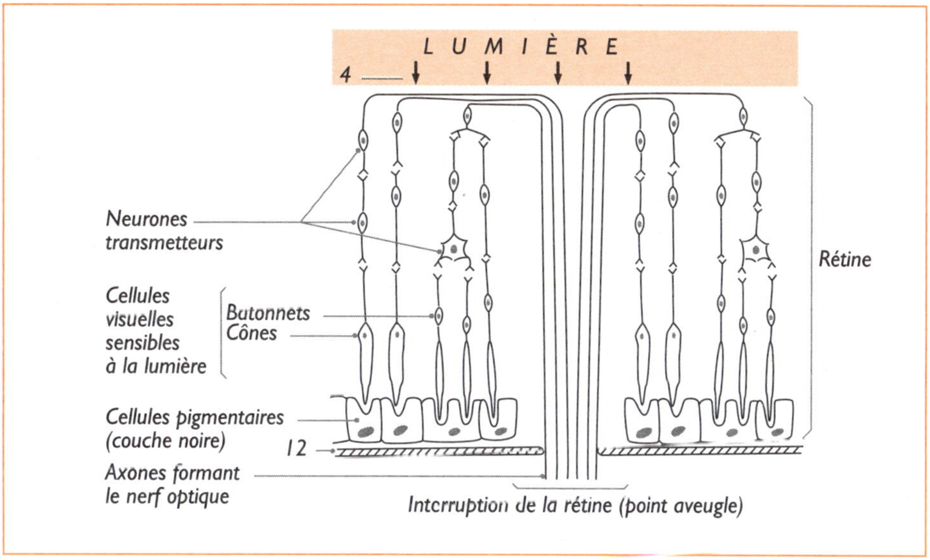

2 – Fonctionnement

a - vision des formes

Le principe de la vision des formes est le suivant :

	Phénomènes	Conséquences
1	Les faisceaux lumineux traversent les milieux transparents de l'œil jusqu'à la rétine ; ils sont réorientés, si nécessaire, par variation de la convexité du cristallin.	Une image inversée de l'objet observé se forme sur la rétine, avec ou sans accommodation suivant la position de l'objet.
2	Les cellules photosensibles (sensibles à la lumière) de la rétine sont excitées.	L'excitation crée des influx nerveux qui se propagent le long des fibres nerveuses du nerf optique.
3	Les influx nerveux parviennent aux centres visuels du cerveau.	L'image est reconnue et interprétée.

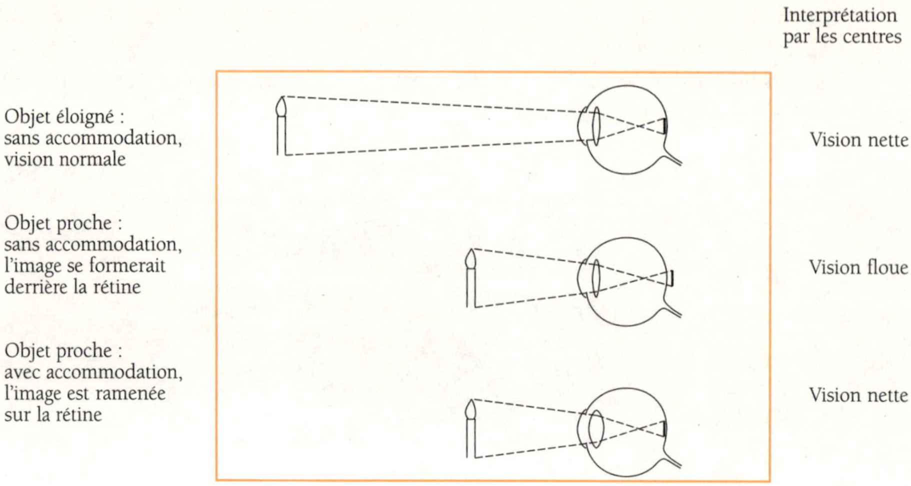

b - vision des couleurs

Les récepteurs des stimuli lumineux sont des neurones de la rétine. Il en existe deux catégories ; leur nom est lié à leur forme : bâtonnets ou cônes.

Catégories	Caractéristiques	Conséquences
Bâtonnets	Très sensibles, excités par de faibles intensités de lumière.	Vision même par faible éclairement (pénombre) sans distinction des couleurs.
Cônes	– Trois types de cônes : excités soit par la lumière bleue, soit par la lumière verte, soit par la lumière rouge. – Sensibles à une intensité lumineuse supérieure à celle des bâtonnets donc non excités en faible éclairement.	– Vision en couleur grâce à la réunion dans les centres visuels, des informations envoyées par chaque type de cônes excités. – Pas de vision en couleur si l'éclairement est insuffisant.

3 – Anomalies de la vision

Les anomalies de la vision les plus courantes sont comparées à la vision normale dans le tableau suivant.

Types	Caractéristiques	Conséquences
Vision normale	Formation de l'image de l'objet sur la rétine : – avec accommodation pour un objet proche ; – sans accommodation pour un objet éloigné.	Vision nette : – de près, – de loin.
Myopie (œil trop profond ou cornée trop bombée)	Formation de l'image : – sur la rétine pour un objet très proche ; – en avant de la rétine pour un objet proche ou éloigné.	Vision : – nette de très près, – floue de près et de loin.
Hypermétropie (œil trop court ou cornée trop plate)	Formation de l'image : – sur la rétine grâce à l'accommodation pour un objet éloigné ; – en arrière de la rétine pour un objet proche (limite de l'accommodation atteinte).	Vision : – nette de loin, – floue de près.
Presbytie	Durcissement du cristallin entraînant une diminution de l'accommodation.	Perte de la netteté de la vision de près.
Cataracte	Opacification du cristallin qui empêche le passage de la lumière.	Baisse de la vision quelle que soit la distance.

Ces anomalies peuvent être corrigées par le port de lentilles correctrices (verres de lunettes ou lentilles de contact) sauf dans le cas de la cataracte qui exige une ablation chirurgicale du cristallin.

Œil myope

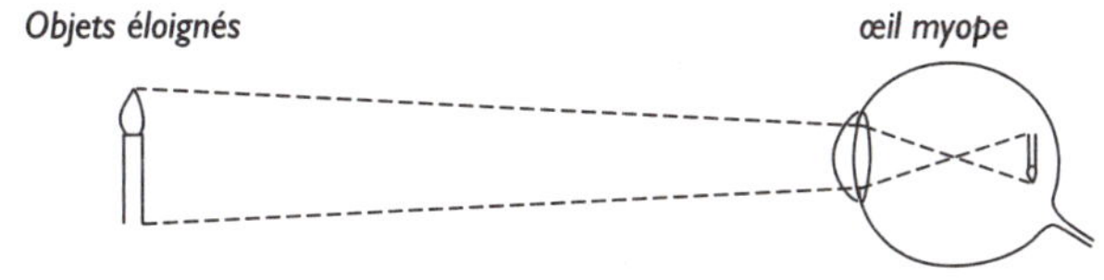

Œil hypermétrope

C - Oreille et audition

1 – Anatomie

L'oreille est un organe complexe logé dans une cavité de l'os temporal. Elle s'organise en trois parties : externe, moyenne, interne.

Oreille	Caractéristiques	Fonctions des différents éléments
Externe (A) (milieu aérien)	Communique avec l'extérieur par **le pavillon de l'oreille** ① et **le conduit auditif** ② fermé par **le tympan** ③.	**Capte les vibrations de l'air** et **les conduit au tympan** qui **se met à vibrer à la même fréquence.**
Moyenne (B) (caisse du tympan, milieu aérien)	• Contient **une chaîne de trois osselets** ④ articulés entre eux et placés entre le tympan et la fenêtre ovale ⑤, membrane de séparation avec l'oreille interne. • Communique avec le pharynx par la trompe d'Eustache ⑥.	• **Amplifie les vibrations du tympan et les transmet à l'oreille interne.** • Permet d'équilibrer des différences de pression de part et d'autre du tympan (altitude, plongée).
Interne (C) (milieu liquide)	• La cochlée ⑦ (limaçon osseux), contient les éléments (limaçon membraneux) porteurs des **neurones sensibles aux vibrations** transmises par la fenêtre ovale ⑤. • Les canaux semi-circulaires et le vestibule osseux ⑧ contiennent les éléments membraneux porteurs **des neurones sensibles aux mouvements de la tête** (organes de l'équilibration).	• **Crée(nt) des influx nerveux conduits par le nerf auditif ⑨ aux centres de l'audition.** • **Créent des influx nerveux conduits par le nerf auditif aux centres de l'équilibration.**

Anatomie de l'oreille : coupe dans l'os temporal

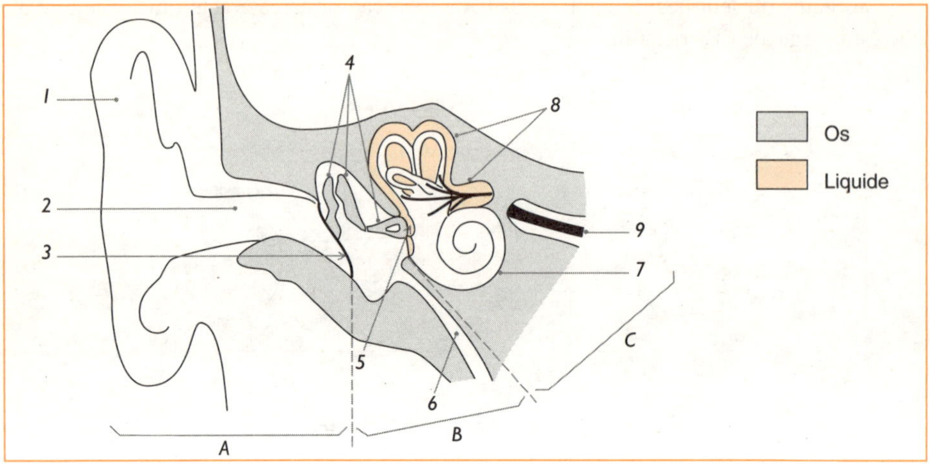

2 – Anomalies de l'audition

Les anomalies de l'audition peuvent se situer à différents niveaux. La surdité qui en découle est plus ou moins grave.

Caractéristiques de l'anomalie	Conséquences
Perte de la souplesse ou déchirure du tympan (*ex.* : après des otites répétées ou un accident de plongée).	Diminution ou arrêt de la réception des vibrations sonores.
Perte de la mobilité articulaire des osselets.	Diminution de la transmission des vibrations sonores.
Destruction des cellules réceptrices de l'oreille interne (*ex.* : exposition prolongée à des intensités sonores élevées).	Absence de formation d'influx nerveux à transmettre aux centres.
Lésion ou section du nerf auditif.	Diminution ou arrêt de transmission des influx centripètes aux centres de l'audition.
Lésion ou destruction des régions auditives du cerveau (*ex.* : accident vasculaire cérébral, voir appareil circulatoire).	Incapacité à recevoir le message auditif (surdité centrale) ou à l'interpréter (le sujet entend mais ne reconnaît pas les sons).

Les trois derniers types de lésions sont définitifs, les cellules nerveuses ne se renouvelant pas.

IV - Hygiène et prévention des dysfonctionnements

Les fonctions complexes du système nerveux expliquent que les dysfonctionnements puissent porter
– sur des facteurs physiques : perte de la sensibilité (cécité, surdité), perte de la motricité (paralysie) ;
– sur des facteurs psychiques : troubles du comportement (agressivité, ébriété...).

Le fonctionnement harmonieux du système nerveux est lié au respect de certaines conditions :
– alimentation équilibrée assurant l'apport de glucides (nutriment énergétique des neurones) et de vitamines (en particulier la vitamine A pour la vision et les vitamines du groupe B) ;

– sommeil suffisant ;
– exercice physique suffisant ;
– limitation de la fatigue nerveuse (bruit, surmenage, émotions violentes) ;
– diminution ou élimination de la consommation de drogues dont les effets modifient le comportement.

Le facteur alimentaire étant étudié dans un autre chapitre, on insistera sur les autres aspects.

A - Sommeil

Le sommeil est caractérisé par une suspension des fonctions de la vie de relation et un ralentissement de nombreuses fonctions végétatives qui assurent le repos de l'organisme. C'est pendant le sommeil que le système nerveux organise et consolide les éléments de la mémoire.

Le sommeil se divise en cycles (d'environ 2 heures) qui se succèdent au cours de la nuit. Chaque cycle comprend trois phases :
– sommeil léger ou période d'endormissement ou de transition ;
– sommeil profond calme ;
– sommeil profond avec mouvements.
La durée du sommeil diminue avec l'âge : le nouveau-né dort environ 20 heures, l'enfant 12 à 14 heures (sieste comprise) et l'adulte entre 6 et 8 heures.

Facteurs favorisant un sommeil de qualité	Facteurs de troubles du sommeil
Repas du soir léger sans excitant (caféine). Activité modérée, silence relatif. Pièce fraîche et aérée. Sérénité. Respect de l'heure où survient la sensation d'endormissement.	Digestion difficile. Excitation physique, bruit excessif. Température excessive ou insuffisante. Contrariétés, soucis ou émotions fortes. Lutte contre l'endormissement.

Le manque de sommeil et la diminution de sa qualité entraînent une diminution des capacités d'attention du sujet et des modifications de son comportement (irritabilité). La privation de sommeil peut conduire à la folie ou à la mort.

B - Drogues

Les drogues sont des molécules chimiques, étrangères à l'organisme, sans valeur nutritionnelle, qui modifient son fonctionnement physique et psychique. Certaines sont licites (autorisées) et d'autres sont illicites (interdites). Cette classification est contestée car **les drogues autorisées ne sont pas moins dangereuses**.
La consommation d'une drogue crée (plus ou moins rapidement selon la drogue, la régularité, les doses et le mode d'administration) **une dépendance physique** (troubles en cas de manque : tremblements, vomissements, sueurs, ...) **ou psychique** (angoisses, désir incontrôlable de consommer) **et une accoutumance** (besoin de consommer plus pour ressentir les mêmes effets ou supprimer les malaises dus au manque).
Certaines drogues ont des effets utilisés en médecine : par exemple la morphine est un médicament anti-douleur (analgésique ou antalgique) puissant.
Le tableau suivant donne les effets physiques et psychiques liés à la consommation de certaines drogues.

	Exemples	Effets à court terme	Effets à long terme
ILLICITES	Opiacés : opium, héroïne et morphine (extraits du pavot), molécules fabriquées.	Plaisir physique et psychique, effet anti-douleur utilisé en médecine, installation rapide d'une forte dépendance.	Problèmes cardio-vasculaires, digestifs, respiratoires, immunitaires, … mortalité liée à l'administration (sida, hépatite, overdose).
	Cocaïne, crack	Excitation intellectuelle.	Problèmes cardio-vasculaires, agressivité, angoisse.
	LSD, ectasy*	Modification des perceptions (hallucinations), angoisse, violence.	Crises d'angoisse.
	Cannabis	Détente, euphorie, **diminution des réflexes** (effets comparables à ceux de faibles doses d'alcool).	Désintérêt, baisse de l'attention, de la concentration et de la mémorisation.
LICITES	Alcool	Euphorie, **diminution de la vitesse et de la précision des réflexes**, ivresse, agressivité, violence.	Atteinte du foie, du système nerveux, **maladies cardio-vasculaires, cancers…**
	Tabac	Stimulation intellectuelle.	**Hypertension artérielle, maladies cardio-vasculaires, cancers.**

* Ectasy : risques physiques graves voir mortels, possibles dès la première prise même faible. Sensibilité individuelle variable et imprévisible.

Ces quelques données montrent que les effets présentent souvent de réels dangers :
– dangers à long terme qui ne sont jamais négligeables ;
– dangers à court terme qui, dans certains cas, ne concernent pas forcément uniquement le consommateur lui-même, mais aussi ceux qui l'accompagnent ou qui vont croiser son chemin (alcool ou cannabis et conduite d'un véhicule).
De plus, les risques liés aux contraintes pour se procurer certaines drogues s'ajoutent aux dangers de leur consommation.
Les choix (consommer ou non, renoncer à prendre le volant après consommation), qui découlent de l'évaluation de ces différents dangers et de la motivation du sujet, sont de bons exemples de l'activité volontaire… tant que la dépendance ou l'ivresse ne sont pas installées.

EXERCICES

CHAPITRE 3

LE SYSTÈME NERVEUX

■ *1 – Complétez les légendes du schéma ci-dessous. Expliquez d'après ce schéma pourquoi un rayon lumineux qui touche le point A (point aveugle) du fond de l'œil ne donne aucune sensation visuelle.*

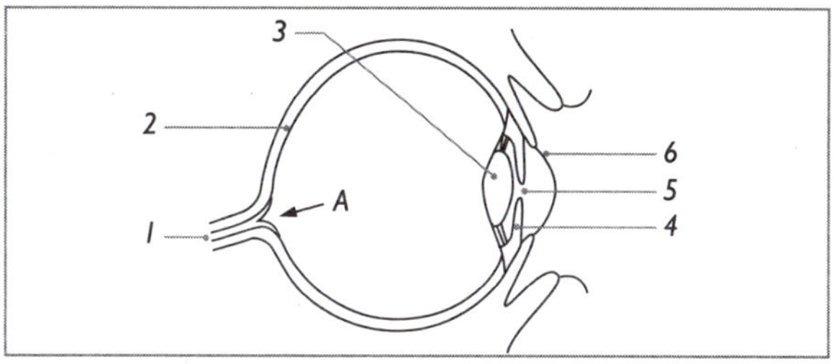

■ 2 – On donne la chaîne de neurones suivante. On crée une excitation du neurone n° 1 qui est alors parcouru par un influx nerveux.
Indiquez pour les autres neurones s'ils sont excités à leur tour et justifiez votre réponse.
D'après l'observation du schéma et de ses légendes, définissez une unité motrice.
Précisez les unités motrices qui vont se contracter.

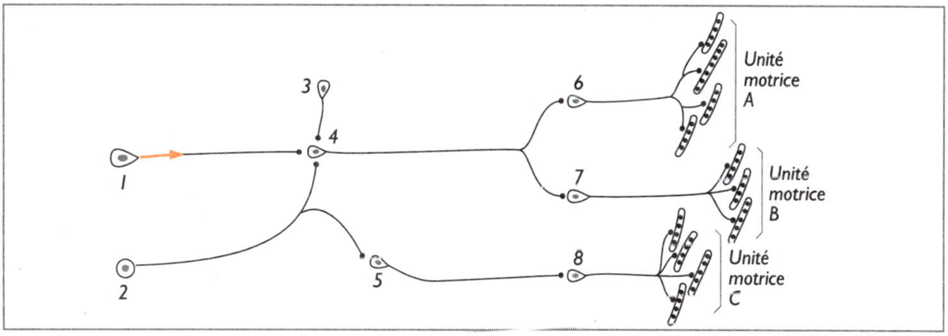

■ 3 – Si on approche une flamme de la main, le membre supérieur se replie pour éviter la brûlure. À l'aide du schéma de coupe transversale de la moelle épinière, *donnez les éléments de l'arc réflexe mis en jeu lors de ce retrait de la main.*

■ *4 – Associez chaque proposition de la colonne de droite avec celle(s) qui lui correspond(ent) dans la colonne de gauche :*

a) Les daltoniens ont des problèmes de vision des couleurs. b) Les réflexes de l'écriture sont des réflexes acquis. c) Pour bien voir la couleur d'un objet, on le place dans l'axe de l'œil, en face de soi. d) Les réflexes de retrait de la main à la douleur sont des réflexes innés. e) Certaines drogues créent des hallucinations.	1) Ils persistent si on les entretient. 2) Ils ont un défaut des bâtonnets. 3) Les cônes sont plus nombreux au centre de la rétine (au niveau de la tache jaune). 4) Les centres sensoriels sont stimulés sans excitation des récepteurs. 5) Ils persistent dans le sommeil. 6) Ils sont présents chez tous les individus. 7) Ils ont un déficit de cônes. 8) Ils nécessitent un apprentissage.

L'une des propositions de la colonne de droite n'a pas de correspondant à gauche. *Trouvez laquelle.* Les sujets présentant ce type d'anomalie sont atteints d'héméralopie. *Trouvez les troubles dont ils souffrent d'après la description de leur anomalie.*

■ 5 – *Expliquez le sens de l'expression « la nuit, tous les chats sont gris » à l'aide des connaissances exposées dans ce chapitre.*

■ 6 – *Complétez la grille de mots à l'aide des définitions suivantes.*

Horizontalement

1 : Défaut de la vision de loin. 2 : Cellule photoréceptrice spécialisée dans la vision en couleur. 3 : Drogue licite, facteur favorisant de l'hypertension artérielle et de certaines maladies cardio-vasculaires, responsable de cancers et cependant considérée comme douce par ses utilisateurs. 4 : Terme général pour les molécules chimiques libérées lors de la transmission de l'influx nerveux. 5 : Structure de l'œil permettant l'accommodation. 6 : Structure intercellulaire spécialisée dans la transmission de l'influx nerveux. 7 : Liquide baignant les centres nerveux. 8 : Prolongement de neurone conduisant le potentiel d'action du corps cellulaire à l'extrémité synaptique de ce neurone. 9 : Ensemble des centres nerveux abrités dans la boîte crânienne. 10 : Cordons constitués de fibres nerveuses, crâniens ou rachidiens ; ils relient les centres nerveux aux organes et peuvent être moteurs, sensitifs ou mixtes.

Verticalement

a : Anomalie de la vision caractérisée par une opacification de 5. b : Groupes des molécules dont l'effet sur l'organisme reproduit celui de la morphine extraite du suc du pavot. c : Activité nerveuse involontaire innée ou acquise qui, à une stimulation donnée, fait correspondre une réponse constante. d : Membrane transparente constituant la partie antérieure de l'œil. e : Membrane tapissant l'intérieur de l'œil contenant les cellules photoréceptrices. f : Membrane résistante et élastique qui sépare l'oreille externe de l'oreille moyenne et qui transmet les vibrations de l'air à la chaîne d'osselets. g : Anomalie de la vision caractérisée par un défaut d'accommodation dû au durcissement de 5. h : Prolongement de neurone conduisant le potentiel d'action de la périphérie au corps cellulaire.

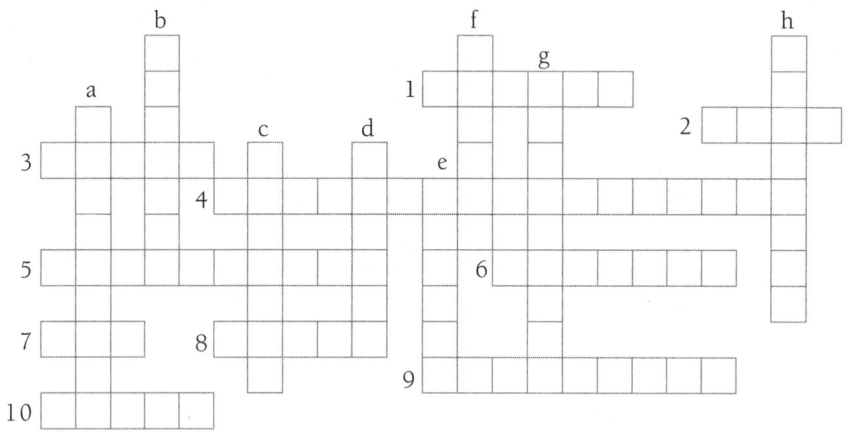

■ *1* – ① Nerf optique, ② rétine, ③ cristallin, ④ iris, ⑤ pupille, ⑥ cornée.
Le point A correspond au départ du nerf optique. La rétine s'interrompt à ce niveau et il n'y a aucun neurone récepteur (photosensible) capable de déclencher une excitation et le départ d'influx nerveux sous l'effet d'un rayon lumineux.

■ 2 – Les neurones ④, ⑥ et ⑦ sont excités par passage de l'influx nerveux au niveau des synapses qui les mettent en relation : de ① à ④, de ④ à ⑥ et de ④ à ⑦.
Les neurones ② et ③ ne sont pas excités car l'influx nerveux ne peut franchir les synapses qui les relient à ④ (sens inverse du sens normal), ⑤ n'est pas excité puisque ② ne l'est pas, ⑧ n'est pas excité puisque ⑤ ne l'est pas.
Une unité motrice est l'ensemble des cellules musculaires squelettiques commandées par les terminaisons axoniques d'un même neurone.
Les unités motrices qui se contractent sont les unités A et B : l'excitation leur est transmise par les neurones ⑥ et ⑦ dont elles dépendent.

■ 3 –

Arc réflexe	Élément
Stimulus	Brûlure
Récepteurs	De la peau, sensibles à la température et à la douleur
Nerf sensitif	Fibres sensitives des nerfs rachidiens du plexus brachial
Centre nerveux	Moelle épinière
Nerf moteur	Fibres motrices des nerfs rachidiens du plexus brachial
Effecteur	Cellules musculaires du biceps
Réponse	Flexion de l'avant-bras sur le bras : retrait de la main

Remarque :
pour permettre la flexion, la contraction du biceps est accompagnée du relâchement du triceps, muscle extenseur antagoniste du biceps (voir appareil locomoteur). Les deux réponses réflexes sont coordonnées par des neurones d'association.

■ 4 – a-7 ; b-8 et b-1 ; c-3 ; d-6 et d-5 ; e-4.
La proposition 2 « ils ont un défaut des bâtonnets » n'a pas de correspondant à gauche.
Les sujets atteints d'héméralopie présentent un défaut de bâtonnets. On peut en déduire que leur vision s'affaiblit anormalement dès que l'intensité de la lumière diminue.

■ 5 – La nuit, l'intensité de la lumière est très faible. Dans ces conditions, seuls les bâtonnets rétiniens sont excités. Ils permettent la vision des formes. Les cônes ne sont pas excités, il n'y a donc pas de vision en couleur. On peut donc voir un chat ou tout autre chose sans en voir la couleur.

■ 6 – *Mots croisés*

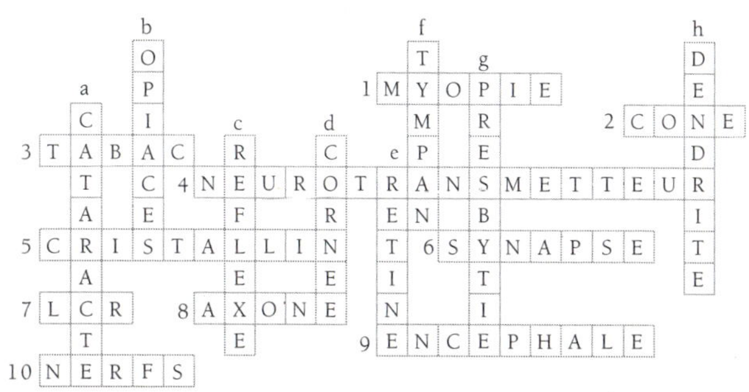

CHAPITRE 4 APPAREIL LOCOMOTEUR ET LOCOMOTION

L'appareil locomoteur permet les déplacements de l'homme dans son environnement. Il **comprend** :
• **le squelette, ensemble d'os reliés entre eux par les articulations**, qui sert de charpente au corps et assure la protection des organes mous ou viscères (centres nerveux dans le crâne et le rachis, cœur et poumons dans la cage thoracique, organes du bassin) ;
• **les muscles squelettiques, fixés sur les os par des tendons**, qui assurent la mise en mouvement des différentes pièces du squelette.

La locomotion met en jeu, en plus de l'appareil locomoteur, le système nerveux qui est à l'origine de la commande et de la coordination des mouvements : les centres nerveux sont en permanence renseignés sur la position du corps grâce à des informations sensitives (venues des organes des sens et des muscles) et commandent la réponse musculaire adaptée aux mouvements à exécuter.

I - Organisation générale de l'appareil locomoteur

A - Organisation du squelette

Squelette de l'axe du corps

Tête	Tronc
① os du crâne ② os de la face ③ mandibule	④ vertèbres (33) : colonne vertébrale (rachis) cervicales (7) dorsales (12) --------→ ⑦ côtes (12 paires) et ⑧ sternum : cage thoracique lombaires (5) ⑤ sacrum (5 soudées)--------→ ⑨ os coxal (ou iliaque) } bassin ⑥ coccyx (4 soudées)

Squelette des membres articulés sur le tronc

Membres supérieurs
articulé au niveau de l'[épaule] sur l'omoplate ⑪, elle-même articulée sur le sternum par l'intermédiaire de la clavicule ⑩
– ⑫ humérus [bras] – [coude] – ⑬ radius et ⑭ cubitus [avant-bras] – ⑮ carpes [poignet] – ⑯ métacarpes [main] – ⑰ phalanges [doigts]
Membres inférieurs
articulé directement sur l'os coxal au niveau de la [hanche]
– ⑱ fémur [cuisse] – ⑲ rotule [genou] – ⑳ tibia et ㉑ péroné [jambe] – [cheville] – ㉒ tarses et ㉓ métatarses, [pied] – ㉔ phalanges [orteils]

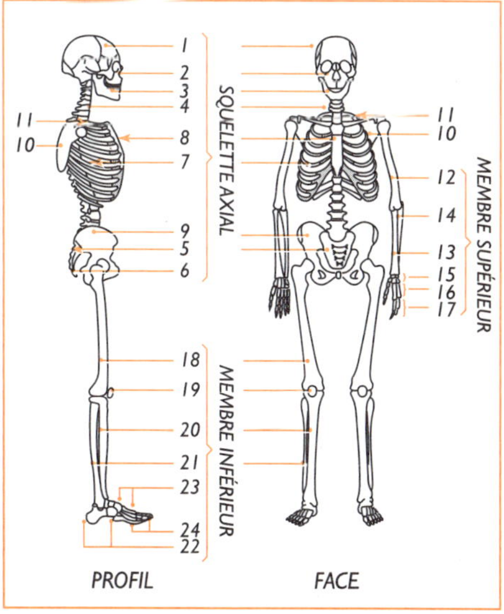

(Les termes entre [ ] désignent les parties anatomiques correspondant aux os nommés).

B - Principaux muscles

En forme de fuseau ou aplatis, les muscles décrits sont disposés symétriquement de part et d'autre de l'axe du corps.

Tête et cou	Tronc
① zygomatiques (muscles du sourire), ② autres muscles de la face (mimiques, fermeture des lèvres et des paupières) ③ masticateurs [muscles de la langue indispensables à la déglutition et à la prononciation des mots] ④ muscles du cou (mouvements de la tête)	[muscles intercostaux, diaphragme : muscles respiratoires] ⑤ trapèze (muscle du « haussement d'épaule ») ⑥ deltoïde, ⑦ grand pectoral (muscles de l'épaule : mouvements du membre supérieur) ⑨ grand droit de l'abdomen, ⑩ grand oblique, ⑧ grand dorsal (paroi abdominale) ⑪ grand fessier ⑫ muscles de la hanche (mouvements du membre inférieur) [muscles du périnée formant le plancher du bassin]

Les termes entre [ ] désignent des muscles profonds, non visibles sur ces schémas, mais se rapportant à des fonctions étudiées dans ce livre.

Membres supérieurs	Membres inférieurs
⑬ biceps (fléchisseur de l'avant-bras) ⑭ triceps (extenseur de l'avant-bras) ⑮ muscles de l'avant-bras (mouvement de la main et des doigts) ⑯ muscles de la main (mouvements fins des doigts)	⑰ couturier (met le membre inférieur en position « assis tailleur ») ⑱ quadriceps (extenseur de la jambe), ⑲ biceps de la cuisse (fléchisseur de la jambe) ⑳ jumeaux (muscles du mollet ; extenseurs du pied « en pointe ») attaché par le tendon d'Achille sur l'os du tarse formant le talon.

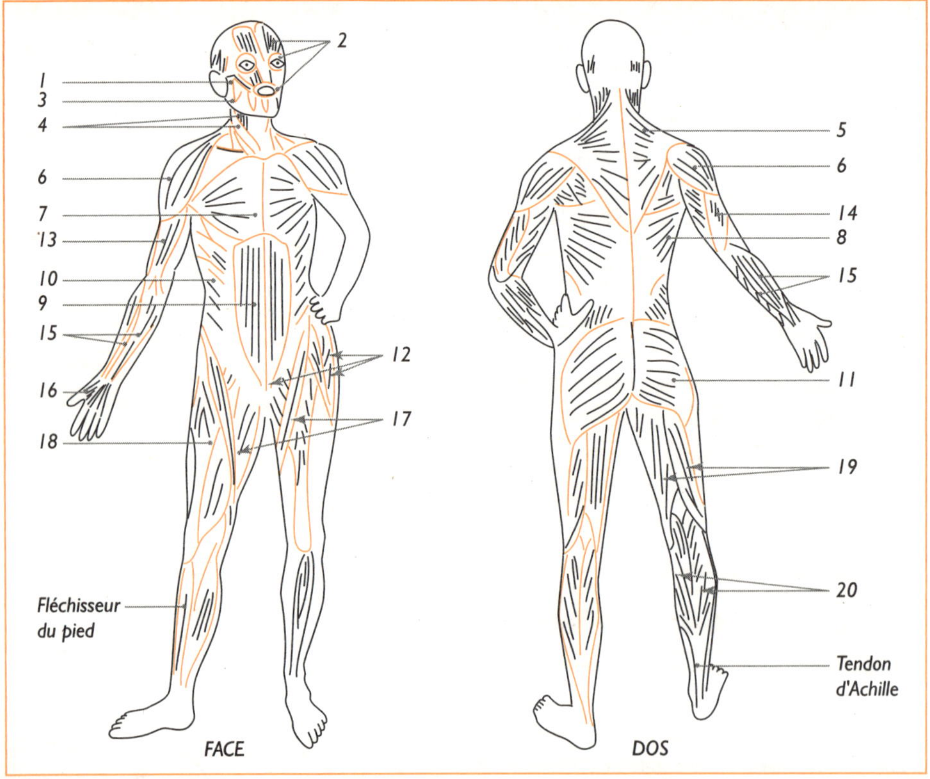

II - Structure du squelette

A - Tissus squelettiques

Trois types de tissus participent à la structure du squelette.

Types de tissus	Caractéristiques	Localisations	Fonctions
Tissu cartilagineux	**tissu conjonctif spécialisé** : cellules disposées dans une substance fondamentale protéique **souple et résistante.**	**cartilage articulaire** : sur les surfaces osseuses en vis-à-vis	**facilite le mouvement sans usure des surfaces articulaires**
		cartilage de conjugaison : entre diaphyse et épiphyse chez le jeune	**assure la croissance en longueur des os longs**
Tissu osseux*	**tissu conjonctif spécialisé** : cellules disposées dans une substance fondamentale protéique **rendue rigide par des dépôts de sels minéraux, phosphates de calcium sutout**	**os compact** externe	**assure une grande résistance de l'os** aux agressions mécaniques
		os spongieux interne	résistant ; **contient la moelle rouge dans laquelle sont fabriqués les éléments figurés du sang** (voir appareil circulatoire)
Périoste	tissu conjonctif fibreux autour (péri-) de l'os	recouvre l'os sauf au niveau des articulations	**permet la croissance de l'os en épaisseur et la réparation des fractures**

**Composition : tissu pauvre en eau ; os sec : 35 % (1/3) ; matière organique : 65 % (2/3) ; sels minéraux.*

B - Les os (racine ostéo-)

1 – Les différents types d'os

On distingue trois types d'os caractérisés par leur forme : long, court, plat.

Types	Caractéristiques	Exemples
Os long	① épiphyses ou tête (os spongieux abritant la moelle rouge) ② diaphyse ou corps (os compact) ③ cavité médullaire (contenant la moelle jaune riche en lipides : os à moelle du pot-au-feu) ④ périoste 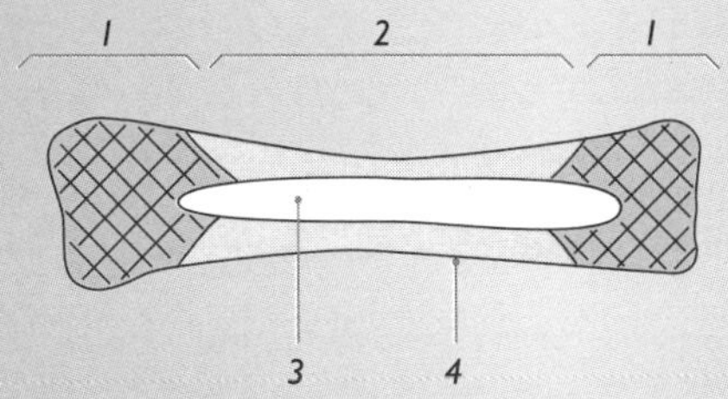	fémur, tibia et péroné, humérus, radius et cubitus
Os court	pas de dimension prédominante	carpes (poignet), vertèbres
Os plat	épaisseur faible richesse en moelle rouge	os du crâne os du bassin, omoplate, côtes, sternum

2 – La croissance des os

La croissance d'un os se fait :

– **à partir d'une forme cartilagineuse remplacée progressivement par de l'os** : croissance des os longs, carpes) ;

– **grâce à l'activité du périoste** qui assure la croissance en surface de l'os préexistant (os du crâne), la croissance en épaisseur (os plats et courts), la croissance en diamètre (diaphyse des os longs).

La surveillance de la croissance de l'appareil locomoteur se fait à partir des courbes de taille (croissance staturale), de poids (croissance pondérale) et du périmètre crânien (voir carnet de santé).

L'ordre et la période d'apparition des points d'ossification des os du poignet sont constants ; une radiographie à ce niveau permet donc de déterminer l'âge osseux d'un enfant.

Os longs			Carpes : os du poignet		Os du crâne	
nouveau-né	**enfant**	**adulte**	**enfant**	**adulte**	**nouveau-né**	**adulte**
ébauches carti lagineuses, apparition de points d'ossification 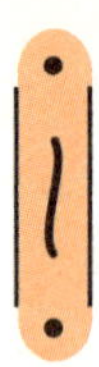	persistance de cartilages de conjugaison 	ossification du cartilage de conjugaison ; il ne reste du cartilage qu'au niveau des surfaces articulaires 	points d'ossification successifs 	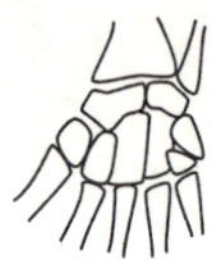	fontanelles vue de dessus 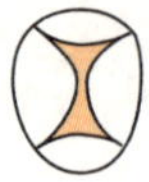	

La croissance est sous contrôle hormonal : en particulier hormone de croissance hypophysaire, hormones thyroïdiennes (risque de nanisme par défaut de sécrétion), hormones sexuelles.

Elle dépend d'une bonne alimentation (en particulier calcium, vitamines D et A).

Elle est favorisée par l'exercice physique s'il est adapté à l'âge.

C - Les articulations*

Types	fixe (fibreuse)	semi-mobile (cartilagineuse)	mobile (synoviale)
Exemples	os du crâne	entre deux vertèbres	coude
S C H E M A	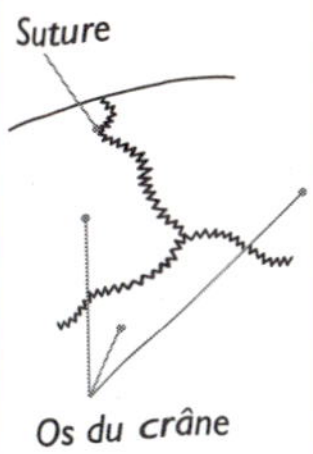	① disque intervertébral cartilagineux ② ligaments de la capsule articulaire 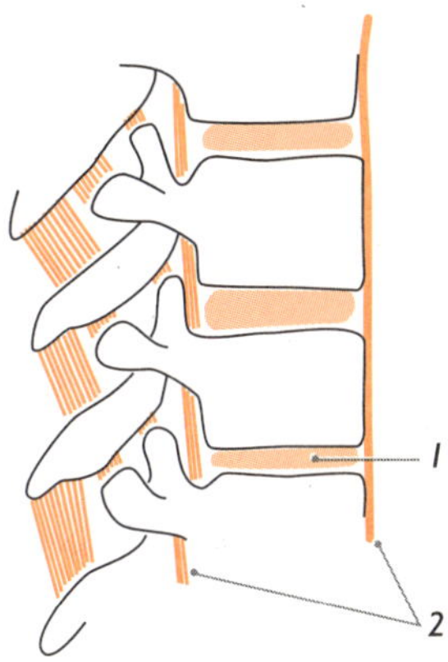	① ligaments de la capsule articulaire ② cartilage articulaire ③ membrane synoviale ④ liquide synovial 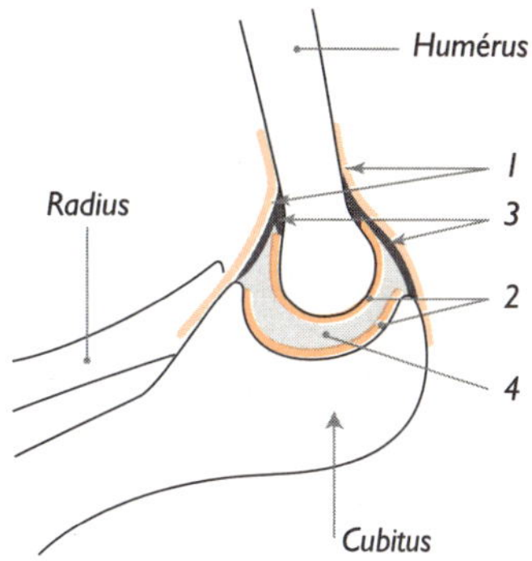

III - Les muscles

A - Les différents types de muscles

Les muscles (racine myo-) sont formés de cellules allongées ou fibres musculaires. On distingue trois types principaux : squelettiques, viscéraux, cardiaque.

Noms	Caractéristiques	Fonctions	Commande ou contole
Muscles squelettiques	striés, rouges (viande)	mouvement des pièces du squelette	système nerveux cérébro-spinal ou volontaire
Muscles viscéraux	lisses, blancs	mouvements des organes (*ex* : péristaltisme appareil digestif)	système nerveux végétatif ou autonome
Muscle cardiaque	strié, rouge commande automatique	éjection du sang des cavités du cœur	contrôle par le système nerveux végétatif ou autonome

La différence d'aspect est due à la présence, dans les fibres musculaires, d'une quantité plus (muscle strié) ou moins (muscle lisse) grande de myofibrilles capables de se contracter.

La différence de couleur est due :

– à la présence, dans les fibres musculaires, d'une quantité plus (muscle rouge) ou moins (muscle blanc) grande de myoglobine (protéine colorée de la famille de l'hémoglobine) qui fixe le dioxygène

– à l'existence, dans le muscle, d'un réseau sanguin plus (muscle rouge) ou moins (muscle blanc) développé.

*(racine arthro-)

B - Le muscle squelettique

1 – Structure

Les muscles squelettiques sont formés de fibres musculaires ① groupées en faisceaux enveloppés par du tissu conjonctif ② qui contient des vaisseaux sanguins et des nerfs ③. Le tissu conjonctif protecteur se prolonge par les tendons ④ qui assurent l'insertion des muscles sur les os.

Coupe transversale de muscle squelettique

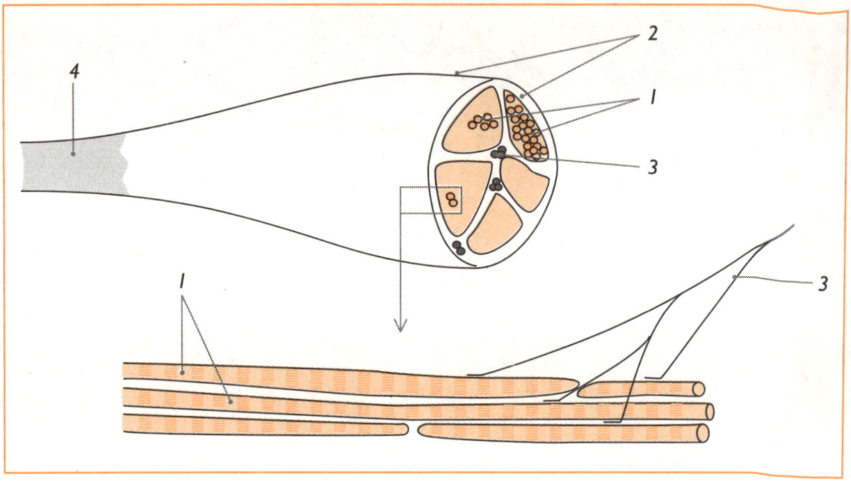

2 – Caractéristiques et propriétés

a - caractéristiques

En position de repos, les muscles squelettiques sont :

– **légèrement étirés**, car leur longueur totale est plus faible que la longueur entre les points d'insertion des tendons sur les pièces osseuses (une rupture de tendon nécessite donc une intervention chirurgicale pour remettre en place le muscle qui s'est rétracté) ;

– **légèrement contractés** en réaction à cet étirement : **c'est le tonus musculaire**.

b - propriétés

• **Les muscles squelettiques sont excitables** par l'intermédiaire du système nerveux : **la transmission de l'influx nerveux des neurones aux fibres musculaires se fait par l'intermédiaire des synapses neuro-musculaires** (plaques motrices).

• **Les muscles squelettiques sont contractiles** : la réponse à l'excitation est une contraction :

– dynamique, qui diminue la longueur du muscle et entraîne un mouvement (*ex* : contraction du biceps qui fléchit l'avant-bras) ;

– statique, qui augmente la force développée sans diminuer la longueur du muscle et qui ne crée pas de mouvement (*ex* : contraction du biceps qui permet de soulever un poids en gardant le bras tendu).

+ Tonicité + Élasticité

Les contractions musculaires de la vie courante sont rarement la réponse à un influx nerveux isolé : **la stimulation dure et les influx nerveux se succèdent à une fréquence élevée ; les fibres musculaires restent contractées : le muscle est en état de tétanos physiologique**.

Si la stimulation dure trop longtemps ou est trop intense pour les capacités du muscle, on observe l'apparition d'un tremblement puis une diminution progressive voire un arrêt de l'état de contraction du muscle : ce sont les manifestations de **la fatigue musculaire**.

C - La fibre musculaire striée

1 – Ultrastructure

Les fibres musculaires striées sont des cellules géantes (plusieurs centimètres de long) possédant plusieurs noyaux ① périphériques. Leur cytoplasme ② riche en myoglobine contient des myofibrilles ③ entre lesquelles se placent de nombreuses mitochondries ④ productrices d'énergie. Leur membrane cytoplasmique ⑤ transmet l'excitation reçue au niveau de la synapse neuro-musculaire ⑥.

Chaque myofibrille est formée par une alternance de filaments épais (myosine) ⑦ et fins (actine) ⑧ régulièrement alignés (donnant l'aspect strié). Leur glissement les uns entre les autres assure la diminution de longueur de la myofibrille.

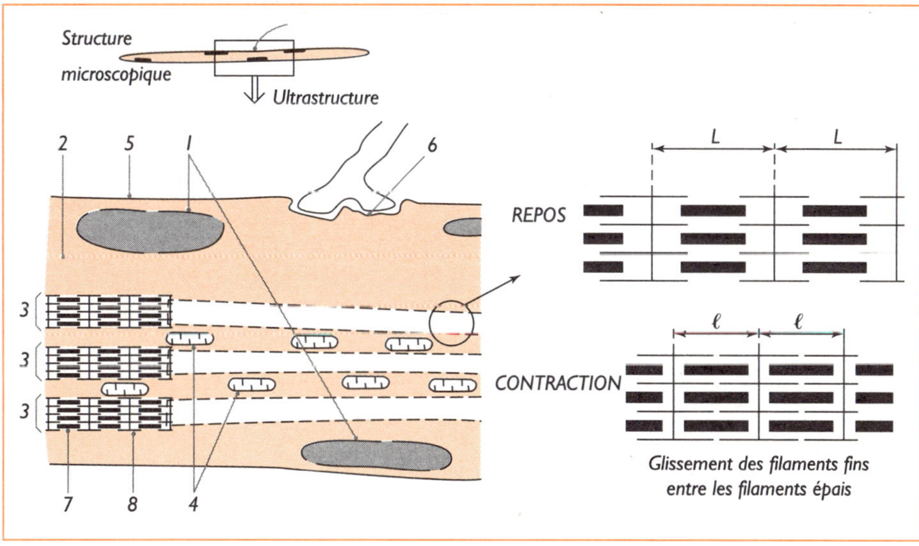

Glissement des filaments fins entre les filaments épais

2 – Propriétés

La fibre musculaire striée est excitable grâce à sa membrane cytoplasmique et contractile grâce aux myofibrilles.

La diminution de la longueur d'une fibre musculaire est due à la diminution de longueur de ses myofibrilles.
La diminution de longueur d'un muscle est due à la diminution de la longueur de ses fibres.

IV - Dysfonctionnements, hygiène et prévention

A - Les dysfonctionnements

1 – Les dysfonctionnements ostéo-articulaires

Types			Descriptions	Conséquences, traitements
ACCIDENTS	FRACTURES	Fermée	Simple : les morceaux d'os restent en place Avec déplacement : les morceaux ne sont plus alignés	Douleur, risque de déformation de l'os en cas de déplacement Immobilisation après réduction de la fracture (remise en place des fragments) si nécessaire
ACCIDENTS	FRACTURES	Ouverte	Les fragments osseux sont déplacés et ont traversé la peau	Risques d'infection et d'hémorragie Réduction de la fracture, soins de la plaie, immobilisation
ACCIDENTS	Entorse		Lésion des ligaments sans déplacement permanent des surfaces articulaires	Douleur immédiate ; risques de récidive par fragilisation des ligaments étirés ou déchirés Immobilisation de l'articulation, après réduction si nécessaire, permettant la cicatrisation des lésions ligamentaires ; parfois, intervention chirurgicale pour réparer des ligaments arrachés
ACCIDENTS	Luxation (articulation déboîtée)		Déplacement permanent des extrémités osseuses, avec perte des contacts normaux entre les surfaces articulaires (nécessité d'une réduction)	
MALADIES	Rachitisme (maladie de carence du jeune)		Troubles de la croissance des os avec déformation, par manque de vitamine D ou de soleil	Apport de vitamine D nécessaire à l'utilisation du calcium (voir alimentation) Traitement aux UV
MALADIES	Ostéoporose (maladie de carence de la personne âgée)		Déminéralisation osseuse par raréfaction de la substance fondamentale protéique osseuse, support des sels de calcium	Fragilisation des os, risques de fractures (ex : col du fémur) Traitement en fonction du type de carence
MALADIES	Arthrose		Lésion ou usure du cartilage articulaire (ex : hanche)	Douleur à l'effort cédant au repos, diminution de la mobilité Mise au repos, pose de prothèse
MALADIES	Arthrite		Inflammation des articulations (ex : mains) (polyarthrite si plusieurs articulations atteintes)	Articulations douloureuses (même au repos) et déformées Traitement de la cause de l'inflammation
DÉFORMATIONS	Hyperlordose		Cambrure lombaire exagérée 	Surveillance régulière en particulier lors de la croissance Rééducation de la posture (gymnastique, kinésithérapie, éventuellement port de corset)
DÉFORMATIONS	Cyphose		Dos rond 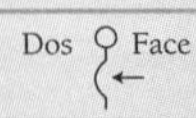	
DÉFORMATIONS	Scoliose		Déviation latérale de la colonne vertébrale 	

2 – Les dysfonctionnements musculaires accidentels

Deux principaux types d'accidents musculaires sont bien connus des sportifs :

Noms	Définitions	Conséquences, traitements
Claquage	déchirure de fibres musculaires	mouvement douloureux ou impossible mise au repos du muscle blessé
Tendinite	inflammation d'un tendon	

B - Hygiène et prévention

L'étude de ces principaux dysfonctionnements permet de comprendre que **le bon fonctionnement de l'appareil locomoteur suppose que ses différents éléments aient une croissance harmonieuse et soient entretenus, entraînés et ménagés**.
Il est possible d'éviter ou de minimiser certaines atteintes, à condition de respecter quelques règles dont la plupart relèvent du bon sens :

Facteurs à favoriser	Facteurs à éviter
– alimentation équilibrée, en particulier apport suffisant en calcium et vitamine D – bonne posture (installation du poste de travail, lit ferme...) – adaptation des gestes de la vie quotidienne (comment se baisser, porter une charge...) – activité physique régulière – assouplissement et échauffement avant tout exercice, surtout s'il est intensif	– carences et déséquilibres alimentaires – excès de poids entraînant un surmenage du squelette et des articulations – positions ou gestes traumatisants – activité physique excessive ou à risques mal évalués ou non maîtrisés – activité physique sans préparation

V - Étude du mouvement

Tout mouvement même apparemment simple **est le résultat d'un ensemble complexe de phénomènes** :

Mouvements	Phénomènes actifs	Phénomènes passifs
Cas général	**contraction du ou des muscles produisant le mouvement, commandée par le système nerveux** (que le mouvement soit réflexe ou volontaire)	– **relâchement du ou des muscles antagonistes** (produisant le mouvement contraire) **commandé par le système nerveux** – **mobilisation des os autour des articulations**
Flexion de l'avant-bras sur le bras	contraction du biceps	– relâchement du triceps – cubitus et radius pivotent au niveau du coude et se rabattent sur l'humérus
Extension de l'avant-bras	contraction du triceps	– relâchement du biceps – cubitus et radius pivotent et se placent dans le prolongement de l'humérus

Dans le cas de la marche, les groupes musculaires mis en jeu sont nombreux :
– muscles de la hanche et des membres inférieurs assurant les mouvements de la cuisse et de la jambe et le déroulement du pied ;
– muscles fessiers, abdominaux, du dos et du cou assurant le maintien de la position debout et de l'équilibre sans cesse modifié ;
– muscles de l'épaule assurant le balancement des membres supérieurs...
On comprend que la marche soit une activité sportive de base, recommandable pour tous !

CHAPITRE 4

EXERCICES

APPAREIL LOCOMOTEUR ET LOCOMOTION

■ 1 - *Titrez et légendez le document suivant.*
Précisez le type de structure squelettique représenté.
Indiquez s'il s'agit de l'os d'un enfant ou d'un adulte, en justifiant votre réponse.

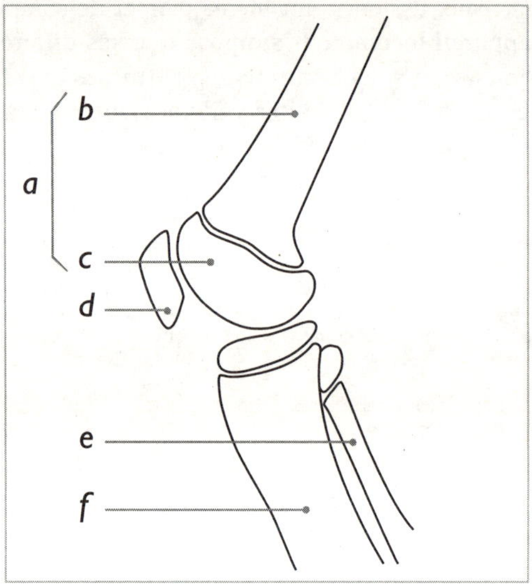

■ 2 - *Complétez le texte suivant.*
Le .... est un tissu .... qui recouvre les os. Il assure la .... des os longs. En cas de .... (les fragments .... sont visibles par la plaie) avec endommagement de ce tissu, on peut avoir à en faire une greffe, car il assure aussi la .... de l'os.

■ 3 - *Mettez une croix chaque fois que vous pensez qu'une proposition est exacte.*

a) Le périnée est un os de la jambe.
b) Le radius est un os du bras.
c) Une entorse est une fracture au niveau d'une articulation.
d) La cage thoracique protège le cœur et les poumons.
e) L'articulation intervertébrale permet des mouvements de grande amplitude.
f) L'arthrose de la hanche ou du genou est plus fréquente chez les personnes obèses.
g) Le tonus musculaire est la contraction d'un muscle bien entraîné.
h) En cas d'anomalie des éléments cellulaires du sang, on peut prélever et analyser la moelle osseuse de l'os spongieux.

■ 4 - En position debout, le pied est perpendiculaire à la jambe. *Expliquez brièvement comment maintenir cette position. Expliquez ensuite quelles modifications de l'activité des muscles cités peut permettre de monter sur la pointe des pieds.*

■ 5 - On place dans le tibia d'un jeune animal des aiguilles d'argent a, b, c et d puis on étudie, grâce à des radiographies régulières, leur position au cours de la croissance.
Comparez les écarts entre les aiguilles aux trois étapes représentées et précisez le phénomène mis en évidence, le nom de la structure qui en est responsable ainsi que l'état atteint à l'arrêt de l'expérience.

Début de l'expérience — Étape intermédiaire — Arrêt de l'expérience

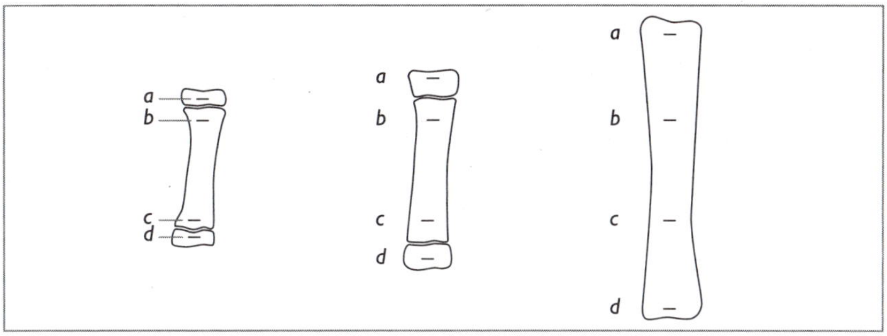

■ 6 - *Complétez la grille de mots à l'aide des définitions suivantes.*

Horizontalement

1) Articulaire ou de conjugaison, il forme aussi le pavillon de l'oreille et le nez. 2) Ensemble osseux de 5 vertèbres soudées qui limite le bassin dorsalement. 3) Petit os de l'articulation du genou. 4) Tête d'un os long. 5) Racine signifiant « muscle ». 6) Membrane non ossifiée entre les os du crâne du nouveau-né. 7) Os plat sur lequel s'articulent les côtes ventralement. 8) Muscle fléchisseur de l'avant-bras. 9) Vraies, fausses ou flottantes, leurs douze paires s'articulent sur les vertèbres dorsales. 10) Cordon d'insertion du muscle sur l'os, dont l'inflammation a mis hors-jeu plus d'un athlète.

Verticalement

a) Déviation latérale de la colonne vertébrale. b) Colonne vertébrale en un mot. c) Le plus grêle des deux os de la jambe. d) Au niveau d'une articulation, bande de tissu conjonctif très résistant reliant deux pièces osseuses. e) Liquide articulaire (en un mot). f) Os courts dont l'empilement délimite un canal contenant la moelle épinière. g) Tissu conjonctif qui recouvre, nourrit, accroît et éventuellement répare les os. h) Squelettiques ou viscéraux, ils sont les éléments actifs du mouvement.

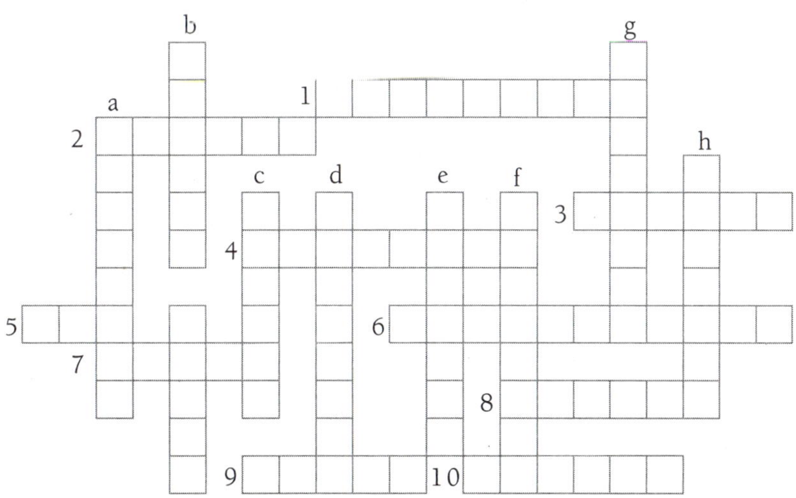

■ *1* - Articulation du genou.
a : fémur, b : diaphyse, c : épiphyse, d : rotule, e : péroné, f : tibia
Il s'agit d'une articulation mobile de type synovial.
La présence de cartilages de conjugaison permet d'affirmer que cette articulation est celle d'un sujet n'ayant pas achevé sa croissance (enfant ou adolescent).

■ 2 - *Phrase à compléter.*
Le **périoste** est un tissu **conjonctif** qui recouvre les os. Il assure **la croissance en diamètre** des os longs. En cas de **fracture ouverte** (les fragments **d'os** sont visibles par la plaie) avec endommagement de ce tissu, on peut avoir à en faire une greffe, car il assure aussi la **réparation** de l'os.

■ 3 - *Propositions exactes :* d, f et h.

■ 4 - *En position debout, pour maintenir le pied perpendiculaire à la jambe, le système nerveux :*
– commande un état suffisant de contraction du ou des muscles de la jambe, fléchisseurs du pied ;
– commande le relâchement des muscles antagonistes extenseurs du pied (jumeaux formant le mollet).

Pour monter sur la pointe des pieds, le système nerveux commande le mouvement inverse, donc :
– la contraction des jumeaux extenseurs du pied ;
– le relâchement des fléchisseurs du pied.
Le pied se met alors dans le prolongement de la jambe. Suivant l'état des muscles mobilisant les orteils, le corps repose sur la face inférieure des orteils (demi-pointe) ou sur leur pointe.

Remarque : ce « déroulement » du pied, alternativement fléchi et tendu, intervient au cours de la marche, bien que l'extension soit plus modérée.

■ 5 - *L'écart entre les aiguilles* a *et* d *augmente ; l'os de l'animal s'allonge.*
L'écart entre les aiguilles *b* et *c* ne change pas ; il augmente entre les aiguilles *a* et *b* d'une part, *c* et *d* d'autre part. On met ainsi en évidence que l'allongement de l'os se fait entre les aiguilles qui sont situées de part et d'autre du cartilage de conjugaison : c'est la structure responsable de la croissance en longueur de l'os.
Sur le schéma 3, l'absence de cartilage de conjugaison est le signe que la croissance de l'os est terminée.

■ 6 - *Mots croisés.*

					b												g				
					R												P				
			a		A			1	C	A	R	T	I	L	A	G	E				
		2	S	A	C	R	U	M									R		h		
			C		H		c		d			e		f			I		M		
			O		I		P		L			S		V	3	R	O	T	U	L	E
			L		S	4	E	P	I	P	H	Y	S	E			S		S		
			I				R		G			N		R			T		C		
5	M	Y	O		F		O		A	6	F	O	N	T	A	N	E	L	L	E	S
		7	S	T	E	R	N	U	M			V		E					E		
			E		M		E		E			I	8	B	I	C	E	P	S		
					U				N			E		R							
					R	9	C	O	T	E	S	10	T	E	N	D	O	N			

CHAPITRE 5

APPAREIL CIRCULATOIRE ET CIRCULATION

Aucune cellule ne peut se passer du reste de l'organisme. **La circulation du sang et de la lymphe grâce à l'appareil circulatoire assure** :
– **le renouvellement permanent du liquide extracellulaire** (LEC) en transportant les substances nutritives et les déchets (voir appareils digestif, respiratoire et urinaire et peau) ;
– **la communication entre cellules et organes distants** (voir système endocrinien) ;
– **les défenses de l'organisme** grâce au transport des leucocytes et des anticorps (voir immunité).
La vie des cellules, leur travail et leur intégrité sont ainsi assurés.

I - Le sang

Le sang est un tissu conjonctif spécialisé, rouge et visqueux : **les éléments cellulaires (ou figurés) sont en suspension dans une matière fondamentale liquide, le plasma.**

Prélèvement	Phénomène observé	Résultats
Avec anticoagulant (tube A)	Sédimentation	Culot d'éléments figurés ② au fond du tube plasma ① surnageant en surface
Sans anticoagulant (tube B)	Coagulation	Caillot ④ enfermant les éléments figurés sérum ③ exsudé du caillot (voir I C 3)

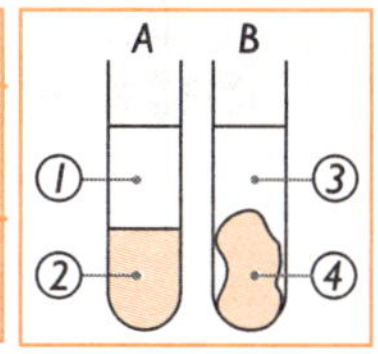

La composition du sang est étroitement régulée, et son analyse renseigne sur le bon fonctionnement de nombreux organes dont il transporte les produits.

A - Les principaux constituants du plasma

Le plasma est une solution aqueuse riche en substances dissoutes (molécules et ions) dont certaines diffusent librement à travers la paroi des capillaires sanguins ; ceci permet les échanges entre le sang et les tissus. Le plasma est le milieu de vie des éléments figurés du sang.

Principaux constituants	Fonctions principales
Eau	Solvant
Substances organiques dont : – **protéines : ne diffusent pas**, réparties en albumine et globulines dont : • immunoglobulines, • fibrinogène, – **lipides, cholestérol** : peu solubles, **transportés par les protéines : lipoprotéines** (voir absorption intestinale) ; – glucose, acides aminés ; – urée, acide urique.	 Maintien du volume sanguin transport de molécules immunité (anticorps) coagulation Nutriments, hormones Nutriments Résidus à éliminer
Substances minérales – cations dont : • sodium (Na^+) • potassium (K^+), magnésium (Mg^{2+}) • calcium (Ca^{2+}) • fer – anions dont : • chlorures (Cl^-) • hydrogénocarbonates (HCO_3^-)	 Maintien de la pression artérielle fonctionnement cellulaire constituant des os, coagulation constituant de l'hémoglobine Équilibre des charges électriques transport du CO_2 (forme majoritaire), maintien du pH sanguin à sa valeur normale
Gaz respiratoires O_2 et CO_2 dissous	Échanges respiratoires entre sang et cellules

B - Caractéristiques et rôles des éléments figurés du sang

On distingue trois catégories différentes d'éléments figurés du sang : les globules rouges, les globules blancs et les plaquettes. (voir les valeurs moyennes d'une numération normale dans la 1re colonne de l'exercice 3).
Ils sont fabriqués dans la moelle rouge des os (voir appareil locomoteur).

1 – Les globules rouges

a - caractéristiques

Les globules rouges sont appelés aussi hématies ou érythrocytes (érythro- : rouge, -cyte : cellule). Ce sont des cellules sans noyau (anucléées).

Caractéristiques principales	Fonctions
Aspect de disque biconcave déformable	Passage dans des capillaires de très faible diamètre
Coloration rouge due à la présence d'hémoglobine (protéine contenant du fer) dissoute dans le cytoplasme	Transport des gaz respiratoires en particulier le dioxygène
Présence sur la membrane cytoplasmique de molécules antigéniques caractéristiques	Existence des groupes sanguins

b - hématies et transport des gaz respiratoires

Chaque molécule d'hémoglobine peut se lier à 4 molécules de dioxygène ; cette liaison est réversible.

La réaction globale peut s'écrire :

$$\underset{\text{Désoxyhémoglobine}}{Hb} + \underset{\text{dioxygène}}{O_2} \rightleftharpoons \underset{\text{oxyhémoglobine}}{Hb(O_2)_4}$$

Remarque 1 : Le monoxyde de carbone (CO) se fixe sur l'hémoglobine à la place du dioxygène de façon très difficilement réversible (il se forme de la carboxyhémoglobine $Hb(CO)_4$) ce qui explique le danger de la présence de ce gaz dans l'air inspiré (voir respiration).
Remarque 2 : Le dioxyde de carbone (CO_2) se lie de façon réversible aux molécules d'hémoglobine sur des sites différents de ceux du dioxygène (il se forme de la carbaminohémoglobine de formule complexe). C'est une autre forme de transport du dioxyde de carbone par le sang (le transport majoritaire se fait sous forme d'ions hydrogénocarbonates dans le plasma).

c - hématies et groupes sanguins

Lors de la mise en présence de deux échantillons de sang d'origine différente, les antigènes de surface des hématies de l'un peuvent être identifiés par des anticorps spécifiques présents dans le plasma de l'autre. Il y a alors agglutination des hématies qui conduit à leur destruction. **La nature des antigènes de surface des hématies permet de définir des systèmes de groupes sanguins**. Les exemples les plus connus sont :

Systèmes	Groupes	Antigènes sur les hématies	Anticorps plasmatiques (liés au système)*
ABO	A B AB O	A B A et B ni A ni B	antiB antiA aucun contre A ou B antiA et antiB
Rhésus	rhésus + rhésus -	D (principal) absence de D	aucun contre D aucun contre D en absence d'immunisation

* Dans le système ABO, tout sujet possède, de façon innée, des anticorps plasmatiques dirigés contre le ou les antigènes que ses hématies ne portent pas. Dans le système rhésus, les anticorps antiD des sujets rhésus négatif sont acquis par immunisation.

La détermination du groupe sanguin, par identification des antigènes présents sur les hématies et des anticorps présents dans le plasma, est indispensable avant toute transfusion afin de garantir la compatibilité (absence d'agglutination) réciproque entre le sang du receveur et celui du donneur.

2 – Les globules blancs (voir système immunitaire)

Les globules blancs sont également appelés leucocytes (leuco- : blanc) ils sont classés en trois catégories identifiables par observation au microscope après coloration.
Les globules blancs sont des acteurs essentiels de l'immunité : leur présence dans le sang permet leur distribution dans tout l'organisme ; ils sont attirés par chimiotactisme dans les tissus où ils exercent leur action ; ils quittent les vaisseaux sanguins par diapédèse (voir système immunitaire).

Catégories	Aspect cellulaire	Rôles
Granulocytes divisés en neutrophiles, (basophiles et éosinophiles très peu nombreux)	Noyau plurilobé cytoplasme à granulations (préfixe granulo-) distinctes fixant (suffixe -phile) des colorants différents	**Neutrophiles** et éosinophiles : phagocytose **Basophiles : réaction inflammatoire**
Monocytes (mononucléaires)	Grandes cellules, noyau à un lobe	**Phagocytose**
Lymphocytes	Cellules à noyau rond et cytoplasme réduit	Acteurs de l'**immunité spécifique**

3 – Les plaquettes

Les plaquettes sont également appelées thrombocytes (thrombo- : caillot). Ce sont **des petits fragments cellulaires sans noyau. Elles interviennent dans l'hémostase (arrêt du saignement) en cas de rupture d'un vaisseau** et participent à la réaction inflammatoire (voir système immunitaire).

C - Le processus de l'hémostase

L'hémostase est un ensemble de phénomènes qui permet l'arrêt du saignement lors de la rupture d'un vaisseau.

Le processus de l'hémostase se déroule en plusieurs étapes.

Étapes	Phénomènes observés	Conséquences
Vasoconstriction	Diminution du diamètre du vaisseau en amont de la rupture	Baisse du débit sanguin au niveau de la rupture
Agrégation plaquettaire	Formation d'un amas (clou) plaquettaire	Colmatage de la lésion
Coagulation	Formation du caillot sanguin	Obturation de la lésion
Cicatrisation	Remplacement des cellules vasculaires lésées, destruction du caillot	Réparation de la lésion

Remarque : Le caillot est formé d'un réseau de fibrine dans lequel les globules sont enfermés ; un liquide s'en sépare : le sérum qui est peu différent du plasma, mais ne contient plus le fibrinogène plasmatique transformé en fibrine lors de la coagulation.

II - Circulation sanguine

A - Organisation de l'appareil circulatoire

1 – Le cœur

Le cœur est un organe creux qui joue le rôle d'une pompe : il est constitué par le muscle cardiaque ou myocarde dont les contractions permettent la circulation du sang ; il est entouré par le péricarde ; les cavités cardiaques sont tapissées par l'endocarde dont les replis forment les valvules.

Trajet du sang	Hémicœur droit	Hémicœur gauche
Veine	caves supérieure et inférieure	pulmonaires
Oreillette	droite (OD)	gauche (OG)
Valvules auriculoventriculaires	tricuspides	mitrales
Ventricule	droit (VD)	gauche (VG)
Valvules artérielles ou sigmoïdes	pulmonaires	aortiques
Artère	pulmonaire	aorte

Sang riche en O_2 et pauvre en CO_2 circule dans l'hémicœur gauche

Sang riche en CO_2 et pauvre en O_2 circule dans l'hémicœur droit

Schéma et sens de circulation

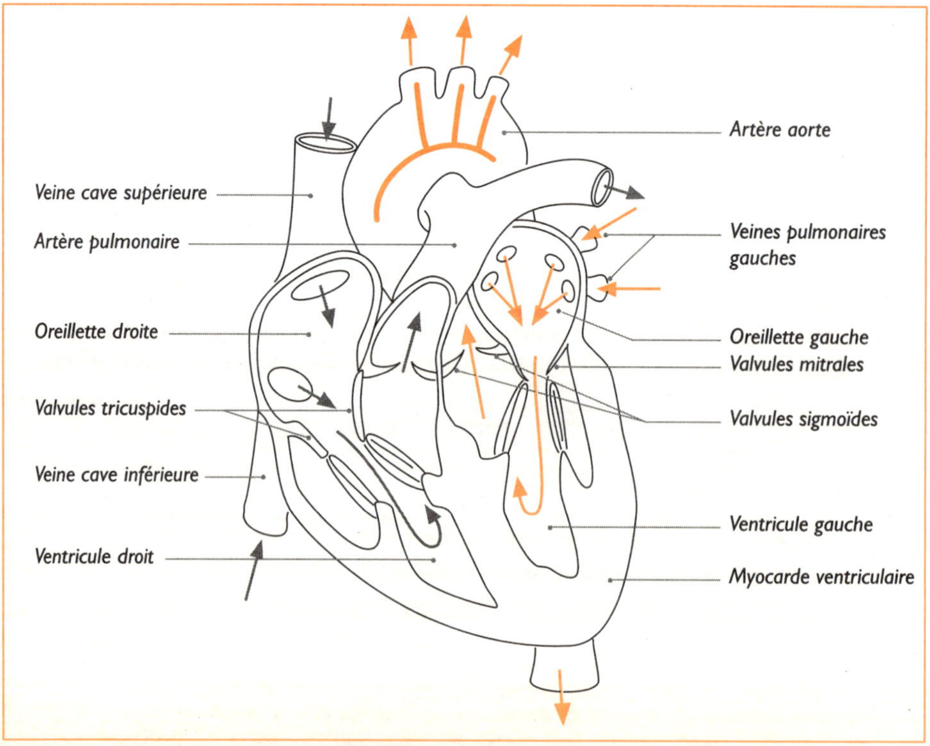

2 – La circulation

Appareil cardio-circulaire

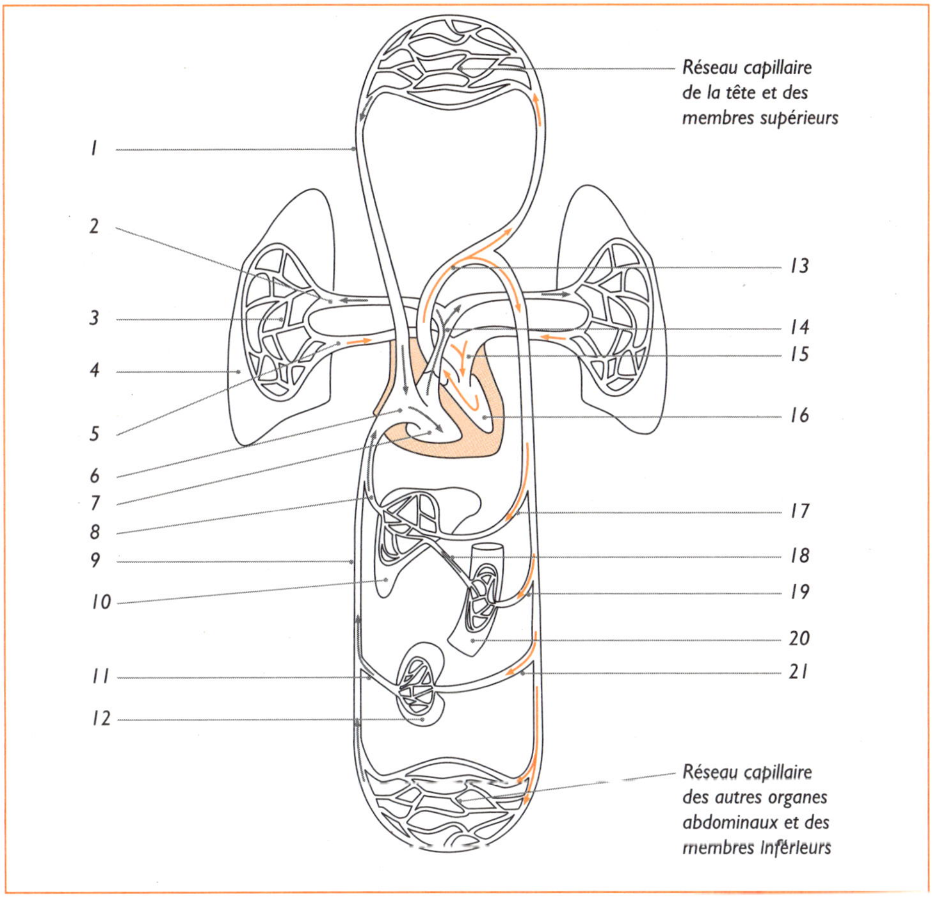

Sang riche en O_2 et pauvre en CO_2 revient des poumons et va aux autres organes

Sang riche en CO_2 et pauvre en O_2 revient des organes et va aux poumons

① veine cave supérieure (VCS), ② artère pulmonaire droite, ③ réseau capillaire pulmonaire droit, ④ poumon droit, ⑤ veines pulmonaires droites, ⑥ oreillette droite (OD), ⑦ ventricule droit (VD), ⑧ veine sus-hépatique, ⑨ veine cave inférieure (VCI), ⑩ foie, ⑪ veine rénale, ⑫ reins, ⑬ artère aorte, ⑭ artère pulmonaire, ⑮ oreillette gauche (OG), ⑯ ventricule gauche (VG), ⑰ artère hépatique, ⑱ veine porte hépatique, ⑲ artère mésentérique, ⑳ tube digestif (ou intestin), ㉑ artère rénale.

Nom du réseau	Trajet du sang - Fonction
petite circulation ou circulation pulmonaire	V D – artères pulmonaires – poumons - veines pulmonaires – OG Charger l'hémoglobine en O_2 – évacuer le CO_2 dans l'air expiré : hématose
grande circulation ou circulation systémique	VG – aorte et ramifications – autres organes – veines puis veines caves – OD Apporter l'O_2 aux cellules, emporter le CO_2

B - Le fonctionnement du cœur

1 – Le cycle cardiaque

La contraction (systole) du myocarde (myo : muscle) entraîne l'augmentation de la pression du sang contenu dans les cavités et permet l'éjection du sang.

La position des valvules, ouverte ou fermée, permet ou bloque le passage du sang.

Phases du cycle	Phénomènes observés	Conséquences
Systole auriculaire	Contraction des oreillettes, valvules auriculoventriculaires ouvertes, valvules sigmoïdes fermées	Fin du remplissage des ventricules
Systole ventriculaire (1re partie)	Début de contraction des ventricules : **fermeture des valvules auriculoventriculaires : 1er bruit**	Mise sous pression du sang enfermé dans les ventricules
Systole ventriculaire (2e partie)	Suite de la contraction des ventricules : ouverture des valvules sigmoïdes	Éjection du sang à haute pression dans les artères
Diastole (repos) générale	Repos du myocarde : **fermeture des valvules sigmoïdes : 2e bruit** puis ouverture des valvules auriculoventriculaires	Début du remplissage des ventricules (le sang arrive des veines dans les oreillettes et s'écoule dans les ventricules)

Cycle cardiaque

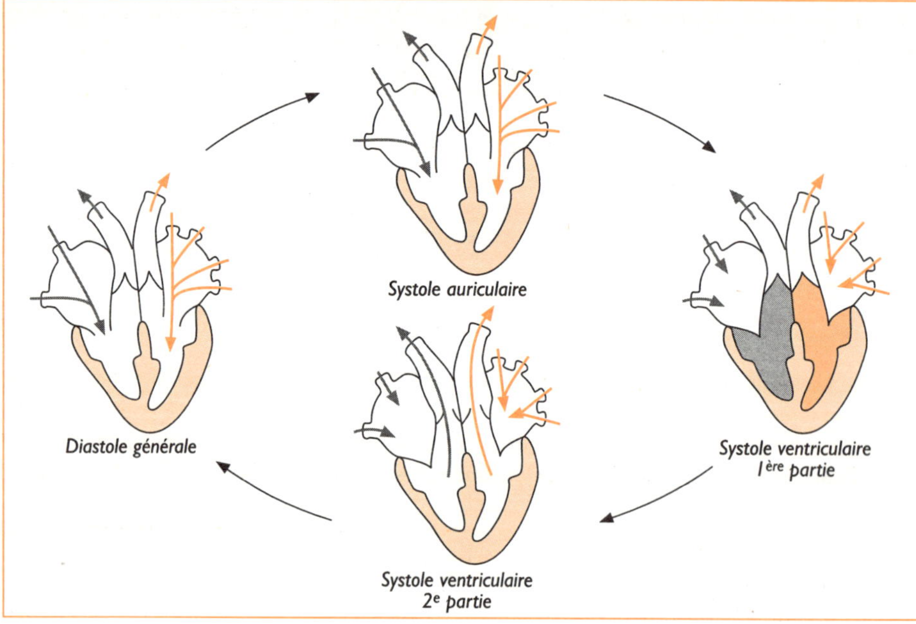

Chez un adulte au repos, la fréquence cardiaque est d'environ 70 cycles par minute et le volume d'éjection systolique est d'environ 70 mL par cycle.

Le volume de sang éjecté en une minute ou débit cardiaque est donc en moyenne :

$$70 \times 70 = 4900 \text{ mL / min soit un environ } 5 \text{ L.min}^{-1}.$$

Une augmentation de la fréquence cardiaque et/ou du volume d'éjection systolique entraînent une augmentation du débit cardiaque (par exemple, lors d'un exercice musculaire).

2 – Les méthodes d'exploration

Examens	Principes	Intérêts
Auscultation au stéthoscope	Écoute des bruits du cœur	Détection de souffles (bruits de reflux) ou d'anomalies du rythme
Prise du pouls	Comptage des battements cardiaques par minute	Mise en évidence d'anomalie du rythme
Électrocardio gramme (ECG)	Enregistrement de l'activité électrique du muscle cardiaque 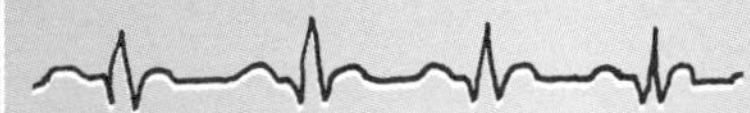	Détection de maladies de la conduction et de l'infarctus du myocarde
Échographie	Enregistrement de l'écho des ultrasons renvoyés par les tissus du cœur	Détection d'anomalies de l'anatomie et du fonctionnement du cœur
Écho-Doppler	Enregistrement de l'écho des ultrasons sur les hématies	Étude des mouvements du sang dans le cœur et les vaisseaux

C - Les vaisseaux

1 – Les capillaires

Les capillaires sont des vaisseaux de très petit calibre spécialisés dans les échanges entre le sang et les cellules par l'intermédiaire du liquide extracellulaire qui les baigne.

Structure	Fonction
Paroi très fine (une seule couche de cellules aplaties) Réseau très développé (grande surface d'échange)	Échanges rapides et importants

2 – Les artères et les veines

L'étude de la paroi des artères et des veines met en évidence une structure de base commune à laquelle s'ajoutent des spécificités qui entraînent des fonctions différentes des vaisseaux.

	Caractéristiques de la paroi	Localisations	Conséquences
ARTÈRES	Paroi épaisse	Toutes les artères	Résistance à la pression du sang maintien de l'artère ouverte après section
	Richesse en structures élastiques	**Grosses artères** : aorte et premières branches, artères pulmonaires	Possibilité pour l'artère de se distendre puis de revenir à son diamètre normal : **régularisation du flux saccadé du sang à la sortie du cœur**
	Richesse en cellules musculaires concentriques	**Artères moyennes et petites**, à l'entrée et à l'intérieur des organes	Possibilité de modifier le diamètre de l'artère : **distribution du sang dans les organes en fonction de leurs besoins**
VEINES	Paroi plus mince que celle des artères de même diamètre	Toutes les veines	Affaissement de la veine après section
	Présence de cellules musculaires	Veines petites et moyennes	Possibilité, par contraction, de faciliter la progression du sang vers le cœur
	Présence de valvules antireflux	Veines petites et moyennes surtout membres inférieurs	**Blocage du reflux du sang vers le bas du corps**

3 – La pression artérielle

La pression artérielle est la pression exercée par le sang sur la paroi des artères. Sa mesure, faite sur un sujet assis ou allongé et au repos, s'exprime par deux valeurs :

– pression maxima (~12 cm de mercure) obtenue au cours de la systole ventriculaire ;

– pression minima (~7 cm de mercure) obtenue en fin de diastole générale.

La mesure de la pression artérielle est très importante en particulier pour détecter l'hypertension artérielle (HTA), maladie cardiovasculaire fréquente chez des sujets qui pourtant ne ressentent aucun trouble.

III - Lymphe et circulation lymphatique

A - La lymphe

Le réseau capillaire sanguin est très étendu ; malgré cela, toutes les cellules ne sont pas directement au contact d'un capillaire, mais elles sont toutes baignées par le liquide extracellulaire (LEC) ou lymphe interstitielle.

Formation de la lymphe	Contenu	Fonction	Devenir
À partir du sang, essentiellement par diffusion / filtration	**Eau, Substances dissoutes du plasma (nutriments, O_2,** hormones), **Leucocytes** sortis des capillaires sanguins par diapédèse, **Produits cellulaires** (CO_2, autres déchets, produits de synthèse)	**Intermédiaire dans les échanges** réciproques entre les cellules et le sang **Immunité**	Écoulement dans les vaisseaux lymphatiques assurant le drainage des tissus : lymphe circulante

La composition de la lymphe est proche de celle du sang mais :
– elle ne contient pas d'hématies ;
– elle contient peu de protéines d'origine plasmatique (trop grosses pour diffuser à travers la paroi des capillaires) ;
de plus, elle est liée à l'activité des territoires cellulaires dont elle est issue.

Exemples d'organes drainés	Contenu de la lymphe sortante
Ganglions lymphatiques (voir immunité)	Lymphocytes et immunoglobulines
Intestin grêle (voir digestion et absorption)	Lipoprotéines et nutriments liposolubles absorbés

Légende schéma en dû

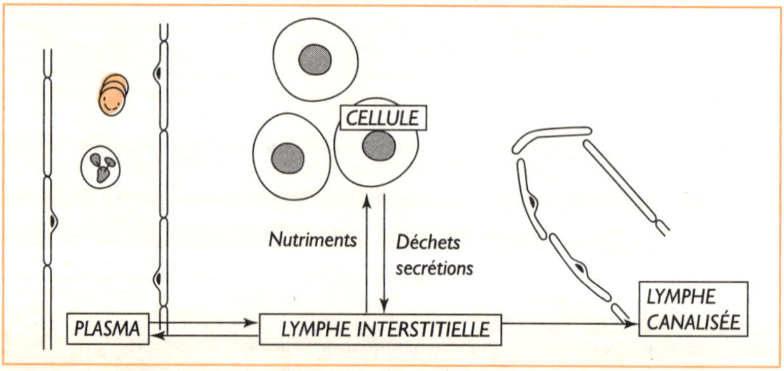

B - La circulation lymphatique

Les vaisseaux lymphatiques	La circulation lymphatique assure ainsi
Prennent naissance dans les tissus,	**Le drainage des tissus,**
Se rassemblent en vaisseaux plus gros dont la paroi est munie de valvules,	La progression sans reflux de la lymphe,
Traversent les ganglions lymphatiques,	**La protection contre la propagation d'agents pathogènes,**
Rejoignent la circulation sanguine à proximité de la veine cave supérieure,	**Le retour de la lymphe vers le sang qu'elle enrichit de son contenu.**

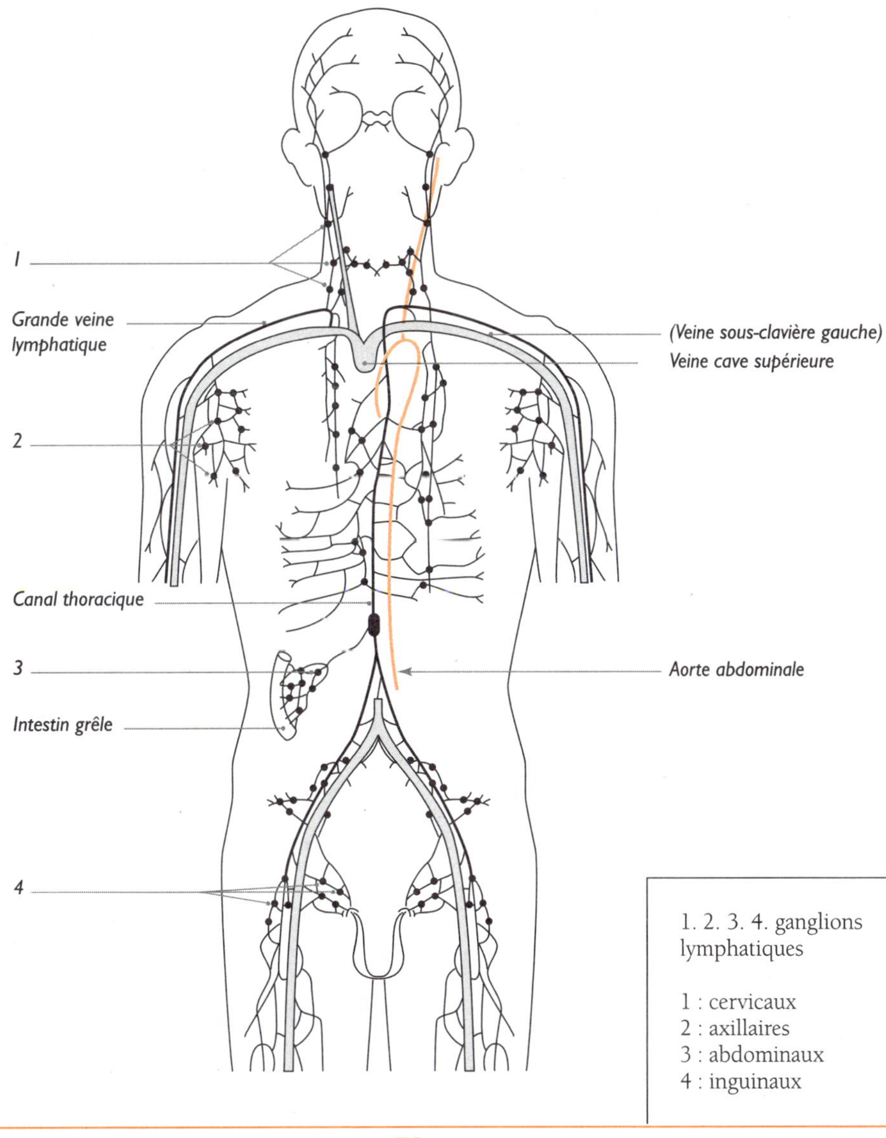

1. 2. 3. 4. ganglions lymphatiques

1 : cervicaux
2 : axillaires
3 : abdominaux
4 : inguinaux

IV - Dysfonctionnements et hygiène de l'appareil cardiovasculaire

A - Les maladies cardiovasculaires

Le bon fonctionnement de l'appareil circulatoire dépend du bon état de la paroi des vaisseaux et du cœur. Des lésions sont à l'origine de certaines maladies cardiovasculaires (MCV), dont quelques exemples sont rassemblés dans le tableau suivant.

Lésions	Conséquences	Maladies
Dépôt de cholestérol et de lipides (athérome) **dans la paroi des artères** qui se durcit (athérosclérose)	**Baisse de la circulation dans l'artère** dont la lumière est rétrécie avec **risque d'obstruction par formation de caillot** (thrombose). Diminution ou arrêt de l'apport de dioxygène entraînant la **souffrance ou la mort des cellules.** Dilatation de la paroi lésée : formation d'anévrisme.	Maladies des coronaires (artères du cœur) : angine de poitrine et **infarctus du myocarde.** **Accidents vasculaires cérébraux** (attaque cérébrale). Artérite des membres inférieurs (avec risque de gangrène). Rupture d'anévrisme.
Lésions des valvules – cardiaques – veineuses	Circulation du sang à contre-courant (reflux). Dilatation des veines (varice).	Certaines insuffisances cardiaques Inflammation des veines (phlébite), coagulation locale avec risque. d'embolie pulmonaire (voir exercice 7).
Lésion du tissu conducteur du cœur	Anomalies de commande de la contraction dans le myocarde.	Troubles du cycle cardiaque (parfois corrigés par implantation d'un stimulateur cardiaque).

Aux maladies cardiovasculaires dues à des lésions s'ajoute l'hypertension artérielle (HTA), maladie très répandue qui de plus favorise la formation d'athérome donc l'apparition d'autres (MCV).

Les MCV étudiées dans le tableau ci-dessous représentent la première cause de mortalité en France.

Noms et origines	Signes cliniques	Facteurs favorisants	Moyens de prévention
Hypertension artérielle (HTA) ; le plus souvent d'origine génétique.	Souvent aucun, à part des valeurs élevées de la pression artérielle au repos (max >14 et / ou min >9).	Antécédents familiaux **Obésité** **Tabac** **Alcool** **Stress** **Surconsommation de sel**	**Dépistage systématique de l'HTA** par surveillance régulière de la pression artérielle (rôle primordial de la médecine familiale ou du travail) **Hygiène alimentaire** : correction des déséquilibres alimentaires **Hygiène de vie** : suppression du tabac, diminution de l'alcool, exercice physique régulier **Réduction du stress**
Maladies des artères coronaires dues à l'athérosclérose.	Douleur thoracique intense - à l'effort qui cède au repos (angine de poitrine) - même au repos et qui persiste (infarctus du myocarde).	**HTA** Âge (risque augmente avec l'âge), sexe (hommes plus exposés), hérédité **Excès de cholestérol et de lipides sanguins** **Tabac** **Obésité** **Sédentarité** **Stress** Diabète	
Accidents vasculaires cérébraux dus à l'athérosclérose.	Troubles plus ou moins graves de la motricité, la sensibilité ou la reconnaissance, voire coma, selon la zone touchée et son étendue.		

B - Les hémorragies

Une hémorragie est une effusion (sortie) de sang hors d'un vaisseau.

Selon la localisation du vaisseau lésé, l'hémorragie est dite :

– externe, lorsque le sang s'écoule à la surface de l'organisme (on peut alors tenter de

l'enrayer par compression locale directe ou par la pose d'un pansement compressif) ;
– interne, lorsque le sang s'écoule dans un organe ou une cavité de l'organisme ;
– extériorisée, si le sang d'une hémorragie interne s'écoule à l'extérieur par une voie naturelle (voies digestives, respiratoires ou urinaires par exemple).

L'aspect de l'écoulement du sang dépend de la nature du vaisseau lésé :
– lors d'une hémorragie artérielle : le sang jaillit en saccades et à pression d'autant plus élevée que l'artère ouverte est grosse ; si la compression locale est insuffisante pour arrêter l'hémorragie, on peut pratiquer une compression en amont de la plaie, quand sa localisation le permet, aux endroits où le pouls est perceptible sur le trajet de l'artère (points de compression) ;
– lors d'une hémorragie veineuse : le sang s'écoule de façon continue et à faible pression par le vaisseau dont la paroi s'affaisse.

La gravité des conséquences d'une hémorragie est liée :
– à sa localisation : par exemple, lors d'une hémorragie cérébrale, le sang enfermé dans la boîte crânienne écrase les tissus environnants ; lors d'une hémorragie interne, il s'écoule parfois (trop) longtemps avant qu'elle soit détectée puis localisée avec précision pour être arrêtée ;
– au volume sanguin perdu : le choc hypovolémique (hypo : pas assez, émi : sang) qui suit une hémorragie importante peut entraîner des séquelles graves, voire la mort, par défaut d'irrigation des organes vitaux.

C - Hygiène de l'appareil cardiovasculaire

Compte tenu des inévitables risques dus aux facteurs propres à chaque individu, il est essentiel de contrôler les facteurs de risques extérieurs. L'adoption d'une alimentation équilibrée et d'une bonne hygiène de vie prévoyant une activité physique régulière, bannissant la consommation de produits toxiques comme le tabac et réduisant celle d'alcool, sont les meilleurs atouts pour entretenir et conserver un cœur et des vaisseaux dans le meilleur état possible.

CHAPITRE 5

EXERCICES

APPAREIL CIRCULATOIRE ET CIRCULATION

■ 1 - *Complétez le texte suivant.*

La petite circulation ou circulation .... : chaque poumon reçoit du sang riche en .... et pauvre en .... par l' .... ou .... issue de l' .... commune sortie du .... du cœur. Le sang qui sort des poumons est riche en .... et pauvre en .... Il est conduit par les .... à l' .... du cœur.

■ 2 - *Indiquez, dans la liste suivante, les propositions exactes.*

a) Une artère conduit toujours du sang riche en dioxygène.
b) Une artère conduit toujours du sang qui va du cœur vers les organes.
c) Le cœur est formé de deux parties qui ne communiquent pas directement entre elles.
d) Les valvules auriculoventriculaires empêchent le reflux du sang des oreillettes dans les ventricules.
e) Les bruits du cœur sont notamment dus à la fermeture des valvules.
f) La pression artérielle maximale est mesurée au cours de la systole auriculaire.
g) La paroi des artères est épaisse pour résister à de fortes pressions sanguines.
h) Les hématies traversent la paroi des capillaires sanguins pour apporter le dioxygène aux cellules.
i) La pratique régulière d'exercice physique fatigue le cœur.

■ 3 - *Comparez les résultats d'analyses biologiques pratiquées sur le sang de différents patients aux résultats normaux, puis reliez les résultats sanguins de ces patients aux signes qu'ils présentent.*

Résultats sanguins normaux	Résultats sanguins des patients
Hématies : 4,2 à 5,9 x 10^{12} /L	a) 3,1 x 10^{12} /L
Leucocytes : 4 à 10 x 10^{9} /L	b) 5 x 10^{8} /L
Plaquettes : 150 à 400 x 10^{9} /L	c) 40 x 10^{9} /L
Hémoglobine : 8 à 11 millimol /L	d) 5 millimol /L
Fer : 10,5 à 28 micromol /L	e) 7 micromol /L
Cholestérol : 3,8 à 6,5 millimol /L	f) 11,2 millimol /L

Signes observés chez les patients
1) Infections à répétition
2) Fatigue générale, accélération du cœur et essoufflement lors d'un effort même modéré
3) Angine de poitrine
4) Troubles hémorragiques

■ 4 - *En tenant compte des caractéristiques du système de groupes sanguins ABO, expliquez pourquoi, au cours d'une transfusion (surtout si le volume de sang est important), on ne transfusera pas un receveur AB (autrefois considéré comme receveur universel) avec le sang d'un donneur O (autrefois considéré comme donneur universel).*

■ 5 - *Donnez le titre et les légendes du schéma ci-contre.*

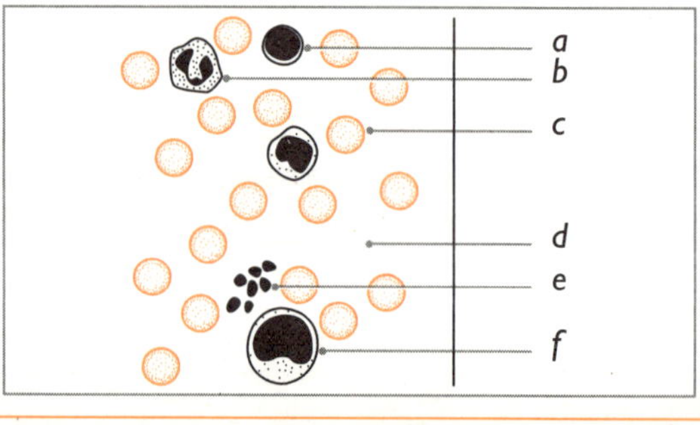

■ 6 - *Donnez le titre et les légendes du schéma simplifié ci-contre.*

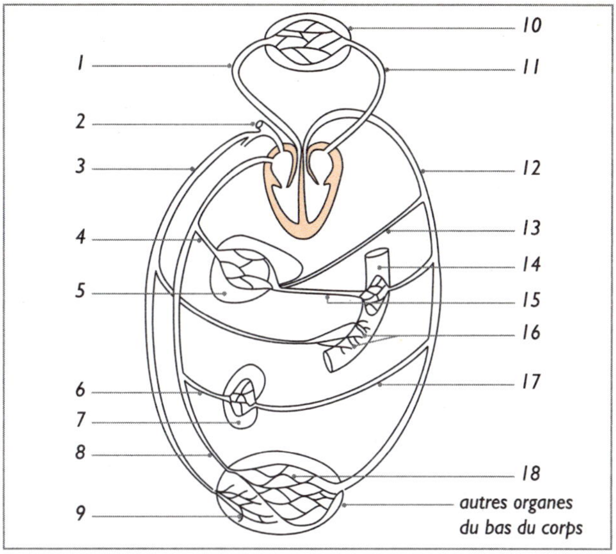

■ 7 - *Recherchez dans un dictionnaire médical la définition du terme « embolie ». Expliquez comment la formation d'un caillot dans une veine (de la jambe par exemple), lors d'une phlébite, peut entraîner une embolie pulmonaire.*

■ 8 - *Complétez la grille de mots à l'aide des définitions suivantes.*

Horizontalement : 1) Milieu provenant du drainage des tissus. 2) Organe dont les battements rythment la vie des cellules. 3) Cellule sanguine qui transporte le dioxygène. 4) Enregistrement de l'activité électrique du cœur. 5) Cavité cardiaque dans laquelle arrive le sang des veines. 6) Dispositif antireflux du sang. 7) Vaisseau qui ramène le sang au cœur. 8) Cavité cardiaque à partir de laquelle le sang est éjecté sous pression.

Verticalement : a) Dépôt de cholestérol et de lipides dans la paroi des artères. b) Contraction du myocarde. c) Vaisseau qui conduit le sang aux organes. d) Effusion de sang hors d'un vaisseau. e) Molécule contenant du fer sur lequel se fixe le dioxygène transporté dans le sang. f) Onde de choc du sang propagée sur la paroi des artères et perceptible en certains points du corps. g) Formation d'un caillot à l'intérieur d'un vaisseau ou du cœur (en absence d'hémorragie).

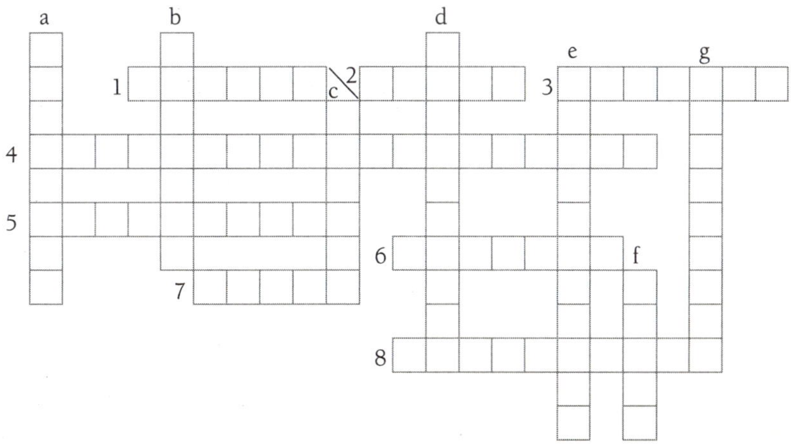

■ *1* - La petite circulation ou circulation **pulmonaire** : les poumons reçoivent du sang riche en **dioxyde de carbone** et pauvre en **dioxygène** par une **artère pulmonaire droite ou gauche** issue de l'**artère pulmonaire** commune sortie du **ventricule droit** du cœur. Le sang qui sort des poumons est riche en dioxygène et pauvre en **dioxyde de carbone**. Il est conduit par les **veines pulmonaires** à **l'oreillette gauche** du cœur.

■ 2 - *Propositions vraies :* b, c, e, g.

■ 3 - Les 5 premiers résultats (numération des hématies, des leucocytes et des plaquettes, mesure des concentrations d'hémoglobine et de fer) montrent des valeurs inférieures aux valeurs normales. Le dernier résultat (mesure de la concentration de cholestérol) montre une valeur supérieure à la valeur normale.
a – 2 , b – 1 , c – 4 , d – 2 , e - 2 , f - 3.

■ 4 - *Réponse sous forme de tableau.*

Donneur O / Receveur AB	Antigènes des hématies : aucun	Anticorps plasmatiques : antiA et antiB
Antigènes des hématies : A et B		agglutination donc **incompatibilité**
Anticorps plasmatiques : aucun	compatibilité	

Réponse sous forme de texte rédigé.
Le plasma du receveur AB ne contient pas d'anticorps agglutinant ; les hématies du donneur O ne présentent pas d'antigène à agglutiner ; le plasma du receveur est donc compatible avec les hématies du donneur. Mais le plasma du donneur O contient des anticorps antiA et antiB qui vont agglutiner les hématies du receveur porteuses des antigènes A et B. La transfusion (surtout d'un gros volume de sang) est donc impossible.

■ 5 - Le sang
Légende : a) lymphocyte, b) granulocyte (probablement neutrophile car plus nombreux), c) hématie, d) plasma, e) plaquettes, f) monocyte.

■ 6 - La circulation sanguine et lymphatique
Légende : 1) artère pulmonaire, 2) veine cave supérieure, 3) gros vaisseau lymphatique, 4) veine sushépatique, 5) foie, 6) veine rénale, 7) rein, 8) veine cave inférieure, 9) capillaires lymphatiques, 10) poumons, 11) veines pulmonaires, 12) artère aorte, 13) artère hépatique, 14) intestin grêle, 15) veine porte hépatique, 16) chylifères, 17) artère rénale, 18) capillaires sanguins.

■ 7 - *Embolie* : obstruction brusque d'un vaisseau sanguin (ou lymphatique) par un corps étranger entraîné par la circulation. Quand l'obstruction a lieu dans les poumons, c'est une embolie pulmonaire.

Un caillot formé dans une veine peut se détacher ou se fragmenter. Compte tenu de l'organisation de l'appareil circulatoire, un caillot formé dans une veine (par exemple de la jambe) peut être entraîné dans le système veineux ; il parcourt des veines dont le diamètre est de plus en plus grand, ce qui facilite sa circulation. Par la veine cave inférieure, il arrive dans l'oreillette droite puis entre dans le ventricule droit. Ensuite, il passe dans l'artère pulmonaire et parcourt des artères et artérioles dont le diamètre est de plus en plus petit. Lorsque ce diamètre est trop faible pour permettre son passage, il bloque la circulation : c'est l'embolie pulmonaire qui est d'autant plus grave que le caillot est gros (le territoire pulmonaire privé de circulation est d'autant plus grand que le vaisseau artériel obstrué est plus gros) ou que les caillots entraînés sont nombreux.

■ *8 - Mots croisés.*

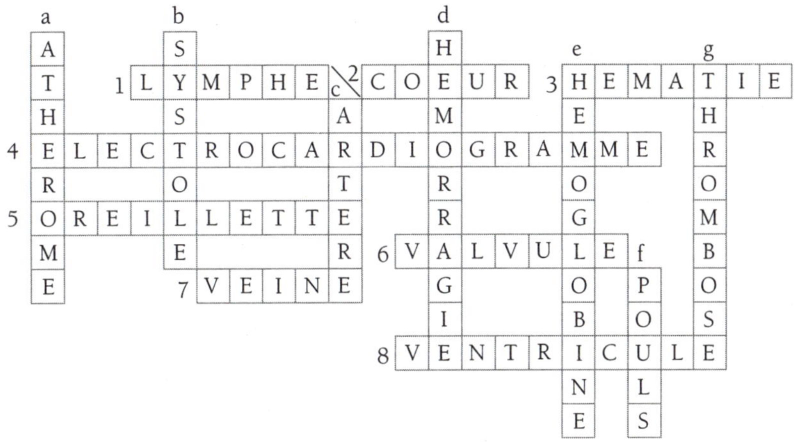

CHAPITRE 6

APPAREIL DIGESTIF ET DIGESTION

Se nourrir est :

• un plaisir : consommer des aliments (le plus souvent en famille, entre amis...) ; apprécier leur aspect, leur texture, leur goût...

• une nécessité : apporter des nutriments à l'organisme : molécules utilisables par les cellules comme source d'énergie et source de « matériaux ».

Fonctions assurées par l'appareil digestif

Ingestion	Entrée des aliments par la bouche, siège de la perception de l'essentiel de leurs propriétés organoleptiques (texture, saveur).
Digestion	**Transformation des aliments en nutriments.** Elle comporte deux composantes : – mécanique : broyage, désagrégation, mise en solution des constituants alimentaires ; – chimique : simplification par hydrolyse de certains constituants alimentaires. Obtention de molécules aptes à passer dans le milieu intérieur : les **nutriments.**
Absorption	**Passage des nutriments** issus de la digestion du tube digestif **dans le milieu intérieur**.
Défécation	Élimination des résidus non digérés ou non utilisables par l'organisme : les fèces.

I - La digestion

A - Anatomie de l'appareil digestif : schéma général

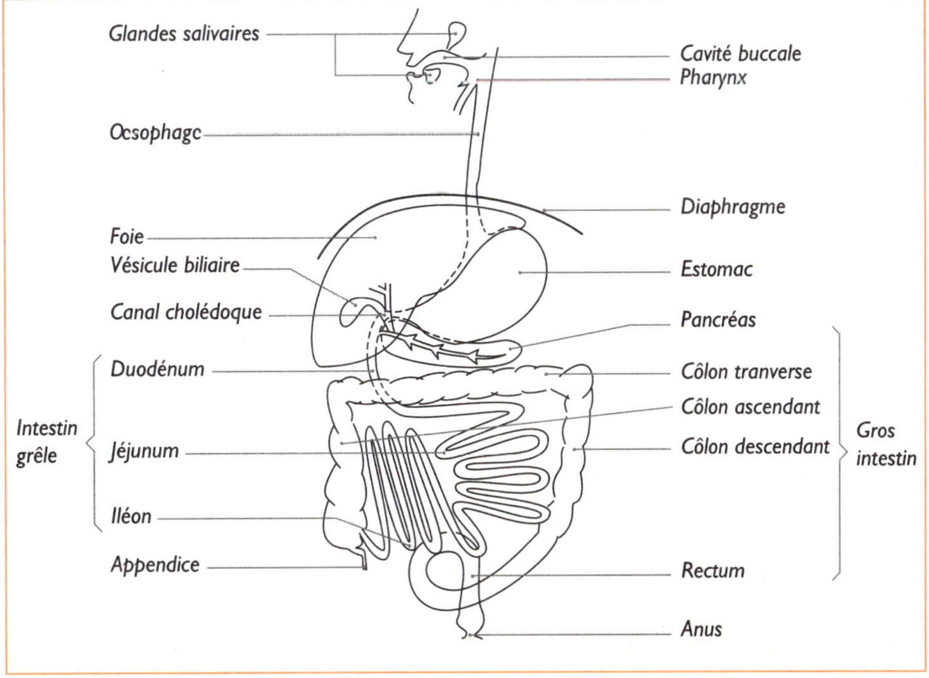

B - Particularités anatomo-fonctionnelles

Le tube digestif est un long tube irrégulier.

Les aliments, mélangés aux sécrétions digestives, y progressent (de l'œsophage vers l'anus) sous l'effet des ondes péristaltiques dues aux contractions des muscles de sa paroi.

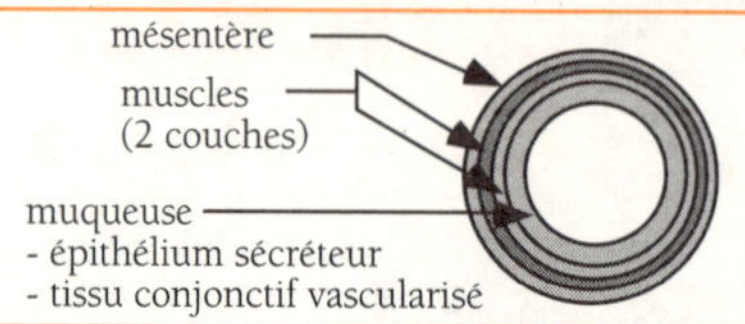

Schéma de coupe transversale

Fonctions des différentes parties du tube digestif

Principaux organes	Organes - partie d'organe	Particularités - fonctions
Bouche	Cavité buccale	Lieu de formation du **bol alimentaire** : mélange d'aliments plus ou moins broyés avec la salive, destiné à être dégluti.
	Dents	Structures osseuses très dures (émail de surface), assurent la mastication : broyage plus ou moins grossier des aliments.
	Langue	Muscle complexe, participe à la mastication Sa muqueuse comporte des papilles abritant les récepteurs du goût.
Pharynx		Siège de la déglutition : évacuation du bol alimentaire dans l'œsophage.
Œsophage		Conduit assurant le transit des aliments de la bouche à l'estomac.
Estomac	Cavité gastrique	Dilatation importante du tube digestif, de volume très variable : fonction de stockage des aliments. Paroi musculaire développée : brassage, pétrissage des aliments avec le suc gastrique ; formation du **chyme** (pâte plus ou moins homogène). Muqueuse glandulaire : sécrétion du suc gastrique et de mucus.
	Cardia	Entrée de l'estomac.
	Pylore	Sortie de l'estomac, comporte un sphincter puissant qui contrôle l'évacuation de l'estomac.
Intestin grêle		Tube de 6 à 8 m de long et 2,5 cm de diamètre, constitué de segments en forme d'anse maintenues par le mésentère. Replis internes de la muqueuse très développés assurant une surface de contact très importante entre le **chyle** (contenu de l'intestin) et les cellules intestinales. Siège de l'essentiel de la digestion chimique et de l'absorption.
	Duodénum	Première anse intestinale, reçoit les sécrétions du foie et du pancréas au niveau du sphincter d'Oddi.
	Jéjunum	Partie moyenne.
	Iléon	Partie terminale.
Gros intestin		Tube de 1,5 m de long et 6 à 8 cm de diamètre, site de réabsorption d'eau à partir des résidus évacués de l'iléon, il abrite des bactéries constituant la **flore intestinale.** Lieu de formation des fèces.
	Côlon	Synonyme de gros intestin, il comporte différents segments qui, de par leur disposition, encadrent les anses intestinales.
	Rectum	Partie terminale où s'accumulent les fèces.
	Cæcum Appendice	Partie en cul de sac à l'entrée du gros intestin ; se prolonge par l'appendice.
Anus		Orifice entouré de sphincters contrôlant la défécation.

Les sécrétions digestives ont deux origines possibles :
– soit les parois du tube qui comportent un épithélium sécréteur, avec notamment des cellules à mucus (le mucus qui protège la paroi de l'« auto-digestion » et facilite la progression des aliments) ;
– soit les glandes annexes qui déversent leur sécrétion dans le tube grâce à un canal excréteur.

On appelle suc digestif une sécrétion digestive contenant des enzymes

Glande	Particularités - fonction
Glandes salivaires	Trois paires de glandes sécrètent la salive dont le rôle principal est l'imbibition des aliments et la dissolution de certains de leurs constituants.
Pancréas	Glande de forme caractéristique, sécrète le suc pancréatique qui contient de nombreux enzymes digestifs. Le canal pancréatique évacue le suc pancréatique, il rejoint le canal cholédoque.
Foie	Grosse glande complexe, sécrète la bile : liquide digestif dépourvu d'enzymes. La vésicule biliaire stocke la bile, son évacuation se fait par le canal cholédoque. Le sphincter d'Oddi contrôle l'émission des sécrétions pancréatiques et biliaires dans le duodénum.

Remarque : pancréas et foie assurent des fonctions non digestives très importantes (voir chapitre : Maintien de l'intégrité de l'organisme).

C - Mécanisme de la digestion

La digestion assure la transformation des aliments, mélanges complexes le plus souvent de texture solide, en petites molécules aptes à passer dans le milieu intérieur : les nutriments.

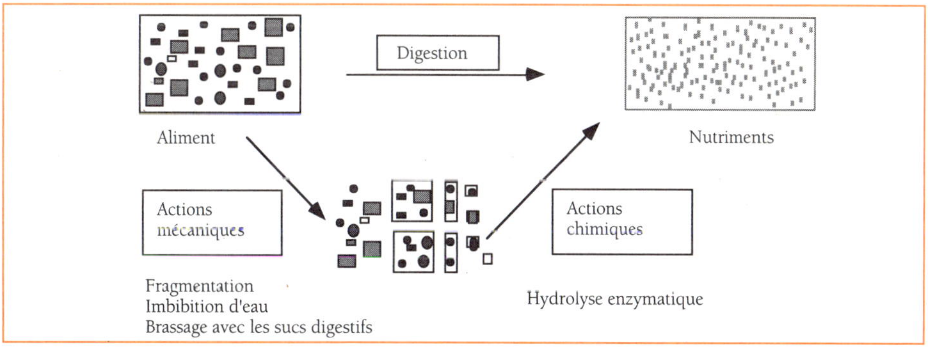

L'hydrolyse est une réaction chimique, elle consiste à « couper » une molécule par addition d'eau. Par exemple : hydrolyse d'une protéine.

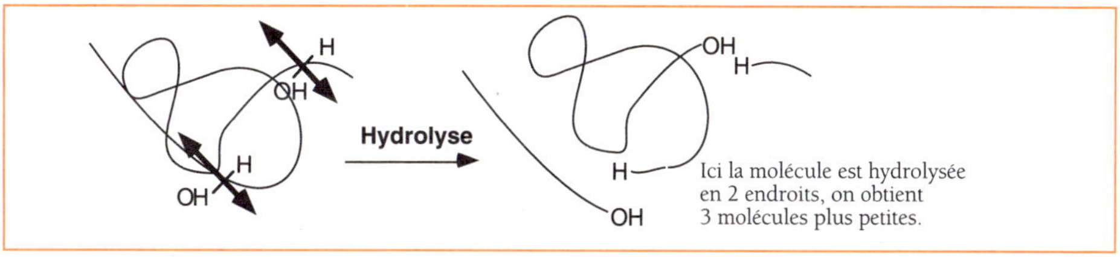

La réaction d'hydrolyse permet de « simplifier » les constituants alimentaires, elle nécessite la présence d'un catalyseur qui l'accélère très fortement, ce catalyseur est un enzyme.
Les enzymes sont spécifiques des molécules à hydrolyser : les protéases permettent l'hydrolyse des protéines, l'amylase celle de l'amidon...

D - Étapes et bilan de la digestion

Constituant alimentaire	Étape buccale	Étape gastrique	Étape intestinale	Résultat final : nutriments
Amidon  Polyoside de grande taille	**Amylase salivaire** 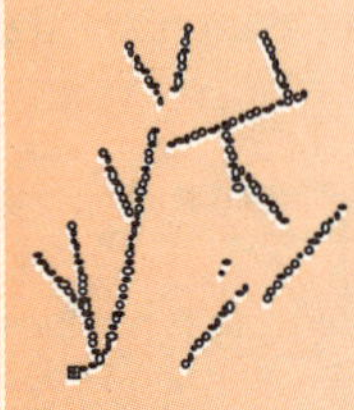 Début d'hydrolyse temps d'action de l'amylase très réduit	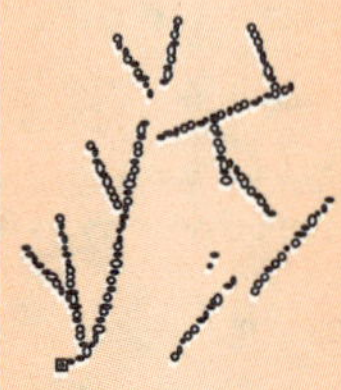 Pas d'action : pH trop acide	**Amylase pancréatique** 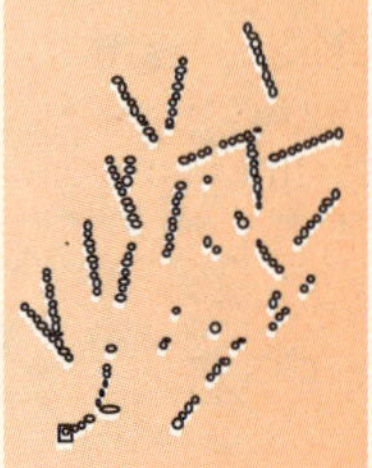 Hydrolyse progressive en maltose et glucose **Maltase intestinale** 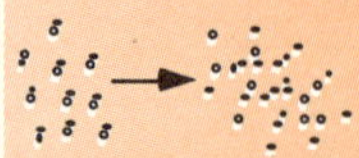 Hydrolyse du maltose en glucose	Glucose 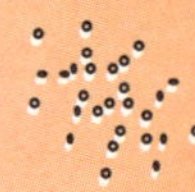
Saccharose 	Rien 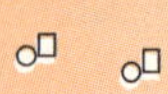	Rien 	**Saccharase intestinale**  Hydrolyse du saccharose	Glucose  + fructose 
Lactose	Rien	Rien	**Lactase intestinale**	Glucose + galactose
Protéines 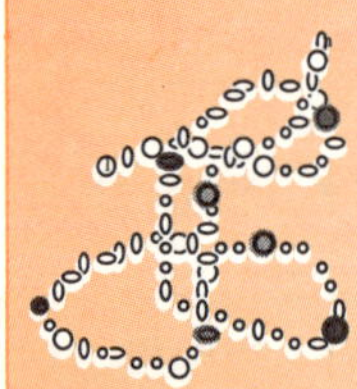	Rien 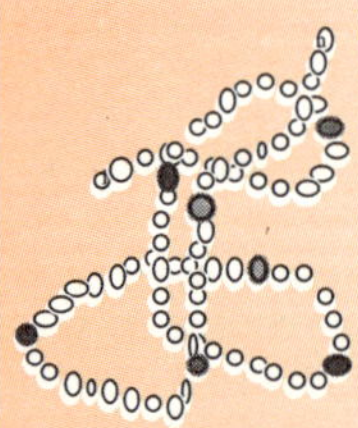	**Pepsine** (protéase) 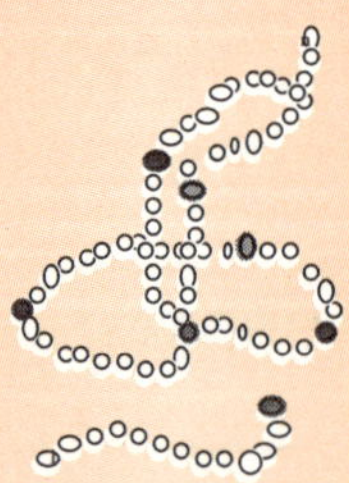 Début d'hydrolyse des protéines en gros polypeptides	**Trypsine, chymotrypsine** et autres protéases pancréatiques 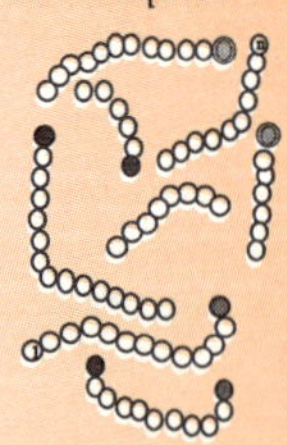 Obtention de peptides **Peptidases intestinales** 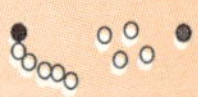 Hydrolyse des peptides en acides aminés	Acides aminés 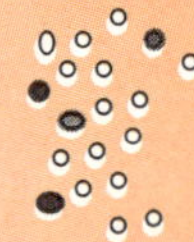
Lipides : Triglycéride	Rien	Rien	**Lipase pancréatique** en présence de bile	Acides gras et monoglycérides

La digestion des lipides, molécules insolubles dans l'eau, ne peut se réaliser qu'en présence de bile.

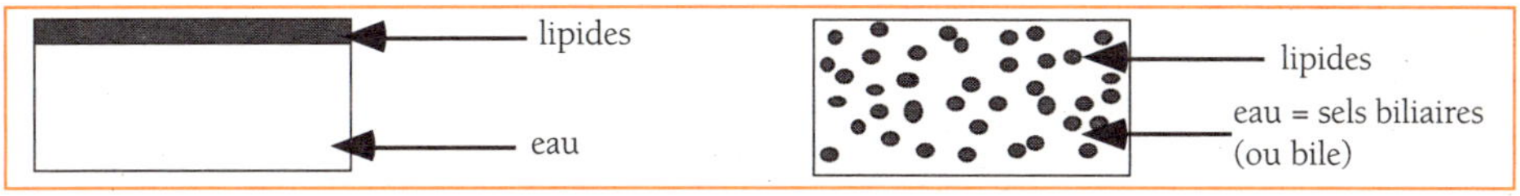

Les sels biliaires permettent l'émulsion des lipides des aliments et leur maintien sous forme de très fines gouttelettes, favorisant ainsi l'action des lipases.

Les minéraux et vitamines ne subissent pas d'hydrolyse mais une simple mise en solution. Les constituants des parois végétales (cellulose...), appelés fibres alimentaires, ne sont pas reconnus par les enzymes et ne subissent pas de digestion, ils constituent une part importante des matières fécales.

II - L'absorption digestive

A - Lieu

L'intestin grêle est le lieu de l'absorption digestive.

Pour qu'elle puisse se réaliser, il faut que la digestion soit terminée et que la muqueuse soit perméable aux nutriments. L'absorption se fera au travers des cellules de l'épithélium des villosités intestinales.

Schéma d'une villosité

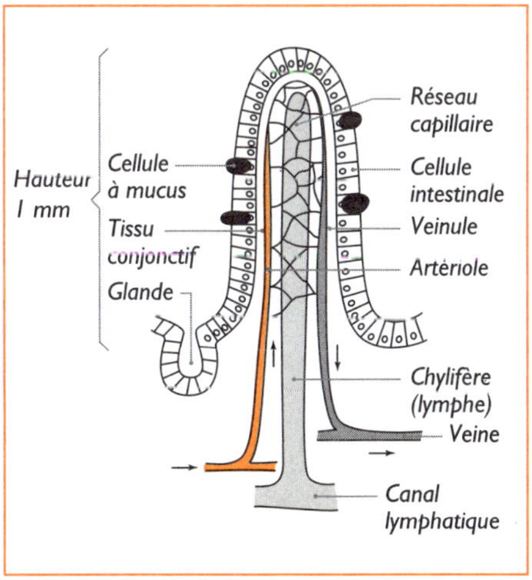

Schéma d'une cellule intestinale

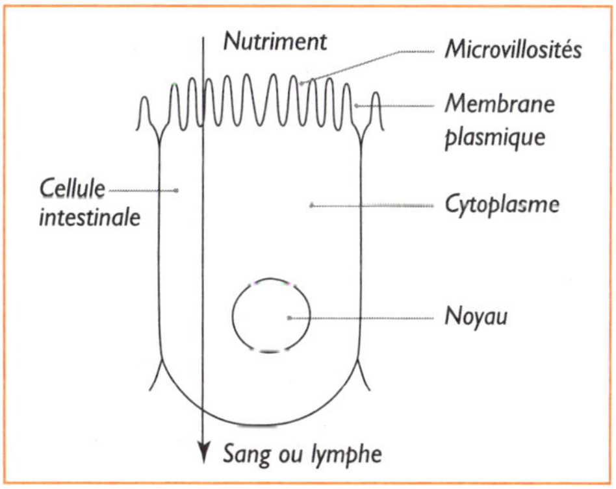

Villosités et microvillosités contribuent à la création d'une grande surface de contact entre les nutriments et la membrane des cellules.

B - Voies d'absorption

Après passage au travers des cellules intestinales, les nutriments sont véhiculés dans l'organisme par le sang ou la lymphe qui constituent les deux voies d'absorption.

L'absorption de l'eau et des nutriments hydrosolubles : glucose et autres oses, acides aminés, éléments minéraux, vitamine C et vitamines du groupe B se fait par voie sanguine.
Les lipides et substances liposolubles (vitamines A, D, E, K) sont absorbés par la voie lymphatique. Il s'agit d'un transit par la lymphe, ils seront libérés progressivement dans le sang au niveau de la veine sous-clavière gauche.

C - Destinée des nutriments

Le foie est le premier organe sur le trajet des nutriments, c'est un organe régulateur de la composition sanguine.

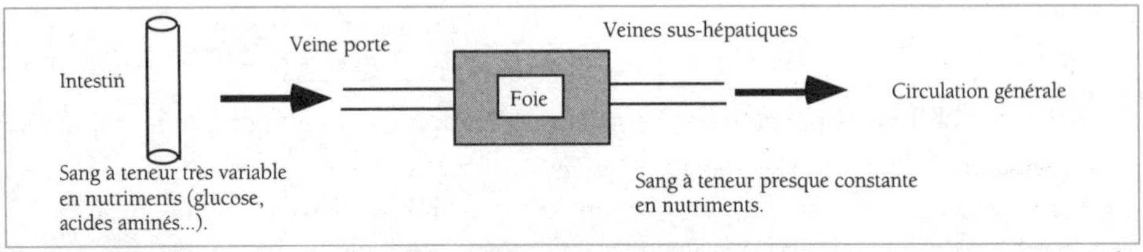

Les nutriments peuvent être utilisés comme source d'énergie, avec, pour certains, un rôle dans le stockage de l'énergie (stockage de glycogène dans le foie et le muscle, de triglycérides dans le tissu adipeux) ; ils peuvent également avoir un rôle dans la constitution des tissus ou un rôle catalytique (voir biologie cellulaire).

On peut récapituler ainsi le devenir des différents nutriments :

Nutriment	Source d'énergie	Rôle dans le stockage d'énergie	Rôle constitutif des tissus	Rôle catalytique
Glucose et oses	oui	oui	non	non
Acides aminés	oui	non	oui	non
Acides gras	oui	oui	oui	non
Eau	non	non	oui	non
Minéraux	non	non	oui	oui
Vitamines	non	non	non	oui

III - Spécificités de l'appareil digestif : enfant et personne âgée

A - Maturation de l'appareil digestif de l'enfant

Le fœtus était nourri par l'intermédiaire du placenta, son système digestif devient fonctionnel à la naissance.

Uniquement adapté à la digestion du lait maternel durant les premiers mois, l'appareil digestif subira une maturation progressive ; au cours de cette période l'alimentation de l'enfant devra être adaptée à ses possibilités digestives.

Caractéristiques	Évolution – conséquences
Morphologique et mécanique	Estomac de petite taille : tétées peu espacées et régurgitations fréquentes. Le volume gastrique augmente, on constate une réduction progressive du nombre de repas par jour. Apparition progressive des dents ; la mastication ne sera efficace qu'à partir de deux ans, d'où la nécessité de fournir des aliments broyés ou fragmentés.
Enzymatique	Durant les trois premiers mois, l'appareil digestif est uniquement adapté à la digestion du lait maternel. La diversification progressive de l'alimentation tient compte de l'évolution des possibilités de production d'enzymes. Par exemple l'amylase pancréatique apparaît au deuxième semestre, la digestion de l'amidon ne peut donc se faire avant, éventuellement on utilisera des farines spécifiques pour bébés (amidon en grande partie hydrolysé).
Immunologique	Les défenses immunitaires apparaissent progressivement, prenant le relais des anticorps d'origine maternelle En cas d'allaitemenent artificiel, il est nécessaire de stériliser les biberons jusqu'aux trois mois de l'enfant et de maintenir une hygiène stricte par la suite. Certains constituants alimentaires peuvent être responsables d'allergies et seront écartés de l'alimentation des nourrissons (gluten...).
Microbiologique	Le côlon du nouveau-né est stérile, les bactéries s'y installent dès la naissance. La flore intestinale est spécifique ; en cas d'allaitement maternel, elle contribue à la protection contre les diarrhées. Elle évolue avec l'alimentation.

B - Vieillissement de l'appareil digestif

Comme pour tous les tissus, on observe lors du vieillissement une **réduction de l'activité cellulaire et un ralentissement du renouvellement des cellules**. Les conséquences se manifestent chez la personne âgée et expliquent en partie la fréquence des cas de dénutrition et de déshydratation chez le vieillard.

Origine du déficit	Dysfonctionnement du système digestif
Sensoriel	Moindre perception des propriétés organoleptiques des aliments conduisant à un moindre appétit et à la sélection poussée des aliments.
Dentaire	Mastication peu efficace d'où une sélection des aliments à texture souple.
Neuro-musculaire	Transit digestif ralenti d'où une constipation fréquente (également favorisé par une alimentation pauvre en fibres).
Activité cellulaire	Sécrétions digestives réduites, moindre efficacité de la digestion chimique d'où une absorption des nutriments déficiente, et des risques accrus de carences.
Immunitaire	Plus grande sensibilité aux intoxications alimentaires.
Microbiologique	Flore intestinale modifiée, liée à l'alimentation, aux déficiences digestives, à la prise de médicaments, pouvant induire des troubles digestifs variés.

IV - Hygiène de la digestion

A - Les dents

1 – Dents et denture

a - structure de la dent

Les dents sont des structures osseuses, particulièrement riches en minéraux, et de ce fait très dures.

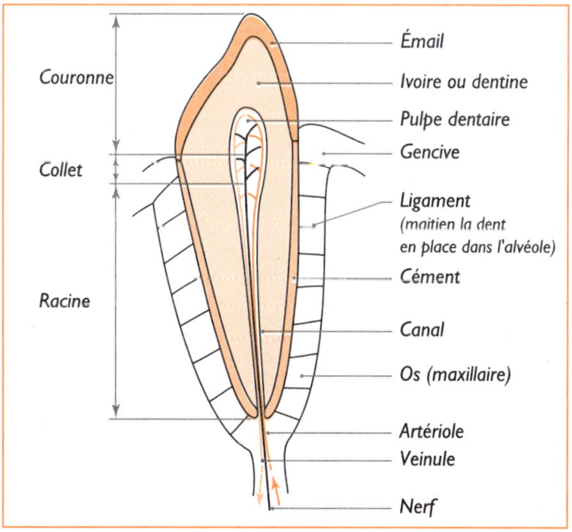

b - Denture, rôle des différentes dents

La **denture** type de l'adulte comporte : huit incisives, quatre canines, huit prémolaires et douze molaires, soit trente-deux dents.

La **formule dentaire** : $\frac{2\,I\ \ 1\,C\ \ 2\,PM\ \ 3\,M}{2\,I\ \ 1\,C\ \ 2\,PM\ \ 3\,M}$ donne la disposition des dents sur deux demi-machoires superposées.

La denture de l'enfant comporte vingt dents, formule dentaire : $\frac{2\,I\ \ 1\,C\ \ 2\,M}{2\,I\ \ 1\,C\ \ 2\,M}$; ces dents, dites dents de lait, tombent et laissent place aux dents définitives.

Les dents, mises en mouvement par la mâchoire inférieure, assurent la fragmentation des aliments qui sont amenés à leur contact par la langue. Chaque type de dent a une fonction particulière.

Type de dent	Caractéristique de la couronne	Type de mouvement	Fonction
Incisive	Forme biseautée	Vertical	Couper les aliments
Canine	Forme pointue	Vertical	Percer, déchirer les aliments
Prémolaires Molaires	Deux tubercules (reliefs arrondis) Quatre tubercules	Vertical et horizontal	Écraser et broyer les aliments

La mastication facilite la digestion et favorise la perception du goût des aliments.

2 – Hygiène bucco-dentaire

a - comment garantir une bonne denture ?

La période critique est celle de la formation des tissus de la dent, donc la période fœtale pour les dents de lait et la période de 5 à 15 ans pour les dents définitives.

Lors de cette formation, les apports en fluor (élément minéral spécifique de l'émail dentaire et responsable de sa résistance) doivent être suffisants.

Les facteurs génétiques sont fondamentaux dans la mise en place d'une bonne denture.

b - comment prévenir les caries ?

La carie est une maladie de la dent en rapport avec la formation de cavités dues à l'attaque de bactéries. Il s'ensuit une destruction progressive de la dent ; la lésion devient douloureuse quand les terminaisons nerveuses de la pulpe sont excitées (par le froid, le chaud, le contact avec certains aliments...).

La carie peut permettre la pénétration de bactéries dans l'organisme et occasionner des infections graves (atteintes des reins, du cœur...).

Prévention des caries

Formation des caries	Prévention	
1 2 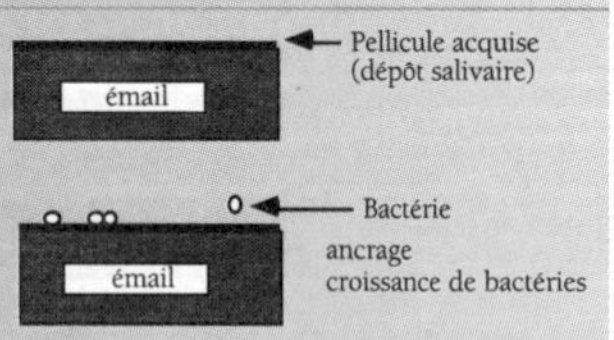 	Les bactéries de la bouche se fixent à la surface des dents. Les glucides des aliments favorisent leur croissance.	Un brossage fréquent, après chaque repas, élimine la pellicule acquise. Certains dentifrices contiennent des substances limitant la croissance bactérienne. L'usage de fil dentaire ou d'un jet dentaire permet d'atteindre des zones inaccessibles à la brosse.
3 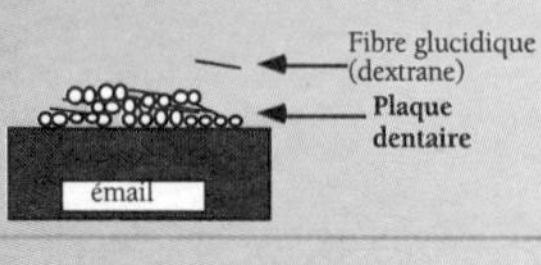 	Les fibres insolubles que les bactéries élaborent à partir du saccharose constituent un réseau qui les arrime durablement à l'émail.	Il faut éviter les apports trop fréquents de glucides, en particulier de saccharose (bonbons, boissons sucrées...).
4  	Les bactéries de la plaque dentaire fermentent les glucides alimentaires, et créent des cavités. Ces cavités vont héberger bactéries et fragments d'aliments et s'accroître.	La plaque dentaire résiste à la brosse à dent. Le détartrage réalisé par le dentiste permet son élimination. Quand les cavités sont formées, le dentiste peut, au mieux, les obturer pour éviter leur croissance.

Un autre moyen de prévention consiste à renforcer la résistance de l'émail en apportant du fluor à l'organisme. Une technique simple et efficace consiste à fluorer les eaux de boisson ou le sel de cuisine. Attention, les apports en fluor doivent rester très faibles, les fluorures ayant rapidement des effets toxiques.

c - *conditions d'une bonne hygiène dentaire*

	Hygiène de la bouche	Hygiène alimentaire	Surveillance médicale
Objectifs	Prévenir les caries et l'inflammation des gencives (gingivite).	Limiter la croissance des bactéries responsables des caries	Prévenir les troubles, soigner les troubles.
Moyens	Se brosser convenablement les dents après chaque repas, en utilisant une brosse en bon état et un dentifrice efficace. L'apprentissage du brossage peut commencer chez l'enfant vers 18 mois, l'autonomie étant acquise vers 7-8 ans. Utiliser le fil dentaire ou le jet dentaire pour les zones peu accessibles à la brosse. Nettoyer et désinfecter régulièrement les appareils dentaires éventuels.	Limiter la consommation des aliments cariogènes (aliments riches en saccharose et au pH acide...). Limiter la fréquence de leur consommation (grignotage...). Mastiquer correctement les aliments.	Consulter régulièrement le dentiste, une fois par an.

B - Conditions et signes d'une bonne digestion

Une bonne digestion permet d'assurer les fonctions digestives avec un agrément maximal.

Fonctions digestives		Conditions favorables
Ingestion des aliments		Repas diversifiés, appétissants, servis dans un cadre matériel et humain agréable, à intervalle convenable pour autoriser une légère sensation de faim chez les convives. Bonne perception des qualités organoleptiques des aliments : suppose une prise alimentaire non précipitée, avec séjour buccal suffisant et mastication efficace.
Digestion	mécanique	Prise alimentaire de volume raisonnable, repas pas trop riches en graisses, pour permettre une vidange gastrique suffisamment rapide et éviter les sensations de lourdeur d'estomac. Alimentation riche en fibres (végétaux) pour faciliter le transit digestif. Consommation modérée de certains aliments (oignons, haricots blancs...). pour éviter flatulences (gaz intestinaux produits lors de certaines fermentations bactériennes dans le côlon) et sensation de ballonnement abdominal. Activité physique modérée et détente après le repas.
	chimique	Sécrétions digestives abondantes : ces sécrétions comportent une phase psychique favorisée par une prise alimentaire agréable. Stress, émotions fortes perturbent les sécrétions.
Absorption		Fonction de l'efficacité de la digestion, de l'équilibre des nutriments, de la ration et du bon état de la muqueuse intestinale.
Défécation		Rythme régulier et conditions non stressantes.

B - Dysfonctionnements digestifs

Dysfonctionnement	Symptômes	Causes	Conséquences	Conduite à tenir
Vomissements	Vidange brutale du contenu de l'estomac par l'œsophage et la bouche.	Réflexe pouvant être déclenché par : – une stimulation mécanique du pharynx, – une distension importante de l'estomac, – des toxines bactériennes, – des substances émétiques telles que l'alcool, certains médicaments...	En cas de vomissements répétés : – déshydratation – tendance à l'alcalose (pH sanguin trop élevé).	Supprimer la cause des vomissements. Compenser les éventuelles pertes d'eau.
Diarrhées	Émission trop fréquente de selles trop liquides.	Toxi-infections alimentaires bactériennes (salmonelloses, dysenterie, choléra...). Infections intestinales (bactériennes ou virales). Intolérances alimentaires. Inflammation de l'intestin d'origine diverse.	Mauvaise absorption des nutriments En cas de diarrhées abondantes : - déshydratation qui peut être mortelles (diarrhées du nourrisson, choléra ...). – déséquilibre électrolytique, acidose...	Supprimer la cause de la diarrhée (traitement antibiotique, régime alimentaire adapté (à base de riz...). Compenser les pertes d'eau et de minéraux (ingestion de solutions adaptées).
Constipation	Émissions de selles rares et peu abondantes, parfois difficiles.	Régime alimentaire trop pauvre en fibres ; d'où un volume fécal trop faible. Vie citadine (sédentarité, stress...). Troubles psychologiques (répression du réflexe de défécation, changement de cadre de vie...). Troubles fonctionnels du colon (transits ralentis, lésions...).	Diverticulose colique : petites hernies de la muqueuse dans la paroi du côlon. Cette affection est fréquente en cas de constipation chronique. Régime pauvre en fibres végétales, favorisant la constipation, et augmentent le risque de cancer du côlon.	Augmenter les apports alimentaires en céréales complètes et en fruits et légumes (apports de cellulose). Intensifier l'activité physique (marche, gymnastique...). Ingérer un plus grand volume de boissons. Aller à la selle régulièrement, si possible après un repas. Éventuellement, utiliser un traitement laxatif.

D'autres dysfonctionnements peuvent se manifester, on peut citer :
– la dysphagie : difficulté de manger, ou difficulté d'avaler (sens plus restrictif) ;
– la dyspepsie : difficulté de digérer (causes variées : flatulence, aérophagie, maladies du système digestif...).

EXERCICES

CHAPITRE 6

APPAREIL DIGESTIF ET DIGESTION

1-Appareil digestif

1 - Complétez les légendes, et indiquez dans le tableau les numéros des légendes correspondant.

1	Au tube digestif	
2	Aux glandes annexes	

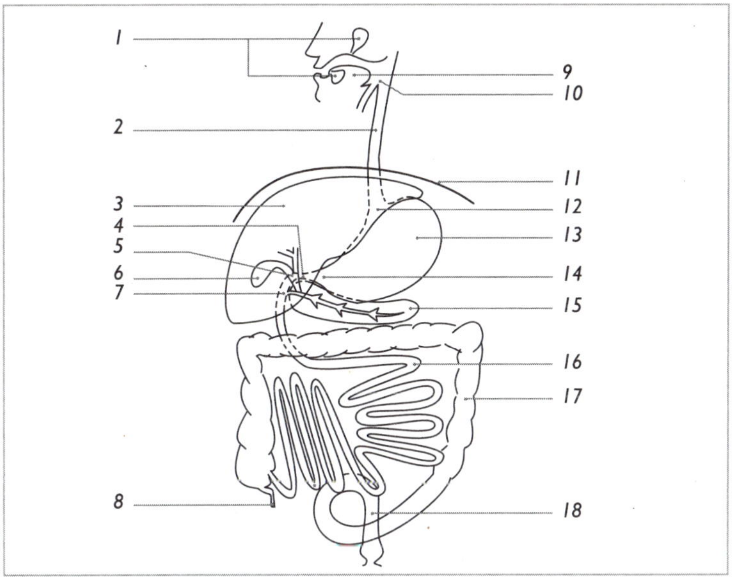

2 - La digestion

1. *Précisez le lieu où se deroulent les opérations suivantes.*

1	Mastication	
2	Déglutition	
3	Formation du chyme	
4	Formation du chyle	

5	Absorption digestive	
6	Formation des fèces	
7	Stockage des fèces	

2. *Complétez le texte concernant l'estomac.*

L'estomac est un organe de volume largement adaptable à son contenu, ce qui permet de ....(1) les aliments au cours du repas.

Grâce à sa paroi épaisse, riche en .... (2), il assure le brassage des aliments avec le ....(3) gastrique, et les transforme en une pâte semi-liquide : le ....(4).

La vidange gastrique se fait progressivement dans le ....(5) sous l'effet d'ondes ....(6) fortes.

L'acide ....(7) , sécrété par des cellules de la ....(8) gastrique, détruit en grande partie les micro-organismes présents dans les aliments et limite les risques d' ....(9) alimentaires.

3. Complétez le tableau en associant à chacun des mots ou expressions, une des fonctions suivantes :
A = catalyse B = sécrétion C = absorption D = stockage E = dégradation mécanique F = protection

1	Amylase		4	Mucus		7	Capillaires sanguins	
2	Pancréas		5	Estomac		8	Dents	
3	Intestin grêle		6	Rectum		9	Enzyme	

4. Étapes de la digestion.

Complétez le tableau ci-dessous qui récapitule les étapes de la digestion d'un pain au chocolat :

Site		Constituants du pain au chocolat			
				Lipides	Protides
Bouche	Entrée	Amidon	Saccharose	Triglycérides	Protéines
	Enzyme(s)				
	Sortie	Dextrines		Triglycérides	
Estomac	Enzyme(s)		—		
	Sortie				Polypeptides
Intestin	Enzyme(s)	Amylase pancréatique Maltase		Lipase	Portéases, peptidases (trypsine...)
	Sortie		Glucose + fructose		
Résultat final de la digestion					

5. Complétez le tableau à l'aide de croix lorsque l'affirmation est vraie.

N°	**Affirmation**	**Vrai**
1	Le foie sécrète la bile.	
2	Le foie sécrète la bile et l'insuline.	
3	La bile permet la digestion des lipides.	
4	La bile est un suc digestif.	
5	La bile hydrolyse les triglycérides.	
6	La digestion des lipides se fait dans le pancréas.	

N°	**Affirmation**	**Vrai**
7	Le mélange bile et suc pancréatique est déversé dans le jéjunum.	
8	La bile est déversée dans le sang.	
9	Le foie est la plus grosse glande de l'organisme.	
10	Le foie ne fait pas partie du tube digestif.	

3 - Absorption digestive

1. Complétez les phrases avec les mots proposés.

L'absorption digestive se fait au niveau des cellules des .... (1), elle permet le passage des ....(2) dans le ....(3). Les lipides passent dans la ....(4) des ....(5) ; les autres nutriments dans le ....(6) des ....(7).

lymphe - nutriments - milieu intérieur - capillaires - villosités intestinales - sang - chylifères

2. Associez un rôle à chacun des éléments de la villosité intestinale en complétant la partie grisée du tableau par une lettre.

1	Microvillosité	
2	Cellule à mucus	
3	Capillaire sanguin	
4	Lymphe	
5	Cellule intestinale	

A	Stockage
B	Hydrolyse
C	Perméabilité
D	Sécrétion
E	Transport des nutriments hydrosolubles
F	Transport des lipides

3. Précisez la voie d'absorption de chacun des nutriments cités en complétant le tableau.

N°	Nutriment	Voie
1	Vitamine C	
2	Vitamine D	
3	Glucose	
4	Amidon	
5	Acides gras	
6	Acide aminé	

A	Voie lymphatique
B	Voie sanguine
C	Pas d'absorption

4. Précisez le rôle des nutriments dans l'organisme en complétant la tableau.

N°	Nutriment	Rôle
1	Vitamine C	
2	Sodium	
3	Glucose	
4	Eau	
5	Acides gras	
6	Acide aminé	

A	Énergétique
B	Catalytique
C	Constitutif

4 - Cochez les cases correspondant à une affirmation juste.

1. L'enfant tète souvent parce que.

1	Il ne possède pas toutes les enzymes de la digestion	
2	Il a un très petit estomac	
3	Il digère mal le lait	

2. On peut donner les aliments suivants au nourrisson de moins de 3 mois.

1	Lait de la mère	
2	Lait de vache	
3	Bouillie diluée	
4	Steak haché	

3. Il faut stériliser les biberons tant que le nourrisson n'a pas atteint l'âge de 3 mois.

1	Parce que les défenses immunitaires de l'enfant ne sont pas encore efficaces	
2	Pour éviter les allergies	
3	Parce que les biberons peuvent être contaminés par des bactéries pathogènes	
4	Pour faciliter la digestion	

4. L'appareil digestif des personnes âgées se caractérise par.

1	Une sécrétion moindre de sucs digestifs	
2	Une plus grande sensibilité aux diarrhées et à la constipation	
3	Un plus gros estomac	
4	Une plus grande perception de la saveur sucrée	
5	Une moindre efficacité de l'absorption intestinale	
6	Une absence de digestion du lait et des fromages	

5 - Les dents

1. Situer les constituants de la dent en complétant les zones grisées du tableau par les lettres correspondant aux constituants.

1	Couronne	
2	Racine	
3	Pulpe dentaire	
4	Alvéole maxillaire	

A	Émail
B	Dentine - ivoire
C	Capillaires sanguins
D	Nerf
E	Cément
F	Ligaments

2. Les caries dentaires occasionnent de coûteux soins dentaires ; en une quinzaine de lignes, définissez les caries dentaires et développez des conseils de prévention des caries.

6 - Hygiène de la digestion et dysfonctionnements digestifs

Complétez la grille de mots croisés.

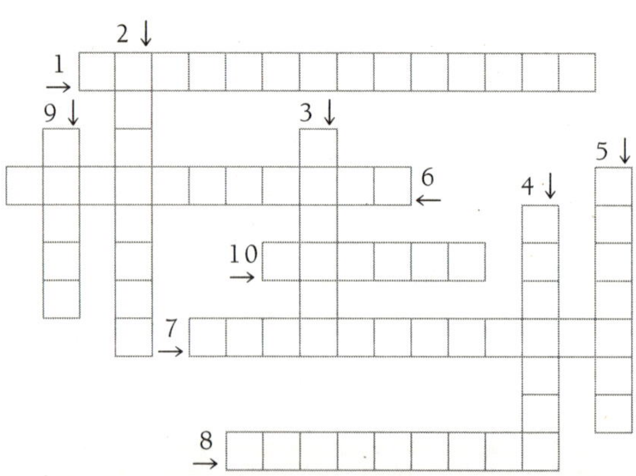

1) Conséquence de vomissements (ou diarrhées) intensifs et répétés. 2) Se dit d'une substance responsable de vomissements. 3) Constituants alimentaires favorisant le transit digestif. 4) Constituants alimentaires ralentissant la vidange gastrique. 5) Produites par des micro-organismes, elles peuvent être responsables de diarrhées et vomissements. 6) Elle a un rôle mécanique dans la digestion et favorise la perception du goût des aliments. 7) Selles rares. 8) Micro-organismes responsables de la production de gaz dans le colon. 9) Cause fréquente du mal de dents. 10) Agréables à consommer, ils favorisent le transit digestif.

Corrigé

1 - Appareil digestif

1	Glandes salivaires	7	Sphincter d'Oddi	13	Estomac
2	Œsophage	8	Appendice	14	Pylore
3	Foie	9	Langue	15	Pancréas
4	Duodénum	10	Pharynx	16	Intestin grêle
5	Canal cholédoque	11	Diaphragme	17	Côlon
6	Vésicule biliaire	12	Cardia	18	Rectum

Numéros des légendes correspondant :

Au tube digestif	**2 - 4 - 8 - 10 - 12 - 13 - 14 - 16 - 17 - 18**
Aux glandes annexes	**1 - 3 - 15**

2 - La digestion

1. Lieu où se déroulent les opérations suivantes.

1	Mastication	cavité buccale	5	Absorption digestive	intestin grêle
2	Déglutition	pharynx	6	Formation des fèces	côlon
3	Formation du chyme	estomac	7	Stockage des fèces	rectum
4	Formation du chyle	intestin grêle			

2. Texte concernant l'estomac.

1	Stocker	4	Chyme	7	Chlorhydrique
2	Fibres musculaires	5	Duodénum	8	Muqueuse
3	Suc	6	Péristaltiques	9	Intoxications

3. Tableau à compléter.

1	A	3	C	5	E	7	C	9	A
2	B	4	F	6	D	8	E		

4. La digestion d'un pain au chocolat : tableau à compléter.

Site		Constituants			
		glucides		Lipides	Protides
Bouche	Entrée	Amidon	Saccharose	Triglycérides	Protéines
	Enzyme(s)	Amylase salivaire	———	———	———
	Sortie	Dextrines	Saccharose	Triglycérides	Protéines
Estomac	Enzyme(s)	———	———	———	Pepsine
	Sortie	Dextrines	Saccharose	Triglycérides	Polypeptides
Intestin	Enzyme(s)	Amylase pancréatique Maltase	Saccharose	Lipase	Protéases, peptidases (trypsine...)
	Sortie	Glucose	Glucose + fructose	Acides gras + monoglycérides	Acides aminés
Résultat final de la digestion		Glucose	Glucose + fructose	Acides gras + monoglycérides	Acides aminés

5. Tableau complété.

Affirmations vraies	**1 - 3 - 9 - 10**

3 - Absorption digestive

1. Phrases complétées.

1	Villosités intestinales	3	Milieu intérieur	5	Chylifères	7	Capillaires
2	Nutriments	4	Lymphe	6	Sang		

2. Propriété ou rôle des éléments de la villosité intestinale.

1	C	3	E	5	C
2	D	4	F		

3. Voie d'absorption de chacun des nutriments cités.

1	B	3	B	5	A
2	A	4	O	6	B

4. Rôle des nutriments dans l'organisme.

1	B	3	A	5	A
2	C	4	C	6	C (et A)

4 - Absorption digestive : l'affirmation juste

1. L'enfant tête souvent parce que.

Affirmation juste	2

2. On peut donner les aliments suivants au nourrisson de moins de 3 mois.

Affirmation juste	1

3. Il faut stériliser les biberons tant que le nourrisson n'a pas atteint l'âge de 3 mois.

Affirmations justes	**1 - 3**

4. L'appareil digestif des personnes âgées se caractérise par.

Affirmations justes	**1 - 2 - 5**

5 - Les dents

1. Situer les constituants de la dent.

1	A - B	2	B - E	3	C - D	4	F

2. Caries dentaires

Définition : cavités se créant dans les dents, dues à la dissolution des minéraux par les acides que les bactéries de la bouche libèrent.

Arguments pouvant être développés dans les conseils de prévention :
– assurer un émail de qualité en évitant les carences en fluor lors de la formation des dents ;
– hygiène de la bouche : brossage et autres moyens mécaniques et chimiques (dentifrices) pour éliminer les bactéries ;
– hygiène alimentaire : éviter les apports trop fréquents de « nourriture » pour les bactéries de la bouche (limiter la consommation d'aliments dits cariogènes) ;
– surveillance médicale de l'état de la dentition.

■ 6 - Mots croisés

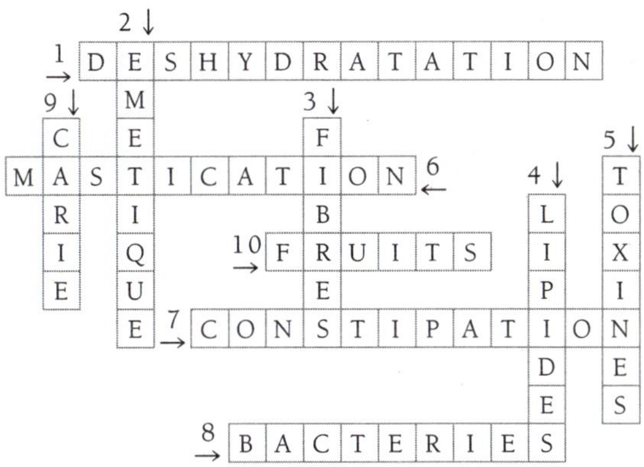

CHAPITRE 7 APPAREIL EXCRÉTEUR ET EXCRÉTION

Excréter est une nécessité, car l'organisme produit ou absorbe des substances inutiles, ou toxiques, assimilables à des déchets (urée, médicaments et polluants divers...).
La fonction d'excrétion est assurée par des organes spécialisés, capables de concentrer et d'éliminer les déchets en solution dans un liquide : le rein (urine), le foie (bile), les glandes sudoripares (sueur).
Les reins produisent l'urine, dont l'évacuation est assurée par les voie urinaires.

I - Anatomie de l'appareil urinaire

A - Schéma général

Appareil urinaire chez la femme

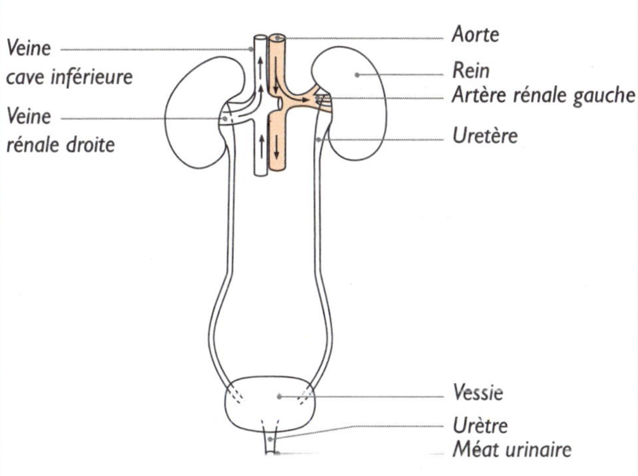

B - Les voies urinaires

Organes	Fonctions	Particularités anatomo-fonctionnelles
Uretères	Conduire l'urine du rein vers la vessie.	Elles comportent des parois musculaires.
Vessie	Stocker l'urine, produite en continu par les reins. Permettre son évacuation : la miction.	C'est une poche aisément dilatable, ce qui évite le reflux de l'urine vers les uretères. La contraction des parois musculaires favorise la miction.
Urètre	Permettre la vidange de la vessie par le méat urétral.	L'ouverture des sphincters, situés à la base de la vessie, permet l'évacuation de l'urine. Le sphincter principal est contrôlé par la volonté. L'urètre de l'homme parcourt le pénis et assure également l'éjection du sperme. L'urètre de la femme est court (3 à 4 cm).

C - Le rein

1 – Caractéristiques

Coupe longitudinale d'un rein

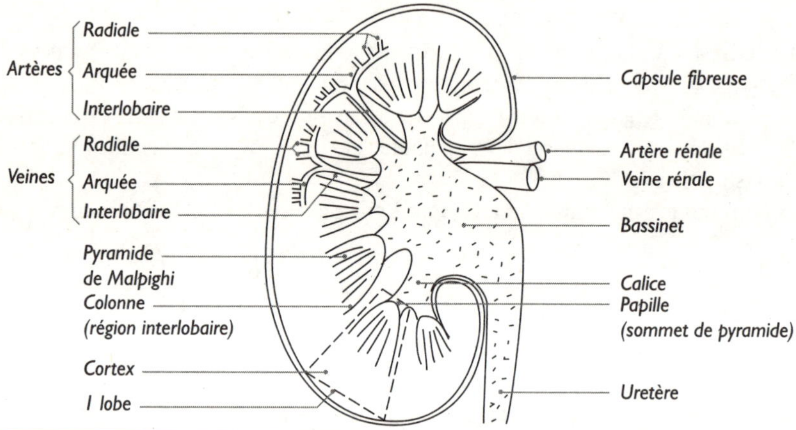

Zones du rein	Caractéristiques
Cortex	Son aspect est granuleux, avec des vaisseaux sanguins disposés radialement.
Zone médullaire	Elle comprend une dizaine de **pyramides de Malpighi**, d'aspect strié, de couleur rouge, l'urine s'écoule au niveau de leur sommet (papille). L'espace entre les pyramides est parcouru par des vaisseaux: artère et veine interlobaires. Les reins reçoivent un **débit de sang important**, plus de 90 % de ce sang transite par les artères interlobaires et parvient au niveau du cortex.
Bassinet	C'est un sac membraneux en forme d'entonnoir : il collecte l'urine des calices et se prolonge par l'uretère.

2 – Le néphron

L'observation microscopique de coupes de rein montre la présence de très nombreux capillaires sanguins et de tubules, enchevêtrés dans le cortex, disposés parallèlement dans la zone médullaire.

Chaque rein comporte plus d'un million de **néphrons** qui constituent les unités de structure du rein ; les néphrons produisent l'urine.

Situation des néphrons dans un lobe de rein

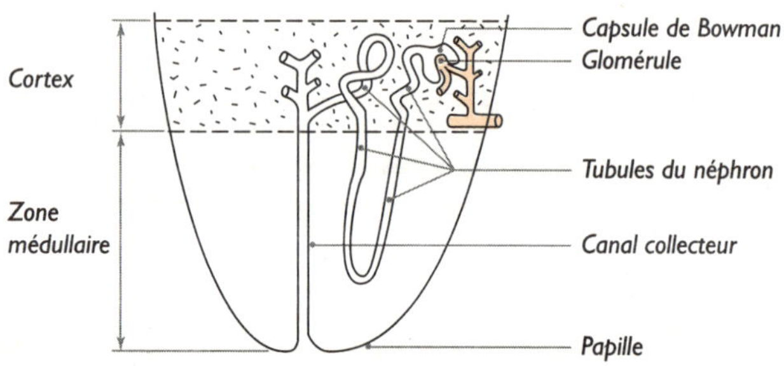

Schéma d'un néphron

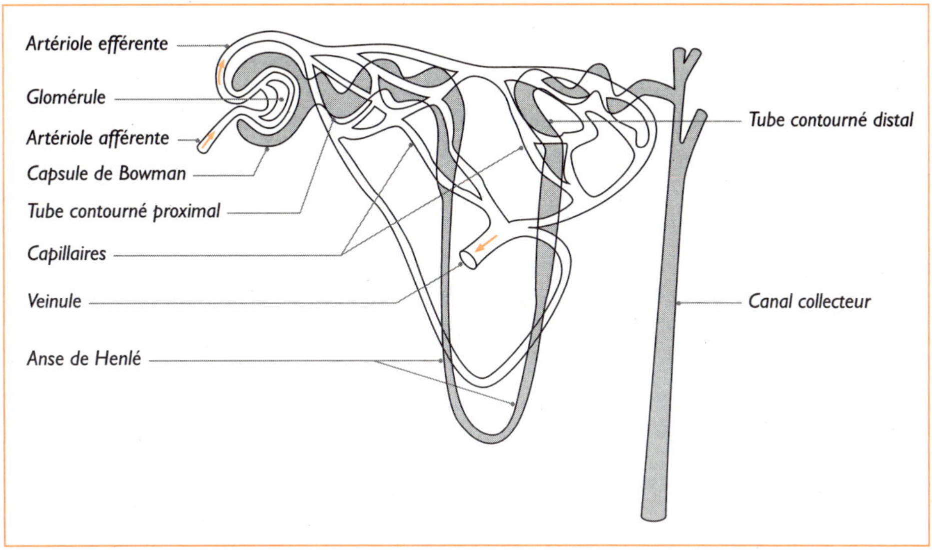

II - La production de l'urine

A - Comparaison plasma/urine

1 – Caractéristiques de l'urine

L'urine est un liquide jaune, habituellement limpide ; ses principaux constituants sont :
– **l'eau** : environ 950 g L^{-1} ;
– **des molécules organiques** : urée environ 20 g L^{-1} (issu de la dégradation des acides aminés), acide urique (issu de la dégradation des acides nucléiques : ADN et ARN) ;
– **des minéraux** : sodium, potassium, phosphates, chlorures, en concentration variable selon l'importance de leur apport dans l'alimentation.

2 – Comparaison avec le plasma

Contrairement au plasma, **l'urine est caractérisée par la grande variabilité de ses caractéristiques** :
– le volume émis est d'environ 1,5 L par jour mais varie en fonction de la prise de boisson, de la production de sueur... ;
– la concentration de ses constituants, son pH varient surtout en fonction des apports alimentaires.

L'urine ne comporte pas de molécules organiques utiles à l'organisme : glucose, acides aminés, protéines, acides gras et autres lipides sont présents dans le plasma mais pas dans l'urine.

L'urine concentre les déchets du métabolisme : urée et acide urique sont environ 10 fois plus concentrés dans l'urine que dans le plasma ; certains déchets très toxiques comme l'ammoniaque sont absents du plasma et présents dans l'urine.

L'urine concentre les substances indésirables dans le plasma : par exemple, les colorants alimentaires vont provoquer des colorations anormales de l'urine, de même des dérivés d'hormones, de médicaments se retrouvent dans l'urine...

B - Les rôles du néphron

1 – La filtration glomérulaire

L'urine est produite par filtration du plasma.

Cette constatation provient de l'analyse du liquide présent dans la capsule de Bowman (pré-urine) : il a même composition que le plasma, mais ne contient pas de protéines ni de lipides.

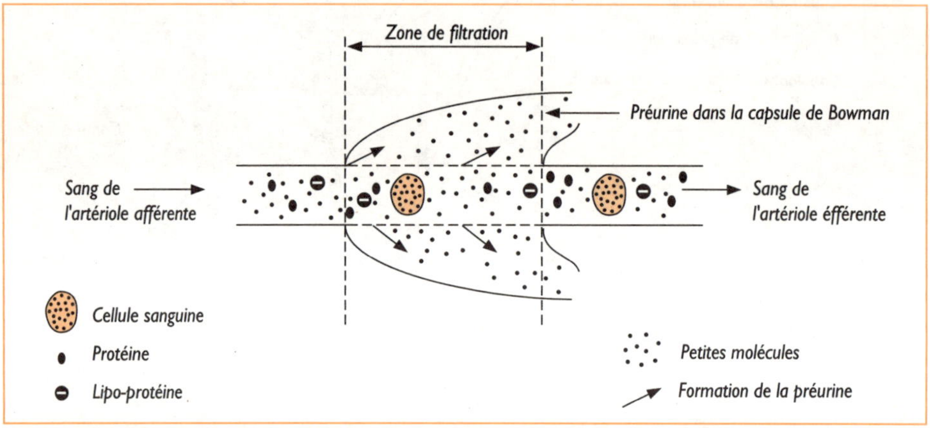

La pression du sang dans l'artériole afférente est à l'origine de la filtration glomérulaire. Cette filtration se fait au travers d'un « tamis moléculaire », constitué par la paroi du capillaire (endothélium muni de fenêtres microscopiques), entouré des cellules de la membrane interne de la capsule de Bowman (les podocytes).
Les protéines, qui sont des grosses molécules, ainsi que les lipides plasmatiques associés à des protéines (lipoprotéines), ne peuvent passer au travers des pores du filtre.

2 – Les fonctions tubulaires

La pré-urine glomérulaire contient des substances (glucose, acides aminés...) qui sont absentes de l'urine ; elles sont **réabsorbées** au niveau des tubules.
La pré-urine glomérulaire ne contient pas certaines substances (NH^3...) qui sont présentes dans l'urine ; elles sont **sécrétées** au niveau des tubules.

Illustration sur un schéma de néphron simplifié

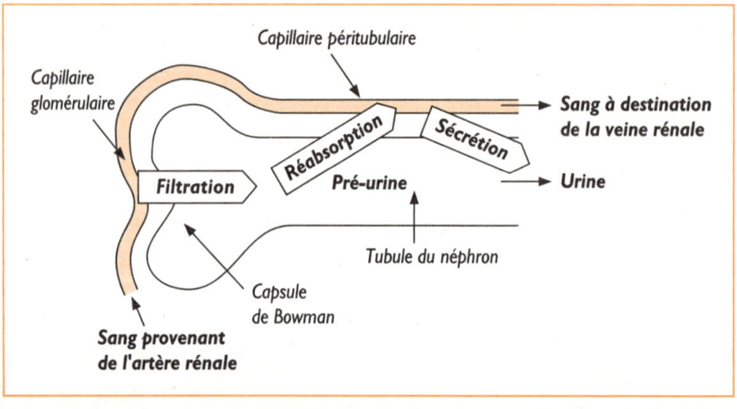

a - les réabsorptions tubulaires

Le volume total de plasma filtré au niveau des glomérules est d'environ 180 L par jour, le volume d'urine est de 1,5 L, la réabsorption tubulaire porte sur plus de 99 % de l'eau de la pré-urine. **La réabsorption peut être totale ou partielle**.

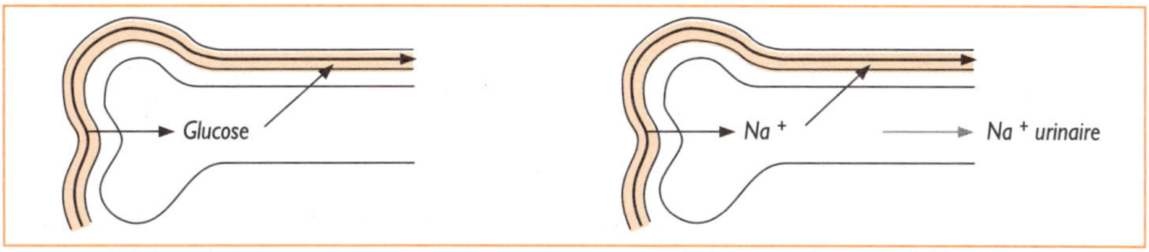

Réabsorption totale — Réabsorption partielle

Les réabsorptions portent sur toutes les substances utiles à l'organisme. Elles sont particulièrement importantes au niveau du tube contourné proximal et du tube contourné distal (présence de systèmes de transport spécifiques).

b - les sécrétions tubulaires

La sécrétion de substances dans l'urine permet leur élimination plus rapide que par le système de filtration non suivie de réabsorption.

Des ions (H^+, K^+), des substances toxiques (NH_3), certaines substances étrangères (médicaments, colorants...) sont sécrétées.

III - Rôles du rein dans le maintien de l'homéostasie

L'homéostasie peut se définir comme la constance du milieu intérieur (plasma et liquide interstitiel) ; elle concerne des paramètres physiques (température, volume...) et chimiques (concentration des molécules dissoutes).

L'homéostasie est indispensable au bon fonctionnement des cellules. Son maintien exige un équilibre entre les « entrées » et les « sorties » et nécessite une régulation souvent complexe. Le rein intervient dans le contrôle des « sorties » de substances dans l'urine.

A - La capacité de réabsorption des substances de la pré-urine

Ce système permet un maintien de l'homéostasie par « écrêtage » des excédents.

Concentration S dans le plasma	Concentration S dans la pré-urine	Capacité maximale de réabsorption de S par les tubules	Elimination de S dans l'urine	Effet sur l'homéostasie
				Il y a élimination urinaire de S, ce qui contribue à faire baisser sa concentration plasmatique. Cas de nombreuses substances toujours présentes dans l'urine : phosphates, sulfates, calcium...
				Il n'y a pas d'élimination urinaire de S. Cas du glucose, de la vitamine C, des acides aminés... Toutefois, si la concentration plasmatique augmente au-delà du maximum de réabsorption, on retrouve le cas ci- dessus.

B - Le maintien de l'homéostasie : une régulation complexe

Grandeur régulée	Entrées	Sorties	Importance du rein
Volume des milieux extra-cellulaires (ou équilibre hydrique)	Aliments, boissons, (métabolisme)	Urine, air expiré, sueur, fèces	Le volume de l'urine est ajusté pour maintenir constants le volume des liquides extra-cellulaires ainsi que la pression osmotique La régulation se fait par l'ADH (hormone anti-diurétique). La réabsorption d'eau au niveau des canaux collecteurs dépend de la présence d'ADH
Natrémie (Na^+) et kaliémie (K^+)	Aliments	Urine, sueur, fèces	Le contrôle de l'excrétion des ions Na^+ et K^+ se fait par une hormone : l'aldostérone (l'aldostérone permet la réabsorption de Na^+ couplée à une sécrétion de K^+)
pH : concentration des ions H^+	Aliments, (métabolisme)	Urine, air expiré (CO_2)	Le rein sécrète H^+ dans l'urine en plus ou moins grande quantité Généralement le pH de l'urine est acide

IV - Hygiène et dysfonctionnements de l'appareil urinaire

A - Les infections urinaires

Définitions	Présence de bactéries en abondance dans l'urine, parfois de pus
Caractéristiques	L'infection peut se localiser au niveau : – des voies urinaires (cystite, urétrite) se manifestant par des douleurs lors de la miction et de très fréquentes envies d'uriner, parfois accompagnée de la fièvre. – du rein (pyélonéphrites) se manifestant par des douleurs lombaires, de fortes fièvres.
Causes	**Les bactéries responsables sont généralement issues de la flore intestinale** (souvent Escherichia coli) ; l'infection est dite ascendante, sa fréquence est plus élevée chez la femme (proximité méat urinaire, anus et urètre très court). Ce type d'infection peut être en rapport avec la pose d'une sonde urinaire. L'infection est plus rarement due à des bactéries provenant du sang.
Prévention	L'hygiène de la peau au niveau du périnée permet de limiter la contamination. **La prise de boissons en quantité suffisante** (2L d'eau par jour) constitue la meilleure prévention. Les mictions qui en résultent entraînent les bactéries présentes dans les voies urinaires (à l'inverse, la rétention d'urine favorise leur multiplication dans la vessie).

B - L'incontinence urinaire

L'incontinence urinaire se traduit par **une absence de maîtrise de la miction**, déclenchée de manière involontaire par la distension de la vessie. Physiologique chez le nourrisson et l'enfant, elle se manifeste ensuite surtout chez la femme (faiblesse des muscles du plancher du bassin). Elle peut être occasionnelle ou devenir systématique, surtout chez les personnes âgées (vessie plus petite, moins bon contrôle des sphincters).

Types	Causes - prévention - traitement
Incontinence chez l'enfant	La vessie est petite, le système nerveux immature et la miction inconsciente. L'enfant apprend à contrôler sa miction le jour, puis la nuit (maîtrise aux alentours de 4 ans). L'énurésie est une incontinence nocturne persistante, elle nécessite une rééducation.
Incontinence liée à la grossesse	La pression exercée par le fœtus sur la vessie, la distension voire la déchirure du périnée lors de l'accouchement favorisent l'incontinence. La prévention passe par une gymnastique des muscles du périnée avant et après l'accouchement. Une rééducation est possible.
Incontinence chez la personne âgée	Elle est plus fréquente chez la femme. L'usage de médicaments diurétiques ou actifs sur le système nerveux, la pose d'une sonde vésicale la favorisent. La prévention doit se faire dès la grossesse chez la femme, elle passe aussi par la possibilité d'accès à des toilettes adaptées. Le traitement peut être médicamenteux, chirurgical ou de type palliatif (sonde, couches).

EXERCICES

CHAPITRE 7

APPAREIL EXCRÉTEUR ET EXCRÉTION

1 - Anatomie : associez un organe ou une partie d'organe à une fonction.

1	Rein	A	Orifice permettant l'émission de l'urine hors de l'organisme
2	Uretère	B	Assure le stockage urinaire entre deux mictions
3	Urètre	C	Permet le retour du sang du rein dans la veine cave inférieure
4	Méat urinaire	D	Zone striée du rein, siège du contrôle du volume urinaire
5	Artère rénale	E	Zone granuleuse du rein, siège de la filtration du sang
6	Vessie	F	Alimente le rein en sang
7	Veine rénale	G	Collecte l'urine dans le rein
8	Bassinet	H	Évacue l'urine de la vessie
9	Cortex rénale	I	Conduit l'urine vers la vessie
10	Pyramide de Malpighi	J	Produit l'urine

2 - Production de l'urine : complétez les phrases avec les mots proposés.

Il y a environ un million de .... (1) par rein, fonctionnant tous selon le même principe, ils assurent l' .... (2) urinaire.
Le sang subit d'abord une .... (3) au niveau du glomérule. Les cellules sanguines et les ....(4) plasmatiques ne traversent pas le filtre.
Le filtrat, appelé .... (5), s'écoule dans la .... (6) de ....(7). Il va subir des modifications de composition au niveau des .... (8) du néphron.
Il y aura (9) d'eau et de .... (10) utiles à l'organisme. Certaines substances, telle que l'ammoniaque, subiront une .... (11) et seront transférées du .... (12) vers la pré-urine.

pré-urine	néphrons	excrétion	tubules
filtration	plasma	capsule	réabsorption
macromolécules	solutés	Bowman	sécrétion

3 - Composition de l'urine : repérez les substances dont la concentration est toujours plus élevée dans l'urine que dans le plasma.

1	urée	3	acides aminés	5	acide urique	7	cholestérol
2	glucose	4	acide gras	6	ammoniaque	8	albumine

4 - *Complétez le tableau à l'aide de croix lorsque l'affirmation est vraie.*

N°	**Affirmations**	**Vraie**
1	Les reins sont situés de part et d'autre de la colonne vertébrale, dans la région lombaire	
2	Le sang subi une pré-filtration dans les capsules surrénales, avant d'entrer dans le rein	
3	Les reins comportent plusieurs kilomètres de tubules microscopiques	
4	L'urine et le plasma ont une composition constante	
5	L'urine peut comporter du glucose si la glycémie est trop élevée	
6	L'urine peut être colorée en rouge par des colorants alimentaires	
7	L'urine est généralement acide	
8	Les infections urinaires sont plus fréquentes chez la femme pour des raisons anatomiques	
9	L'incontinence urinaire peut apparaître à la suite d'une grossesse	
10	On peut envisager une prévention de l'incontinence urinaire de la personne âgée	

5 - *Complétez la grille de mots croisés.*

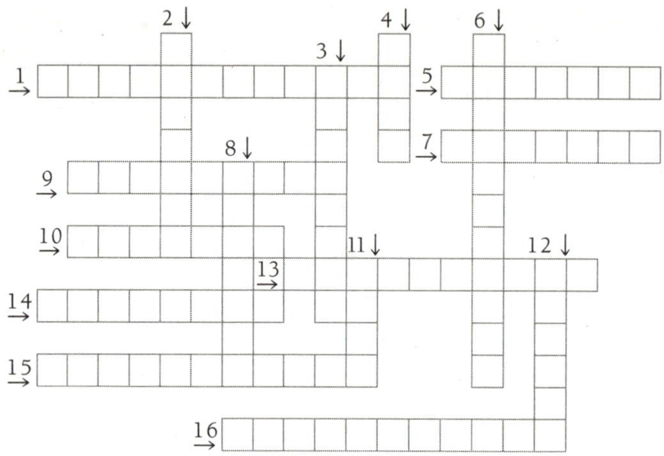

1 : Trouble caractérisé par une émission involontaire d'urine
2 : Absence de production d'urine (*mot de six lettres*)
3 : Taux de sodium dans le sang
4 : Organe produisant l'urine
5 : À consommer sans modération pour éviter les infections urinaires
6 : Bacille Gram négatif, d'origine fécale, responsable d'infections urinaires
7 : Vidange de la vessie
8 : Infection urinaire fréquente chez la femme

9 : Muscle constricteur à la base de la vessie
10 : Incontinence urinaire nocturne chez l'enfant
11 : Principal déchet azoté de l'urine
12 : Acide excrété dans l'urine, issu de la dégradation des acides nucléiques
13 : Accroît le volume urinaire
14 : Production d'urine très importante
15 : Hormone contrôlant l'excrétion urinaire du sodium
16 : Maintien de la constance du milieu intérieur

■ *1 - Anatomie.*

1	2	3	4	5	6	7	8	9	10
J	I	H	A	F	B	C	G	E	D

■ *2 - Production de l'urine.*

1	néphrons	**2**	excrétion	**3**	filtration	**4**	macromolécules
5	pré-urine	**6**	capsule	**7**	Bowman	**8**	tubules
6	réabsorption	**10**	solutés	**11**	sécrétion	**12**	plasma

■ *3 - Composition de l'urine.*
Les substances dont la concentration est toujours plus élevée dans l'urine que dans le plasma : urée, acide urique, ammoniaque.

■ 4 - Affirmations vraies : 1 - 3 - 5 - 6 - 7 - 8 - 9 - 10

■ 5 - Grille de mots croisés.

					2↓							4↓			6↓					
					A					3↓		R			C					
1→	I	N	C	O	N	T	I	N	E	N	C	E	5→	B	O	I	S	S	O	N
					U					A		I			L					
					R		8↓			T		N	7→	M	I	C	T	I	O	N
	9→	S	P	H	I	N	C	T	E	R					B					
					E		Y			E					A					
	10→	E	N	U	R	E	S	E		M	11↓				C		12↓			
							I	13→	D	I	U	R	E	T	I	Q	U	E		
14→	P	O	L	Y	U	R	I	E		E	R				L		R			
							T				E				L		I			
15→	A	L	D	O	S	T	E	R	O	N	E				E		Q			
																	U			
						16→	H	O	M	E	O	S	T	A	S	I	E			

CHAPITRE 8

APPAREIL RESPIRATOIRE ET RESPIRATION

L'organisme humain utilise du dioxygène (O_2) et produit du dioxyde de carbone (CO_2), ces « gaz respiratoires » devront être échangés avec l'air ambiant. L'appareil respiratoire est le siège de ces échanges et la circulation sanguine sert d'intermédiaire avec les tissus.

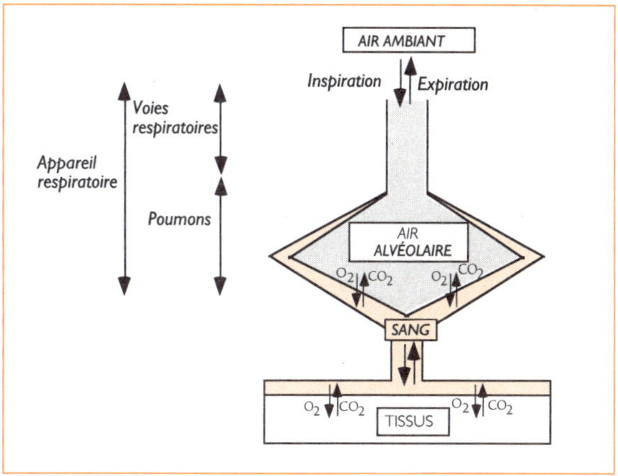

Le fonctionnement de l'appareil respiratoire suppose un débit très important d'air et exige de bonnes conditions d'échange entre le sang et l'air.

Il en découle une exposition importante de l'organisme à divers « polluants » provenant de l'air : particules solides (poussières), micro-organismes, molécules (polluants chimiques). Des protections naturelles existent mais ne s'avèrent pas toujours suffisantes, d'où l'intérêt de respecter des « règles d'hygiène respiratoire » pour limiter le risque de troubles respiratoires.

I - Anatomie de l'appareil respiratoire

A - Schéma général

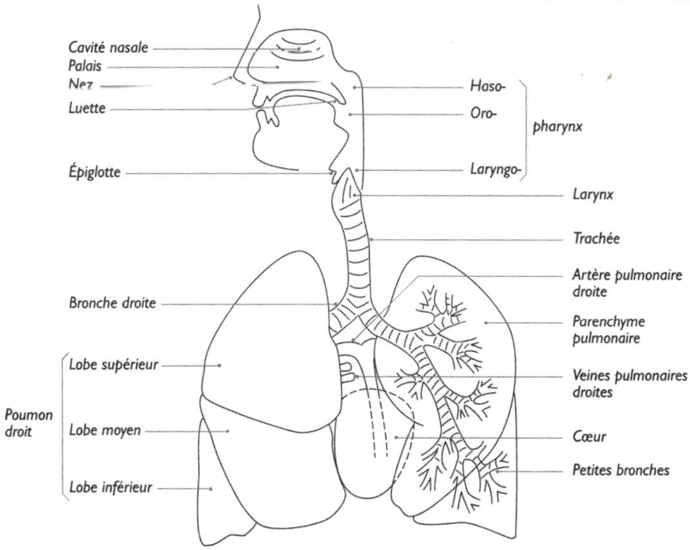

B - Les voies respiratoires

Organes	Parties d'organe	Fonctions	Particularités
Nez	Narine	Entrée air	Orifice ouvert
	Cavité nasale (fosses nasales)	Humidification Réchauffement Épuration air	Trois éléments de cloisons osseuses (les cornets) provoquent des turbulences dans l'écoulement de l'air et favorisent son contact avec la muqueuse nasale.
Pharynx	Nasopharynx	Passage d'air Protection Épuration air	En forme d'entonnoir, il est ouvert sauf lors de la déglutition (la luette l'obstrue, ce qui empêche les aliments d'y pénétrer). Siège des amygdales pharyngiennes, autrefois appelées « végétations » : tissu lymphoïde localisé dans la muqueuse qui retient et détruit les micro-organismes.
	Oropharynx	Carrefour Protection	L'air et les aliments y passent. Siège des amygdales palatines : même rôle que les précédentes.
	Laryngopharynx	Carrefour	Situé entre l'épiglotte, la glotte et l'entrée de l'œsophage. Il est ouvert sauf lors de la déglutition durant laquelle l'épliglotte (cartilage élastique en forme de cuiller) recouvre la glotte (entrée du larynx) et évite la pénétration des aliments dans le larynx.
Larynx		Passage d'air Phonation Épuration air	Cartilage complexe ouvrant sur la trachée ; Les deux cordes vocales, membranes tendues au travers du larynx, vibrent sous l'effet du courant d'air expiré et produisent des sons, modulés ensuite au niveau de la bouche ou du nez.
Trachée		Passage d'air Épuration air	Conduit comportant des anneaux cartilagineux en forme de fer à cheval, qui maintiennent la trachée béante mais permettent la dilatation de l'œsophage lors du passage du bol alimentaire.
Bronches	Grosses bronches	Passage d'air Épuration air	La trachée bifurque en deux bronches qui pénètrent dans les poumons. Ces bronches se ramifient en bronches secondaires de plus en plus petites. Les parois comportent des anneaux cartilagineux complets, puis des fragments de cartilage et des fibres musculaires lisses au niveau des petites bronches.
	Bronchioles	Passage de l'air	Diamètre inférieur au mm , réglé par l'état de contraction des fibres musculaires lisses de leur paroi. L'épithélium s'amincit et ne comporte plus de cellules ciliées au niveau des bronchioles terminales.

La fonction épuration de l'air est réalisée par l'épithélium tout au long des voies respiratoires. Le mucus est dirigé vers le pharynx puis dégluti et digéré.
Ce mécanisme d'épuration est perturbé par le tabagisme (des constituants de la fumée de tabac inhibent les battement ciliaires) et certains virus (le virus de la grippe détruit les cils des cellules). Le mucus tend alors à obstruer les voies respiratoires et provoque la toux.

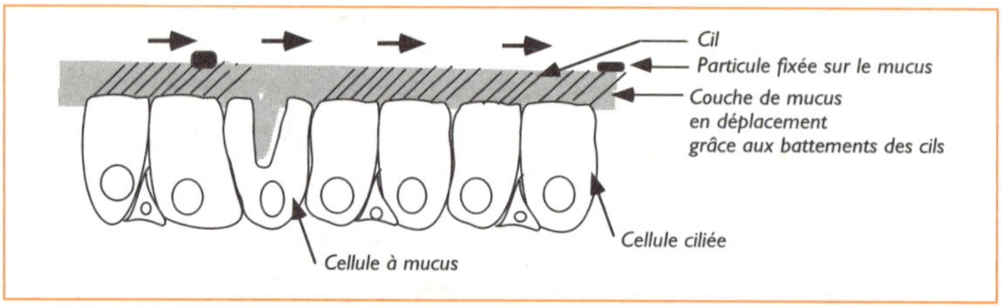

C - Les poumons

Anatomie macroscopique

Localisation	Dans la cage thoracique, chaque poumon est enveloppé d'une **plèvre** La plèvre comporte un feuillet viscéral adhérant au poumon et un feuillet pariétal tapissant la face interne de la cage thoracique. Entre les feuillets, une mince couche de liquide pleural facilite le glissement des plèvres l'une contre l'autre et empêche leur décollement. **La plèvre rend le poumon solidaire de la cage thoracique** et l'amène à suivre ses variations de volume.
Anatomie	Les poumons sont des organes mous, élastiques, gorgés d'air et de sang. Les poumons sont divisés en lobes : deux pour le gauche (plus petit), trois pour le droit. Les lobes comportent des lobules dont la base géométrique est visible à la surface des poumons.
Vascularisation	Chaque poumon reçoit du sang provenant du cœur droit par une artère pulmonaire ; cette artère se ramifie en suivant le trajet des bronches, se capillarise au niveau des alvéoles ; le sang quitte le poumon par deux veines pulmonaires qui abouchent dans l'oreillette gauche.

Structure de la zone d'échange : le parenchyme pulmonaire

Détail histologique de la paroi alvéolaire

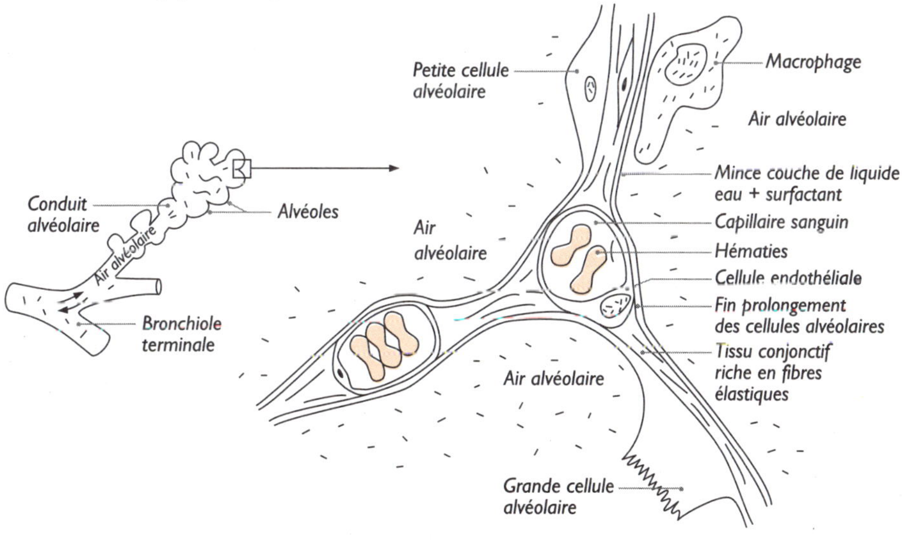

La paroi alvéolaire est tapissée de cellules alvéolaires ou pneunocytes :
– les petites cellules sont caractérisées par l'importance de leurs très fins prolongements qui tapissent les parois alvéolaires ;
– les grandes cellules, plus rares, sécrètent le surfactant : agent détergent qui favorise les contacts air-eau et évite le risque de fermeture des alvéoles.

Des macrophages phagocytent les particules (bactéries, poussières...) parvenues au niveau alvéolaire.

II - Mécanique ventilatoire

A - La ventilation

Ventiler c'est créer un courant d'air ; ce courant d'air sert à renouveler l'air présent à l'intérieur des poumons (air alvéolaire).

Le renouvellement de l'air alvéolaire est indispensable aux échanges gazeux au niveau du sang.

En cas d'arrêt de la ventilation ou apnée, la nécessité de ventiler se manifeste au bout de quelques dizaines de secondes.

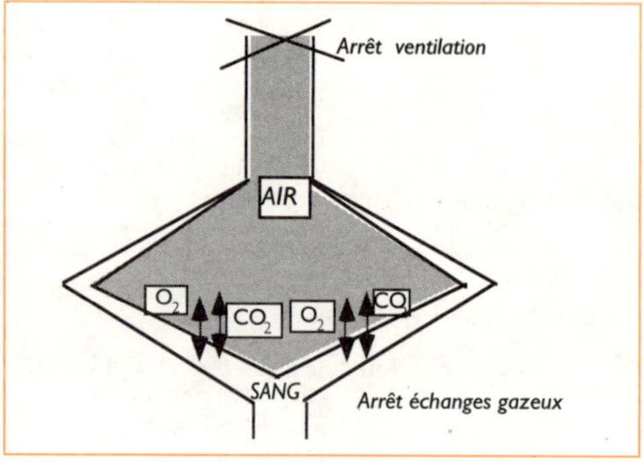

Le **mécanisme de la ventilation** comporte certaines analogies avec le soufflet dont on manœuvre les poignées.

Dans le cas de l'appareil respiratoire, les forces nécessaires pour augmenter le volume des poumons s'exercent sur la cage thoracique.
Les poumons sont des organes élastiques, rendus solidaires de la cage thoracique par les feuillets de la plèvre et le liquide pleural.

Toute variation de volume de la cage thoracique est entièrement transmise aux poumons.

B - Les mouvements respiratoires

1 – Respiration calme (12 à 18 cycles respiratoires par minute)

Phases	Caractéristiques	Phénomènes musculaires	Effets sur la cage thoracique	Conséquences
Inspiration	Phénomène actif.	Contraction muscles intercostaux externes. Contraction diaphragme.	Traction des côtes vers le haut ⇑ largeur et profondeur. Abaissement du centre du diaphragme ⇑ hauteur.	Entrée d'air dans les poumons.
Expiration	Phénomène passif.	Relâchement muscles de l'inspiration.	Retour position initial ⇓ volume.	Sortie d'air des poumons.

2 – Respiration forcée (cycles respiratoires très amples, lents, réalisés volontairement)

• **Inspiration forcée** : contraction maximale des muscles mis en jeu lors de l'inspiration normale et contraction de muscles supplémentaires permettant de relever la cage thoracique (pectoraux, muscles du cou...).

• **Expiration forcée** : contraction des muscles abdominaux (elle provoque la remontée des viscères qui repoussent le diaphragme vers le haut) et des muscles abaisseurs des côtes (elle provoque une réduction de la largeur et de la profondeur de la cage thoracique). Contrairement à l'expiration normale, il se produit des contractions musculaires : c'est donc un phénomène actif.

C - Volumes et capacités respiratoires

Volume courant (VC)	Volume d'air mis en jeu lors d'un cycle respiratoire (inspiration suivie d'une expiration normale).
Volume de réserve inspiratoire (VRI)	Volume maximal d'air qui peut être inspiré après une inspiration normale (lors d'une inspiration forcée).
Volume de réserve expiratoire (VRE)	Volume maximal d'air qui peut être expiré après une expiration normale (lors d'une expiration forcée).
Volume résiduel (VR)	Volume d'air qui reste dans les poumons après une expiration forcée.

Ces volumes peuvent être mesurés à l'aide d'un spiromètre (sauf le volume résiduel). Ils permettent de calculer des capacités respiratoires.

Capacité vitale (CV)	Volume maximal d'air qui peut être mis en jeu lors d'un cycle de respiration forcée : CV = VC + VRI +VRE
Capacité pulmonaire totale (CPT)	Volume maximal d'air que peuvent contenir les poumons : CPT = VR + VC + VRI +VRE

III - Échanges gazeux

A - Échanges gazeux au niveau des poumons

La zone d'échange entre l'air et le sang est peu épaisse et très perméable aux molécules de O_2 et de CO_2. Elle se décompose de la manière suivante.

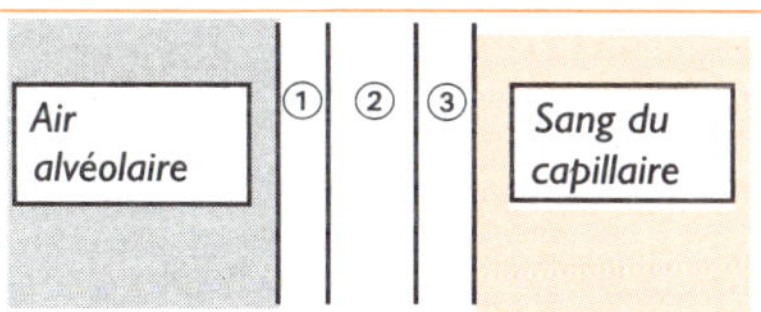

① eau + surfactant

② cellule de l'épithélium alvéolaire

③ cellule de l'endothélium capillaire

Valeurs des pressions des gaz de la respiration

Gaz	Air alvéolaire	Sang de l'artère pulmonaire (sang arrivant au poumon)	Sang de la veine pulmonaire (sang quittant le poumon)
O_2	13,8 kPa	5,3 kPa	13,8 kPa
CO_2	5,3 kPa	6 kPa	5,3 kPa

Pour des raisons physiques, bien que les gaz soient à l'état dissous dans le sang, les concentrations en gaz s'expriment en pression de gaz.

Les gaz diffusent de la zone où la pression est la plus forte vers la zone où la pression est la plus faible.

L'analyse des données du tableau permet de conclure que :

– le dioxygène (O_2) diffuse de l'air alvéolaire vers le sang des capillaires pulmonaires ;
– le dioxyde de carbone (CO_2) diffuse du sang des capillaires vers l'air alvéolaire.

Les valeurs de pression mesurées dans le sang quittant les poumons confirment que les échanges gazeux ont eu lieu puisque l'on obtient pour chacun des gaz les mêmes valeurs de pression que dans l'air alvéolaire. Ce sang va transporter le dioxygène vers les cellules (voir sang et circulation).

B - Échanges gazeux au niveau des tissus

Les échanges gazeux tissulaires ont lieu au niveau des capillaires des tissus.
Ici encore la surface d'échange est importante et la distance entre le sang et les tissus faible.

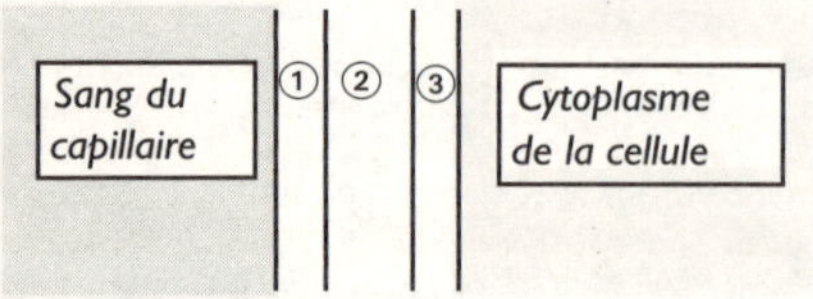

① cellule de l'endothélium capillaire

② lymphe interstitielle

③ membrane plasmique des cellules

La mesure des valeurs de pression donne :

Gaz	Sang artériel entrée des capillaires	Tissus	Sang veineux (sang quittant les tissus)
O_2	13,8 kPa	moins de 5,3 kPa	5,3 kPa
CO_2	5,3 kPa	plus de 6 kPa	6 kPa

Le dioxygène diffuse du sang des capillaires (p O_2 la plus forte) vers les cellules (p O_2 plus faible).
Le dioxyde de carbone diffuse des tissus (p CO_2 la plus forte) vers le sang (p CO_2 plus faible).
Il s'agit de diffusion de gaz à l'état dissous.

Les pressions des gaz dans les tissus sont variables et dépendent de l'activité des cellules. Plus la cellule est active et nécessite de l'énergie, plus elle utilise du dioxygène au niveau de la respiration mitochondriale, la p O_2 tissulaire sera faible. Elle produit alors du dioxyde de carbone et la p CO_2 tissulaire sera forte.

Dans le cas d'une cellule utilisant du glucose comme source d'énergie, l'équation-bilan de la dégradation du glucose ($C_6H_{12}O_6$) est :

$$C_6H_{12}O_6 + 6\,O_2 \longrightarrow 6\,CO_2 + 6\,H_2O + \text{énergie}$$

C'est la nécessité de produire de l'énergie qui est à l'origine de la respiration cellulaire.

IV - Hygiène, prévention, dysfonctionnements

A - Conditions d'un fonctionnement

Favorables	Défavorables
Respirer un air sain	Le confinement : en particulier dans une pièce où fonctionne un appareil de chauffage libérant du monoxyde de carbone. La pollution industrielle : les combustions (moteurs, chaudières...) libèrent dans l'atmosphère du monoxyde de carbone, des oxydes d'azote et de soufre (gaz toxiques). Le tabagisme actif ou passif.
Assurer une bonne ventilation pulmonaire	Le manque d'activité physique. L'obstruction des voies respiratoires par du mucus. La réduction de la section des bronchioles (allergie aux pollens...).
Maintenir une importante surface d'échange pulmonaire	Inhalation d'air très chargé en poussières. Inhalation de particules et goudrons (tabagisme...).

B - Affections et maladies respiratoires

Affections	Causes	Symptômes - conséquences
Rhinite	Inflammation de la muqueuse nasale. Diverses origines : virus, bactéries, pollens...	Rhume : hyperproduction de mucus, éternuements.
Angine	Inflammation des amygdales : origine bactérienne ou virale.	« Mal de gorge », déglutition difficile, souvent accompagnée de fortes fièvres.
Laryngite	Inflammation du larynx.	Altération (enrouement), perte de voix (aphonie).
Bronchite	Inflammation de la muqueuse bronchique due au tabac, à des virus, des bactéries.	Toux, expectorations (crachats), ventilation difficile et bruyante. L'accumulation de mucus limite le passage de l'air et favorise la prolifération bactérienne.
Asthme	Origine allergique : réduction du diamètre des bronchioles due à la contraction des fibres musculaires de leur paroi.	Ventilation difficile ou dyspnée (sensation d'étouffement) et bruyante (sifflements).
Pleurésie	Inflammation de la plèvre, en général hypersécrétion de liquide pleural.	Diminution des capacités pulmonaires.
Pneumothorax	Création d'une communication entre l'espace interpleural et l'air.	Affaissement d'un poumon qui ne suit plus les variations de volume de la cage thoracique.
Pneumonie	Infection du parenchyme pulmonaire, d'origine bactérienne (streptocoques...) ou virale.	Douleurs thoraciques ; l'inflammation réduit la surface d'échange.
Tuberculose	Pneumopathie due au bacille de Koch.	Destruction progressive du parenchyme pulmonaire (cavernes pulmonaires).
Emphysème	Perte d'élasticité et dégénérescence du tissu pulmonaire.	Expiration difficile, dilatation du thorax, insuffisance respiratoire.
Cancer	Tabagisme, inhalation d'amiante...	Insuffisance respiratoire, métastases.

C - Asphyxie

L'asphyxie conduit à un manque d'oxygénation du sang et des tissus (hypoxie). Elle provoque une dyspnée et entraîne la cyanose : bleuissement se manifestant tout d'abord au niveau des extrémités (doigts, oreilles, nez...).

Elle peut avoir diverses causes :
– inhalation d'un air trop pauvre en O_2 : par exemple, en cas d'effort physique à très haute altitude ;
– noyade : la présence d'eau au niveau des alvéoles pulmonaires ne permet pas l'oxygénation du sang ;
– obstruction des voies respiratoires pouvant être due à une strangulation, à la présence de particules solides (aliments...), à une accumulation de mucus (mucoviscidose...), à une tumeur...
– arrêt de la ventilation : par exemple, à la suite de la destruction des nerfs moteurs des muscles respiratoires (poliomyélite) ou du blocage du fonctionnement des centres de la respiration (drogues, somnifères et alcool à forte concentration) ;
– insuffisance respiratoire : bronchite chronique, emphysème, œdème pulmonaire ;
– inhalation de monoxyde de carbone (CO) : ce gaz se fixe sur l'hémoglobine, à la place de O_2, de manière quasiment irréversible. Il suffit d'un taux de 0,1 % de CO dans l'air inspiré pour saturer 50 % de l'hémoglobine et réduire le transport de O_2 de moitié.

CHAPITRE 8

EXERCICES

APPAREIL RESPIRATOIRE ET RESPIRATION

1 - *L'appareil respiratoire*

1.1. *Complétez les légendes et donnez un titre au schéma ; précisez le rôle de l'élément 3.*

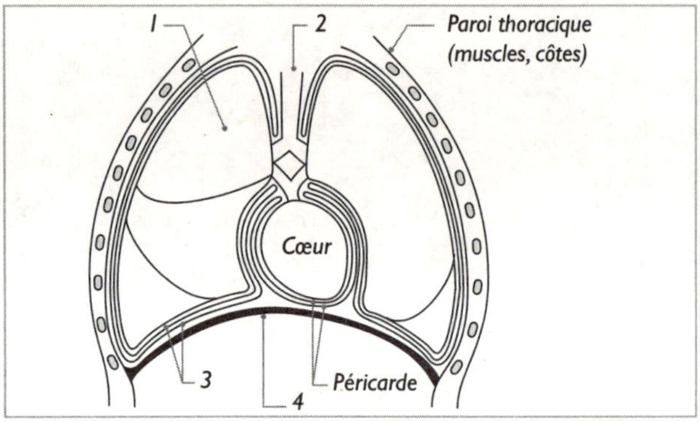

1.2. *Éliminez l'intrus.*

pharynx	bronche	trachée artère	veine pulmonaire	bronchiole	fosses nasales

1.3. *Complétez le texte.*

Lors de la déglutition, pour empêcher l'obstruction des .... (1) respiratoires par les aliments :
– la .... (2) obstrue le nasopharynx ;
– l'épiglotte obstrue la .... (3).
En cas de « fausse route », le réflexe de .... (4) crée un violent courant d'air permettant de désobstruer la trachée. Si l'opération n'est pas efficace, l'individu meurt d' .... (5) .

1.4. *Complétez le tableau en associant à chacun des mots ou expressions une des fonctions suivantes :*
A = humidification et réchauffement **B** = épuration **C** = protection
D = passage d'air **E** = échanges gazeux

1	anneaux cartilagineux		4	bronchioles		7	capillaires sanguins	
2	cellules ciliées		5	amygdales		8	macrophages	
3	cornets		6	alvéoles pulmonaires		9	cellule à mucus	

2 - *La ventilation pulmonaire*

2.1. *Complétez le tableau à l'aide d'une croix lorsque l'affirmation est vraie.*

N°	**Lors de l'inspiration :**	**Vrai**
1	le diaphragme se contracte.	
2	les muscles abaisseurs des côtes se contractent.	
3	les muscles se relâchent (phénomène passif).	
4	les muscles abdominaux se contractent.	
5	le liquide pleural se dilate.	
6	la pression de l'air augmente dans les poumons.	
7	les poumons se contractent.	
8	les côtes sont soulevées.	

2.2. *Volumes et capacités respiratoires.*

Le graphique ci-dessous représente l'évolution du volume pulmonaire au cours de la respiration normale et de la respiration forcée.
Identifiez les différents volumes en leur attribuant le n° correspondant sur le graphique et déterminez la valeur de la capacité vitale du sujet.

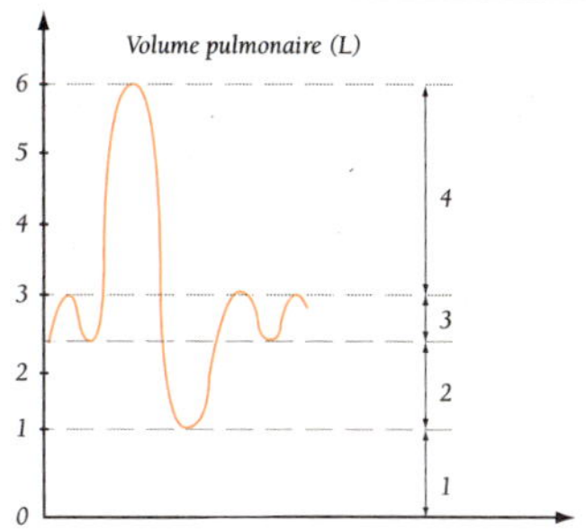

Volume	Repère
Volume de réserve expiratoire VRE	
Volume courant VC	
Volume résiduel VR	
Volume de réserve inspiratoire VRI	
Capacité vitale CV	Valeur (L) :

■ 3- *Les échanges gazeux : Complétez le tableau à l'aide d'une croix lorsque l'affirmation est vraie.*

N°	Affirmations	Vraie
1	Le dioxygène diffuse de l'air alvéolaire vers le sang en provenance du cœur droit.	
2	Le dioxyde de carbone diffuse de l'air alvéolaire vers le sang.	
3	Les échanges gazeux se font par diffusion de gaz.	
4	La diffusion d'une molécule gazeuse se fait de la zone où la pression du gaz est la plus faible vers la zone où elle est la plus forte.	
5	La grande surface des alvéoles favorise les échanges.	
6	Les macrophages pulmonaires facilitent les échanges gazeux pulmonaires.	
7	Le non-renouvellement de l'air alvéolaire s'accompagne d'une baisse de la p O_2 dans l'air alvéolaire et abolit rapidement les échanges gazeux respiratoires.	
8	L'accumulation d'eau dans les poumons (œdème) ralentit les échanges gazeux pulmonaires.	
9	Le dioxygène diffuse du sang vers les tissus selon le gradient de pression.	
10	Le dioxyde de carbone est un déchet pour les cellules.	

■ 4- *Les maladies respiratoires*

Dans le numéro 254 de *Population et sociétés*, on peut lire à propos du tabagisme :
« L'abus du tabac est surtout associé aux maladies des poumons et des voies respiratoires (cancer, pneumopathies obstructives, infections), aux affections cardio-vasculaires (infarctus, artérite...).
Il est aussi à l'origine d'ulcères d'estomac et de cancers d'autres organes (pancréas, vessie...).
Au total, on estime que le seul tabac est à l'origine de près de 20 % des décès par cancer... Toutes causes confondues, près de 9 % des décès peuvent être imputés au seul tabagisme, en excluant les décès d'origine éthylo-tabagique. »
La composition de la fumée de cigarette est la suivante :

Phase gazeuse	**% phase gazeuse**	**Phase particulaire** (particules solides dans la fumée)
azote + argon	70 %	nicotine : 0,3 à 1,5 mg/cigarette
dioxygène (O_2)	13 %	hydrocarbures (goudrons) : 5 à 10 mg/cigarette
dioxyde de carbone (CO_2)	7 à 10 %	phénols : 0,1 à 0,3 mg/cigarette
monoxyde de carbone	3 %	aldéhydes : 4 mg par cigarette
méthane, hydrogène...		crésols, benzopyrène...

4.1. *Citez les maladies de l'appareil respiratoire dues au tabac. Donnez des éléments expliquant l'apparition de ces maladies.*
4.2. *Sachant que environ 540 000 personnes décèdent annuellement en France, calculez le nombre de personnes décédées à cause du tabac. Environ 28 % des décès sont dus au cancer, calculez le nombre de décès par cancer lié au tabagisme.*
4.3. *Pourquoi le tabac est-il particulièrement déconseillé aux personnes souffrant d'insuffisance respiratoire ?*
4.4. *Rédigez une note d'une dizaine de lignes destinée à mettre en garde contre l'usage du tabac.*

Corrigé

1 - *L'appareil respiratoire*

1.1. Schéma : coupe (verticale) de la cage thoracique

1	lobe (poumon droit)	**2**	trachée artère	**3**	plèvre	**4**	diaphragme

La plèvre rend le poumon solidaire des mouvements de la cage thoracique.

1.2. On élimine « veine pulmonaire » qui ne fait pas partie des voies respiratoires.
1.3. Mots manquants : (1) voies, (2) luette, (3) glotte, (4) toux, (5) asphyxie
1.4. : 1 : D, 2 : B, 3 : A, 4 : D, 5 : C, 6 : E, 7 : E, 8 : C, 9 : B.

2 - *La ventilation*

2.1. Inspiration : affirmations vraies 1 et 8
2.2. Volume et capacités respiratoires : **VRE** : 2, **VC** : 3, **VR** : 1, **VRI** : 4, **CV** : 4,8L.

3 - *Les échanges gazeux* : Affirmations vraies **1 - 3 - 5 - 7 - 8 - 9 - 10**

4 - *Les maladies respiratoires*

4.1. Le tabac provoque : cancer du poumon, pneumopathies obstructives, infections respiratoires...
Éléments d'explication :

Cancer	Présence de substances cancérigènes dans la fumée (goudrons, benzopyrène ...) et d'autres qui potentialisent les effets de substances cancérigènes de l'environnement.
Pneumopathies obstructives	Les constituants de la fumée inhibent le fonctionnement des cils responsables du déplacement du mucus, d'où obstruction des voies respiratoires.
Infections	La stagnation du mucus dans les voies respiratoires favorise les infections.

4.2. Décès dus au tabac : 540 000 x 9 % = 48 600 par an. Décès par cancer : 540 000 x 28 % = 151 200, décès par cancers dus au tabac : 151 200 x 20 % = 30 240 par an (principalement cancers du poumon).
4.3. Le tabac est particulièrement déconseillé aux insuffisants respiratoires parce que la fumée contient du monoxyde de carbone qui diminue l'efficacité du transport du dioxygène par le sang et renforce donc l'insuffisance respiratoire.
4.4. Dans la note mettant en garde contre les méfaits du tabac, on évoquera ses effets sur la santé, mais aussi sur le système nerveux (dépendance...), le coût économique du tabagisme... On pourra également évoquer les effets du tabac sur l'environnement matériel et humain (tabagisme passif).

CHAPITRE 9 FONCTION DE REPRODUCTION

La fonction de reproduction est assurée par les appareils génitaux et permet de maintenir l'espèce. Ces appareils génitaux produisent et véhiculent les cellules sexuelles ou gamètes. Les gamètes mâles sont appelés spermatozoïdes et les gamètes femelles sont appelés ovules. La fécondation est la fusion du spermatozoïde et de l'ovule. Elle conduit à une cellule œuf qui, en se développant donnera un nouvel individu.

I - Les appareils génitaux

A - Appareil génital féminin

1 – Anatomie

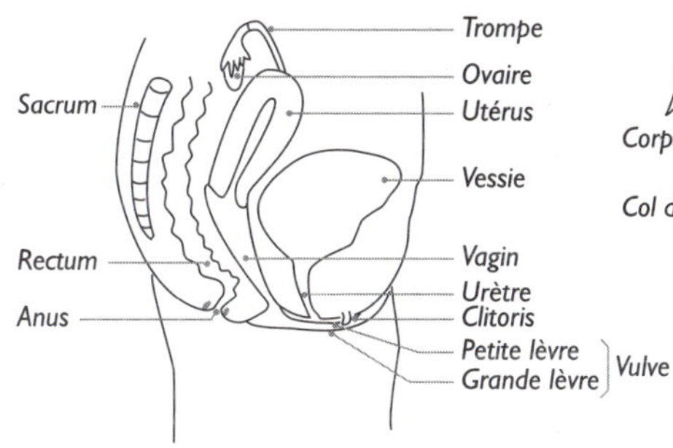

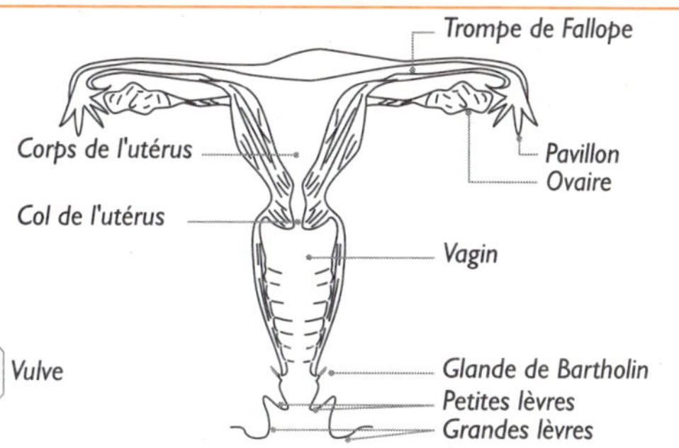

Éléments	Anatomie	Fonctions
Ovaires	Ce sont deux glandes symétriques situées dans le petit bassin. Chaque ovaire est constitué d'une enveloppe (épithélium germinatif ou albuginée) et d'une zone centrale dans laquelle les cellules sexuelles se développent.	Élaboration des gamètes femelles Sécrétion des hormones (œstrogènes et progestérone)
Trompes utérines ou trompes de Fallope	Ce sont deux conduits composés : – d'un pavillon qui recouvre l'ovaire – d'une partie dilatée appelée l'ampoule – d'un isthme La paroi des trompes est musculaire et ciliée.	Capture de l'ovocyte au moment de l'ovulation Lieu de la fécondation Transport de l'ovocyte ou de l'œuf jusqu'à l'utérus
Utérus	Muscle creux (myomètre) dont la cavité est tapissée d'une muqueuse appelée endomètre L'utérus est composé de trois parties : le corps, l'isthme et le col qui s'ouvre dans le vagin.	Nidation de l'œuf pour permettre son développement La contraction des fibres du myomètre au moment de l'accouchement permet l'expulsion du fœtus
Vagin	Canal musculo-membraneux qui s'étend de l'utérus à la vulve. Il se termine par un orifice partiellement obturé chez la jeune fille vierge par l'hymen.	Organe de la copulation (coït)
Vulve	Ensemble des organes génitaux externes : – grandes lèvres, petites lèvres – clitoris – glandes de Bartholin	Lubrification de la vulve

2 – Physiologie

a - l'ovogenèse

L'ovogenèse est l'ensemble des phénomènes qui permettent la transformation de cellules souches en gamètes féminins. C'est un phénomène discontinu, qui commence dès la vie fœtale et se déroule en plusieurs phases au niveau des ovaires.

– **Avant la naissance** : des cellules à 2n chromosomes, les ovogonies, se multiplient et forment un stock d'ovocytes I. Ces cellules ont leur méïose bloquée en prophase 1. Chaque ovocyte I est entouré par quelques cellules folliculaires constituant ainsi un follicule primordial.

– **À la puberté** : les ovocytes vont évoluer par cycle. Plusieurs phases successives de croissance du follicule permettent d'aboutir à la libération d'un ovocyte II.

Follicule primaire : l'ovocyte I grossit, les cellules folliculaires prolifèrent et forment une couche autour de l'ovocyte.

Follicule secondaire : l'ovocyte est plus gros, il est entouré d'une membrane appelée zone pellucide. Les cellules folliculaires se multiplient et forment la granulosa. Le tissu conjonctif qui entoure la granulosa prend le nom de thèque.

Follicule cavitaire : une cavité se creuse au sein de la granulosa. Ce follicule continue son évolution au cours du cycle ovarien.

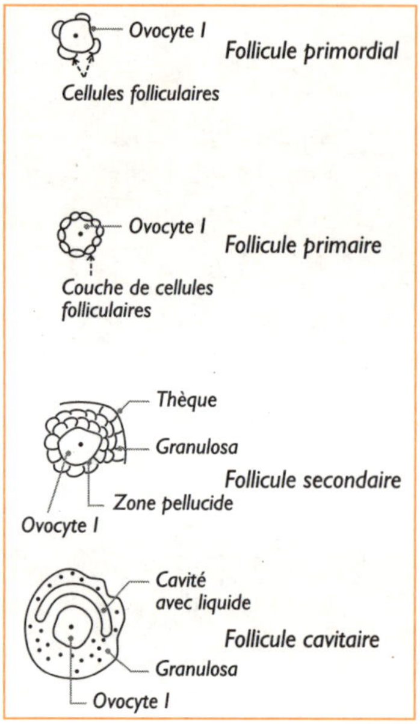

b - le cycle ovarien

Le cycle ovarien a une durée moyenne de 28 jours et permet la maturation d'un follicule cavitaire et la libération au quatorzième jour d'un ovocyte II. De la puberté à la ménopause, chaque cycle permet la libération d'une cellule sexuelle. Il comprend trois phases :

La phase folliculaire : elle se caractérise par la croissance d'un follicule cavitaire qui se transforme en follicule de De Graaf (ou follicule mûr).

L'ovulation : le follicule se rompt et libère l'ovocyte II. Quelques heures avant l'ovulation, la mitose réductionnelle a repris et donné naissance à deux cellules : un ovocyte II, fécondable pendant 6 à 24 heures, avec n chromosomes et un globule polaire qui va dégénérer. L'ovocyte II a sa méiose bloquée en métaphase II.

La phase lutéinique ou lutéale : les cellules du reste du follicule sont envahies par des vaisseaux sanguins et se chargent de pigments. Le follicule prend le nom de corps jaune. En l'absence de fécondation, le corps jaune dégénère et se transforme en *corpus albicans*.

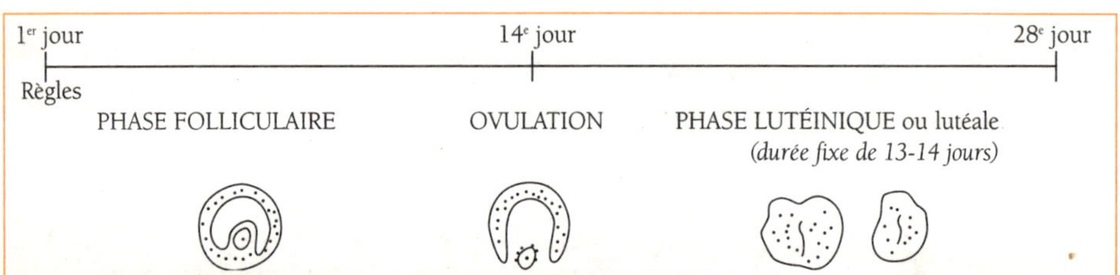

Ce cycle ovarien s'accompagne :
– d'une évolution du taux des hormones hypophysaires et ovariennes ;
– de modifications de l'endomètre, de la glaire cervicale ;
– de modifications de la température corporelle.

Diagramme d'une coupe d'ovaire montrant l'évolution des follicules au cours du cycle ovarien

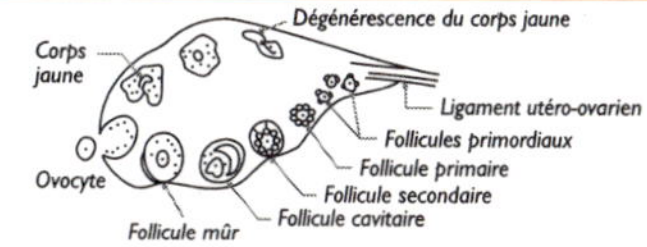

	Phase folliculaire — 14e jour — Phase lutéinique	
Hormones hypophysaires	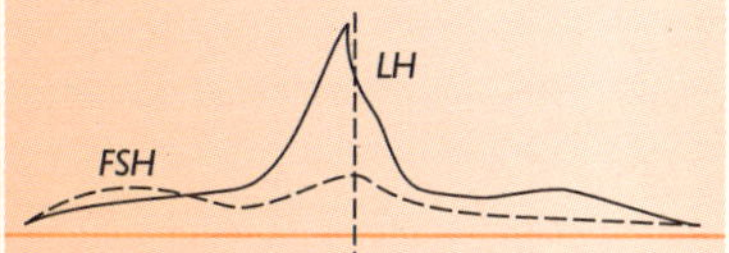	La FSH stimule la croissance du follicule. Le pic de LH déclenche la maturation de l'ovocyte, la rupture du follicule mûr et l'ovulation.
Hormones ovariennes	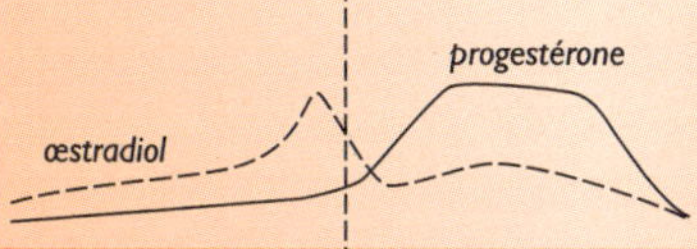	La production d'œstradiol domine pendant la phase folliculaire avec un maximum deux jours avant l'ovulation. La progestérone est peu produite durant cette phase. La progestérone est sécrétée en quantité élevée durant la phase lutéinique. Sa concentration sanguine suit l'évolution du corps jaune.
Modifications de l'endomètre	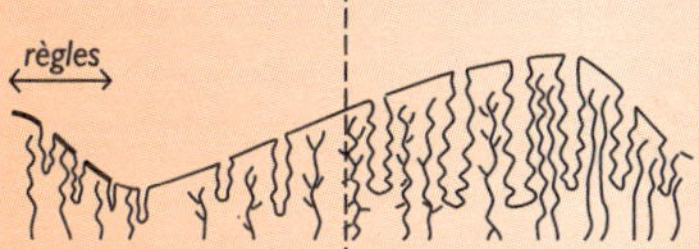	Lors des premiers jours du cycle, les règles, ou menstrues, permettent d'éliminer la couche superficielle de l'endomètre, puis celui-ci commence à cicatriser et s'épaissir (5 à 6 mm d'épaisseur à la phase lutéinique). Des glandes en tube et des vaisseaux sanguins se mettent en place (on parle de dentelle utérine) créant ainsi des conditions favorables à une éventuelle nidation.
Modifications de la glaire cervicale		Durant la phase folliculaire, la glaire devient de plus en plus fluide et claire. Au moment de l'ovulation, la glaire est sécrétée abondamment, avec un maillage lâche, pour favoriser l'entrée des spermatozoïdes dans la cavité utérine. En fin de cycle, la glaire est épaisse et visqueuse pour s'opposer à la pénétration utérine.
Température corporelle	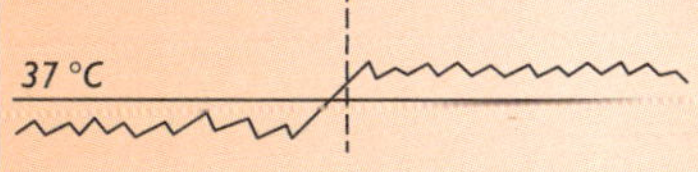	Avant l'ovulation, la température corporelle reste inférieure à 37° C. À partir du 14e jour, la température est au-dessus de 37° C ; cette élévation est due à la sécrétion de progestérone.

c - la fonction hormonale des ovaires

Les ovaires produisent deux types d'hormones :
– **les œstrogènes** (essentiellement de l'œstradiol), fabriqués par les cellules de la granulosa et de la thèque et, en quantités moindres, par le corps jaune ;
– **la progestérone**, sécrétée par le corps jaune.

Les œstrogènes, à la puberté, permettent le développement des caractères sexuels secondaires : croissance et développement de l'utérus, du vagin, des glandes mammaires, de la pilosité pubienne… À l'âge adulte, ces hormones assurent le maintien de ces caractères sexuels, interviennent dans le développement et la régulation du cycle ovarien et agissent sur la muqueuse utérine pour créer des conditions favorables à la gestation.

La progestérone intervient également dans la régulation du cycle ovarien et a une action importante durant la grossesse (maintien du développement de l'endomètre, inhibition des contractions du muscle utérin…).

B - Appareil génital masculin

1 – Anatomie

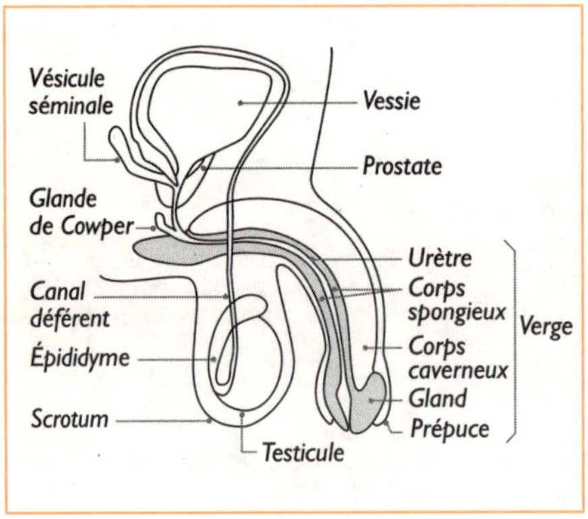

Appareil génital masculin

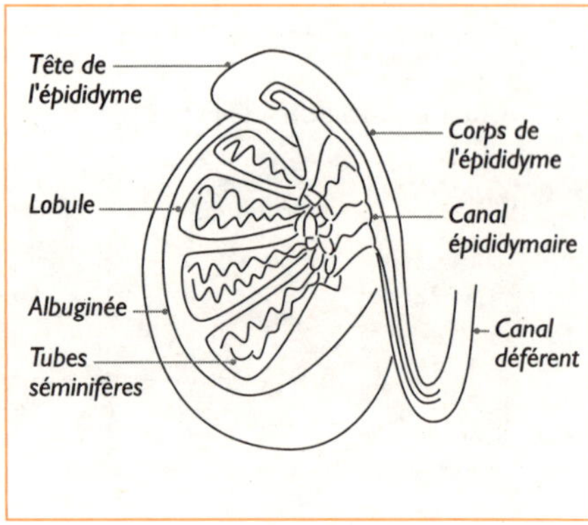

Testicule

Éléments	Anatomie	Fonctions
Testicules	Ce sont deux organes situés à la racine des cuisses, de forme ovoïde, contenus dans un ensemble d'enveloppes appelé bourses ou scrotum permettant de maintenir les testicules à une température inférieure à celle du corps. Chaque testicule est constitué d'un grand nombre de lobules formés de tubes séminifères. Entre ces tubes, il existe des îlots de cellules particulières (cellules de Leydig) ayant une fonction endocrine.	**Fabrication des spermatozoïdes** **Sécrétion de la testostérone**
Épididyme	C'est un organe appliqué à la partie supérieure de chaque testicule.	**Après leur fabrication, les spermatozoïdes y séjournent une dizaine de jours.** **Ce passage est nécessaire à leur maturation.**
Canaux déférents	Ce sont des conduits qui vont de l'épididyme à l'ampoule déférentielle.	**Conduction des spermatozoïdes jusqu'à l'urètre.** **Stockage des spermatozoïdes dans l'ampoule déférentielle entre les éjaculations.**
Vésicules séminales	Ce sont deux réservoirs situés derrière la prostate.	**Sécrétion du liquide séminal (fructose + prostaglandines).**
Prostate		**Sécrétion d'un liquide de dilution pour les spermatozoïdes.**
Glandes de Cowper	Ce sont deux glandes situées sous la prostate.	**Fabrication de sécrétions alcalines qui s'ajoutent à celles de la prostate et au liquide séminal.**
Verge	Elle est composée de deux corps caverneux et d'un corps spongieux qui sont des organes érectibles. Elle se termine à son extrémité par le gland recouvert d'un repli cutané : le prépuce.	Organe de la copulation.
Urètre		Conduction de l'urine (voir chapitre sur l'appareil urinaire). **Conduction du liquide spermatique.**

2 – Physiologie

a - la spermatogenèse

La spermatogenèse représente l'ensemble des phénomènes aboutissant à la formation des spermatozoïdes. C'est un phénomène continu, d'une durée de 70 à 78 jours, débutant à la puberté et se poursuivant jusqu'à un âge avancé.

La spermatogenèse a lieu dans la paroi des tubes séminifères : elle commence à la périphérie des tubes et se poursuit vers la lumière des tubes.

Les cellules souches, appelées **spermatogonies** et situées à la périphérie des tubes séminifères, se multiplient. Certaines de ces spermatogonies, après une croissance, commencent une phase de maturation et deviennent des **spermatocytes de premier ordre (spermatocytes I)**, cellules diploïdes à 2n chromosomes.

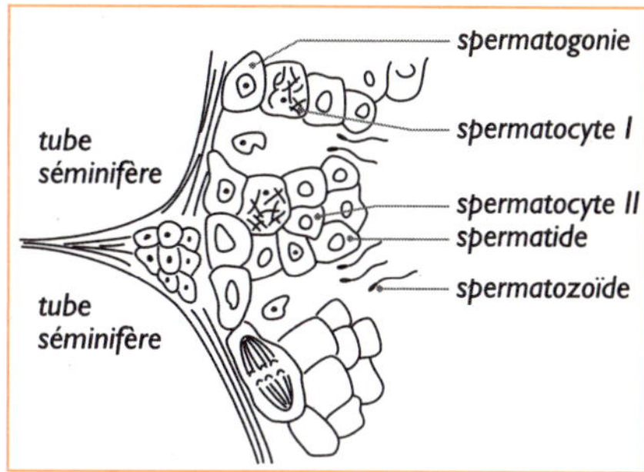

Coupe transversale : tubes séminifères

Chaque spermatocyte I subit une méiose, donnant ainsi **2 spermatocytes de deuxième ordre (spermatocytes II)** qui sont des cellules haploïdes à n chromosomes, puis 4 **spermatides**.

Ces spermatides, arrivées à la lumière du tube, se différencient en **spermatozoïdes**. Ces spermatozoïdes, libérés dans la lumière du tube, sont acheminés vers l'épididyme où ils subiront une maturation leur permettant d'acquérir leur mobilité.

Le spermatozoïde est une très petite cellule composée de trois parties :

– la tête renfermant le noyau, donc l'information génétique ;

– la pièce intermédiaire contenant les mitochondries et les centrioles ;

– le flagelle permettant le déplacement de la cellule.

Un spermatozoïde contient n chromosomes et a une durée de vie de 48 à 72 heures environ.

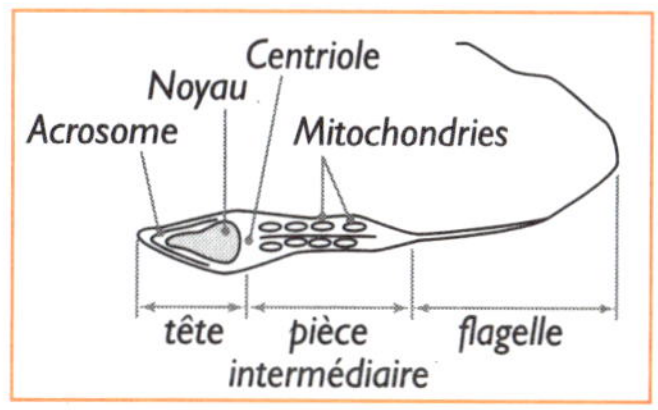

Schéma d'un spermatozoïde

Le sperme est un liquide visqueux, opalin, composé de spermatozoïdes et des liquides sécrétés par la prostate, les glandes de Cowper, les vésicules séminales et l'épididyme. À chaque éjaculation, un volume de 2,5 à 5 cm^3 est émis. Un mm^3 de sperme contient environ 40 millions de spermatozoïdes.

b - la fonction hormonale des testicules

Les cellules de Leydig situées entre les tubes séminifères, élaborent des hormones androgènes dont la principale est la testostérone. Cette hormone induit l'apparition de caractères sexuels secondaires : pilosité, développement de la masse musculaire, maturation de la voix, et assure le maintien de ces caractères chez l'adulte. La testostérone stimule la spermatogenèse et la sécrétion des vésicules séminales.

C - Régulation hormonale et contrôle de l'activité sexuelle

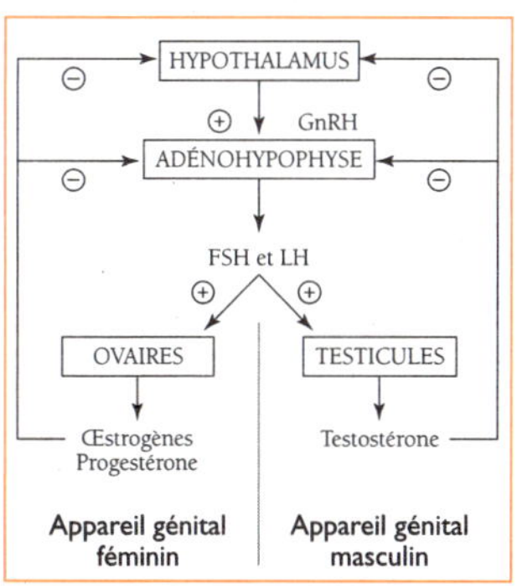

Le fonctionnement des ovaires et des testicules est sous le contrôle du système hypothalamo-hypophysaire.

À la puberté, l'hypothalamus produit en quantités plus grandes une neurohormone appelée GnRH. Cette hormone, par voie sanguine, induit la sécrétion par l'adénohypophyse de deux hormones :

– la FSH, hormone folliculo-stimulante ;

– la LH, hormone lutéinisante.

Ces deux hormones agissent alors au niveau des ovaires, qui vont produire des œstrogènes et de la progestérone, et au niveau des testicules, qui vont fabriquer de la testostérone.

Dès que les taux sanguins des hormones ovariennes et testiculaires atteignent un certain seuil, cela se traduit par un **rétrocontrôle négatif au niveau de l'hypothalamus et de l'hypophyse** entraînant une diminution de la fabrication de GnRH, FSH et LH.

II - La fécondation

A - Définition

La fécondation est l'union d'un gamète mâle (le spermatozoïde) à un gamète femelle (ovocyte) aboutissant à la formation d'un œuf (zygote).
Par l'union de deux cellules possèdant 23 chromosomes, la fécondation a pour résultat la reconstitution d'une cellule à 46 chromosomes.

B - Étapes de la fécondation

Les spermatozoïdes, lors du rapport sexuel, sont déposés au fond du vagin et sont attirés par la glaire qui recouvre le col de l'utérus. La glaire cervicale joue alors le rôle d'un filtre sélectif et ne laisse pas passer tous les spermatozoïdes. Certains pénètrent donc dans la cavité utérine puis dans les trompes utérines : ce déplacement s'effectue grâce au flagelle et aux contractions de la musculature utérine et tubaire.
Lors de ce passage dans les voies génitales, au contact des sécrétions utérines et tubaires, les spermatozoïdes subissent un processus de maturation leur conférant leur pouvoir fécondant : c'est la capacitation.

C'est au niveau du tiers externe de la trompe que les gamètes mâles rencontrent l'ovocyte.

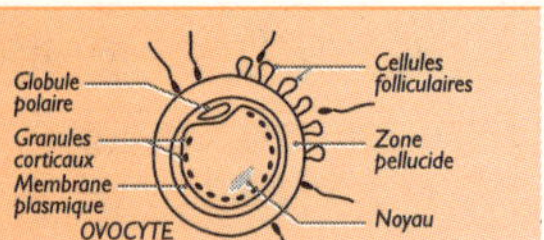	Les spermatozoïdes parviennent au contact de la zone pellucide. Les acrosomes des spermatozoïdes libèrent des enzymes qui détruisent la zone pellucide
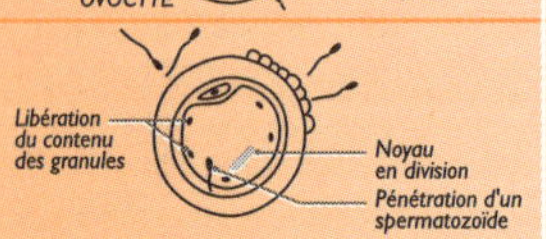	Un seul spermatozoïde traverse la membrane de l'ovocyte (monospermie) et pénètre dans le cytoplasme de l'ovocyte. Dès lors, des modifications au niveau des granules de la zone périphérique de l'ovocyte empêchent la pénétration d'autres spermatozoïdes. La pénétration du spermatozoïde déclenche l'achèvement de la méiose de l'ovocyte qui est alors appelé ovule.
	Les noyaux de l'ovule et du spermatozoïde augmentent de volume et prennent chacun le nom de pronucléus. Les deux pronucléi fusionnent et donnent une cellule contenant 23 paires de chromosomes : 23 chromosomes maternels et 23 chromosomes paternels.

III - La gestation

A - Premières étapes conduisant à la formation de l'embryon

1 – La segmentation

L'œuf fécondé se divise mais sans augmenter de volume : c'est la **segmentation**. Cet œuf se divise en 2, 4, 8, 16… cellules appelées blastomères.
L'œuf subit alors des transformations et prend le nom de blastocyste. Ce blastocyste est constitué :
- d'une couche externe de cellules : le trophoblaste ;
- d'un amas cellulaire interne : le bouton embryonnaire ou embryoblaste ;
- d'une cavité remplie de liquide : le blastocèle.

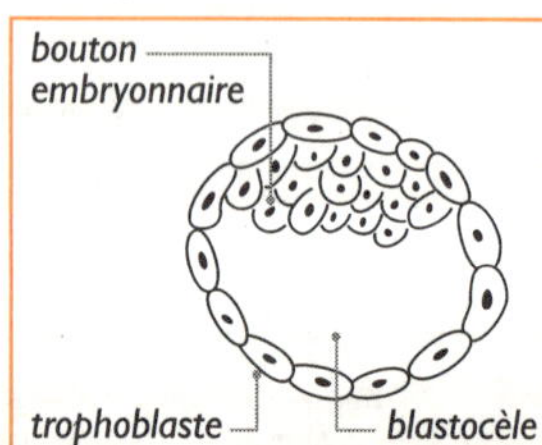

2 – La migration

Pendant les divisions cellulaires, l'œuf est transporté vers l'utérus : c'est la **migration**.
Ce déplacement est possible grâce :
- aux mouvements des cils vibratiles des trompes ;
- au courant des sécrétions de la muqueuse tubaire ;
- aux contractions de la trompe.

Quatre à cinq jours sont nécessaires pour que l'œuf parvienne dans l'utérus.

3 – La nidation

C'est **l'implantation de l'œuf dans la cavité utérine**.

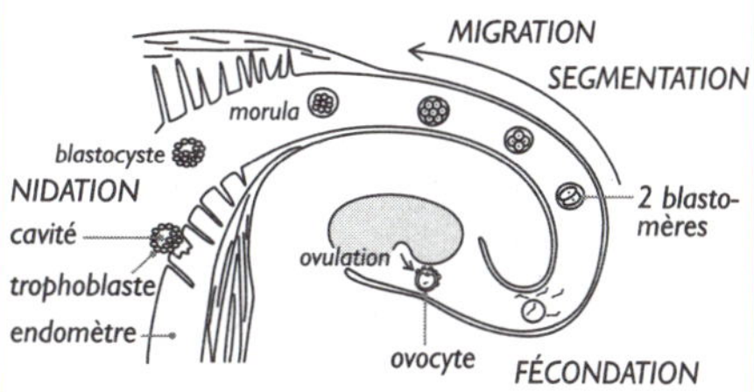

Pour que la nidation soit possible, il faut que :
- la muqueuse utérine soit apte à recevoir l'œuf : épaisse, richement vascularisée ;
- le blastocyste soit à un stade précis de développement.

La nidation débute après un flottement du blastocyste de quelques jours dans la cavité utérine. Elle est achevée environ 9 jours après la fécondation. Pour permettre au blastocyste de s'implanter, les cellules du trophoblaste détruisent les cellules de l'endomètre et érodent la muqueuse utérine formant ainsi des lacunes. Les cellules du trophoblaste se ramifient alors en villosités (ou racines) baignant dans les lacunes sanguines alimentées par les vaisseaux sanguins maternels. Les sangs maternel et fœtal ne se mélangent jamais.

B - Le placenta

1 – Formation et structure

Le placenta est constitué :
- d'éléments d'origine fœtale dérivant du trophoblaste qui prolifère et forme des villosités ;
- d'éléments d'origine maternelle formés par la muqueuse utérine.

Le placenta a la forme d'un disque de 3 à 5 cm d'épaisseur, de 20 cm de diamètre et une masse de 500 g. Il permet les échanges fœto-maternels qui s'effectuent au travers des parois des villosités.

2 – Fonctions

Fonction nutritionnelle	Le placenta permet l'approvisionnement en dioxygène du fœtus. Le placenta assure la nutrition du fœtus : des nutriments variés (eau, vitamines, sucres, éléments minéraux, acides aminés…) présents dans le sang maternel traversent la barrière placentaire et sont acheminés vers l'embryon. Le placenta permet d'éliminer les déchets : dioxyde de carbone, urée, ammoniac…
Fonction de protection	Certains anticorps maternels franchissent le placenta et protégeront l'enfant les premiers mois de sa vie. Le placenta est un barrière efficace pour un certain nombre de micro-organismes. Cependant cette protection est relative car les virus et certains parasites traversent facilement la barrière placentaire de même que certaines substances toxiques (nicotine, alcool, caféine…) Un certain nombre de médicaments traversent le placenta. Cette caractéristique est intéressante quand il est envisagé une thérapie par voie maternelle, mais certains médicaments sont un danger pour le fœtus.
Fonction endocrine	Le placenta contribue à l'équilibre hormonal de la grossesse : • dès la nidation, le placenta sécrète l'hormone gonadotrophine chorionique (HCG), qui stimule le corps jaune ; • le placenta reste la principale source d'œstrogènes et progestérone durant la grossesse.

C - La gestation

La gestation est la période qui s'étend de la fécondation à l'accouchement. Elle a une durée de 270 à 280 jours. On distingue deux périodes.

La période embryonnaire : les deux premiers mois. Les tissus se différencient, les différents organes se mettent en place. Dès le début de cette période, le bouton embryonnaire se dispose progressivement en trois feuillets : l'ectoblaste qui donnera l'épiderme, le tissu nerveux, les organes des sens et les épithéliums des muqueuses externes, le mésoblaste qui donnera le squelette, les muscles, les appareils circulatoire, génital et urinaire, le tissu conjonctif, l'endoblaste qui donnera les glandes digestives, les épithéliums des appareils digestif, urinaire et respiratoire.

La période fœtale : les sept mois suivants. Ces mois correspondent à la maturation des organes et à la croissance du fœtus.

Durant la gestation, embryon et fœtus sont entourés par le liquide amniotique et sont reliés au placenta par le cordon ombilical qui contient la veine ombilicale et les artères ombilicales.

1 – Évolution de la taille et du poids au cours de la gestation

	Période embryonnaire	Période fœtale						
Durée	**2 mois**	**7 mois**						
	Cette période permet la mise en place des différents organes et systèmes	Les organes subissent des phénomènes de maturation et deviennent progressivement fonctionnels. Cette période se caractérise également par une augmentation importante de la taille et de la masse.						
		3 mois	4 mois	5 mois	6 mois	7 mois	8 mois	9 mois
Taille	La taille passe de 0,1 mm à 3 cm à la fin de la période embryonnaire	10 cm	15 cm	25 cm	30 cm	40 cm	45 cm	50 cm
Poids	11 g à la fin du deuxième mois	45 g	200 g	500 g	1 kg	1,8 kg	2,5 kg	3,2 kg

2 – Modifications de la sécrétion hormonale durant la gestation

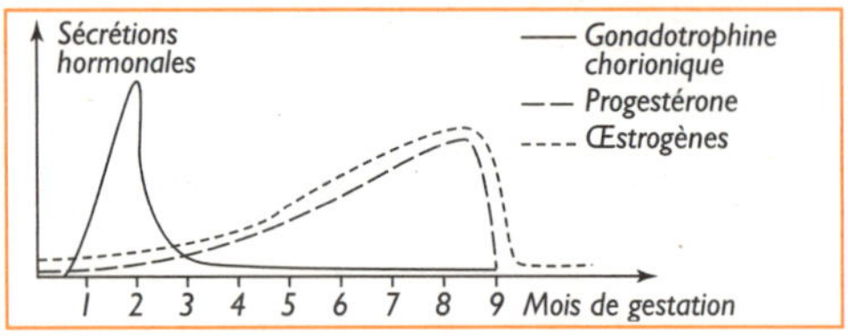

Durant la gestation sont fabriqués des œstrogènes, de la progestérone et l'hormone gonadotrophine chorionique (HCG). L'HCG est fabriquée par le trophoblaste dès la nidation. Cette hormone stimule le corps jaune ovarien qui sécrète des quantités de plus en plus importantes d'œstrogènes et progestérone. La concentration sanguine de l'HCG augmente les deux premiers mois de la gestation, pour chuter brusquement et se maintenir à un niveau bas durant le reste de la grossesse. La détection de cette hormone dans les urines quelques jours après le retard des règles est un moyen de diagnostic de la grossesse.

Les œstrogènes et la progestérone sont sécrétés par le corps jaune les deux premiers mois, puis par le placenta en quantités croissantes jusqu'à la fin du neuvième mois. Leur taux chute brutalement à l'accouchement.

IV - Maîtrise de la reproduction

A - La contraception

La contraception est l'ensemble des procédés qui s'opposent de façon temporaire à la survenue d'une grossesse. Une méthode de contraception doit être efficace, réversible, facile d'utilisation, inoffensive pour l'utilisateur.

Les principales méthodes de contraception

		Principes
Méthodes naturelles	Méthode Ogino	Les méthodes naturelles sont toutes basées sur la connaissance du cycle ovarien. La date d'ovulation peut être repérée quand les cycles sont réguliers. Compte tenu de la durée de vie des gamètes dans les voies génitales, les périodes où la femme est féconde peuvent être calculées : le couple s'abstiendra de rapports durant celles-ci.
	Méthode des températures	La température rectale est prise tous les matins et permet de repérer la date d'ovulation (température > 37° C). Comme précédemment cette méthode est fondée sur des périodes d'abstinence de rapports.
	Observation de la glaire cervicale	Le couple s'abstient de rapports sexuels au moment où la glaire est transparente, a l'aspect d'une gelée puisque cela correspond à la période d'ovulation.
Méthodes mécaniques	Diaphragme	C'est une coupole en latex placée sur le col de l'utérus au moment des rapports sexuels. Cette coupole s'oppose au passage des spermatozoïdes du vagin vers la cavité utérine.
	Stérilet ou dispositif intra-utérin	Il est placé, par un médecin, dans la cavité utérine. Le stérilet : – crée une réaction inflammatoire au niveau de la muqueuse utérine empêchant la nidation ; – quand il contient du cuivre, il a une action cytotoxique sur le blastocyste.
	Préservatif	C'est une fine enveloppe en latex placée sur la verge en érection avant le rapport sexuel. Le préservatif retient le sperme et l'empêche de pénétrer dans le vagin.
	Spermicides	Ils se présentent sous forme d'ovules, crèmes ou tampons déposés au fond du vagin avant le rapport sexuel. Ils immobilisent et détruisent les spermatozoïdes.
Méthodes orales	Pilules combinées	Ces pilules associent œstrogènes et hormones progestatives. Elles agissent à trois niveaux : – elles bloquent l'ovulation par le rétrocontrôle exercé sur l'axe hypothalamo-hypophysaire : plus de libération de FSH et LH donc plus de maturation de follicule ; – elles rendent la glaire cervicale imperméable au passage des spermatozoïdes ; – elles inhibent la croissance de l'endomètre, le rendant impropre à la nidation.
	Pilules progestatives	Les comprimés ne contiennent qu'une faible dose de progestatif administrée de manière continue. Ces pilules ne bloquent pas l'ovulation, elles rendent la glaire cervicale imperméable aux spermatozoïdes et l'endomètre impropre à la nidation.
	« Pilule du lendemain »	Il s'agit d'une contraception post-coïtale. Cette pilule est fortement dosée en œstrogènes. Prise dans les 60 à 72 heures qui suivent le rapport sexuel, elle induit des métrorragies rendant l'endomètre impropre à la nidation. Non dénuée d'effets secondaires, son utilisation doit rester exceptionnelle.

B - Les stérilités

Les couples qui n'ont pas d'enfant après deux ans de rapports sexuels réguliers sans contraception sont considérés comme stériles.

La stérilité peut être :

– une stérilité féminine ;

– une stérilité masculine.

1 – Les stérilités féminines

Les stérilités féminines ont des étiologies variées.

Origines mécaniques : trompes obstruées ne permettant pas la rencontre des gamètes, malformations utérines.

Origines hormonales : mauvais fonctionnement du complexe hypothalamo-hypophysaire ne permettant pas la maturation d'un follicule (cycle anovulatoire).
Anomalies de la glaire cervicale : glaire imperméable aux spermatozoïdes. Dans des cas rares, la glaire est « hostile » au sperme du conjoint.

2 – Les stérilités masculines

Les stérilités masculines sont dues soit à l'absence de spermatozoïdes avec pour origine des problèmes infectieux ou hormonaux, soit à des anomalies des gamètes (nombre insuffisant, absence de mobilité). Parfois, les spermatozoïdes sont fabriqués mais ne peuvent être évacués à cause de l'oblitération des canaux.

C - Insémination artificielle, fécondation *in vitro*

En fonction de leur origine, certaines stérilités peuvent être traitées : intervention chirurgicale pour reperméabiliser les trompes, traitement hormonal pour stimuler la gamétogenèse. D'autres méthodes permettent de pallier la stérilité.
L'insémination artificielle avec donneur est proposée à un couple dont le mari est stérile. Le sperme d'un donneur est introduit dans l'utérus de la femme.
La fécondation *in vitro* avec transfert d'embryon (FIVETE) est surtout proposée au couple dont la femme présente une stérilité tubaire. La fécondation et les premières étapes du développement de l'embryon se déroulent, non pas dans la trompe, mais *in vitro* (en éprouvette). Les ovules, après stimulation ovarienne, sont prélevés chez la femme, placés en éprouvette à 37 °C avec des spermatozoïdes ayant subi une capacitation en milieu artificiel. Après quelques jours de développement, un à trois embryons sont transférés dans la cavité utérine.

V - Hygiène

A - Définition des MST

Une maladie sexuellement transmissible (MST) est une maladie qui se contracte par voie sexuelle. Les maladies sexuellement transmissibles sont dues à des agents pathogènes variés : bactéries, virus, champignons, protozoaires.

B - Principales MST

	Germe responsable	Nom de la maladie	Symptômes	Remarques
BACTÉRIES	Chlamydia trachomatis	Chlamydiose	Chez l'homme : urétrite se manifestant par des brûlures urinaires. Chez la femme : urétrite (inflammation de l'urètre) et cervicite (inflammation du col de l'utérus) se manifestant par des pertes hémorragiques. Cette maladie peut entraîner une salpingite (inflammation des trompes) et une stérilité.	C'est la plus fréquente des MST. La transmission peut aussi se faire de la mère à l'enfant au moment de l'accouchement.
	Gonocoque (Neisseria gonorrhœae)	Blennoragie ou gonococcie	Chez l'homme : urétrite aigüe se manifestant par des brûlures urinaires. Chez la femme : souvent sans symptômes, parfois avec leucorrhées (écoulement de la muqueuse). Peut entraîner une stérilité.	La transmission peut aussi se faire de la mère à l'enfant au moment de l'accouchement (ophtalmie purulente du nouveau-né).
	Remarque : pour les salpingites, *chlamydia trachomatis* est à l'origine de 30 à 50 % des cas et le gonocoque de 15 à 20 %			
	Tréponema pallidum	Syphilis	Au début : apparition d'une lésion indolore (bouton ou plaie non suintante) : chancre, au niveau de l'appareil génital (verge, vulve, col utérin…)	La transmission peut être transplacentaire et se faire de la mère à l'enfant au moment de l'accouchement.

			Sans soins, la maladie poursuit son évolution de manière insidieuse. On distingue trois stades : syphilis primaire, syphilis secondaire et syphilis tertiaire qui aboutit à de graves complications nerveuses ou cardio-vasculaires.	
	Mycoplasme (*Uréaplasma uréalyticum, mycoplasma hominis*)	Infection à mycoplasme	Chez l'homme : urétrite Chez la femme : urétrite et cervicite avec évolution possible vers une salpingite	Infection fréquente.
VIRUS	Deux virus : Herpès virus type 1, Herpès virus type 2	Herpès	Vésicules en bouquets, douloureuses. L'herpès réapparaît par poussées irrégulières.	La contamination au nouveau-né est possible lors de l'accouchement, avec des complications graves pour l'enfant.
	Virus VIH	Sida (syndrome d'immunodéficience acquise)	Les manifestations de la maladie sont très variables : ganglions, fièvre, amaigrissement, asthénie, infections opportunistes...	La contamination peut aussi avoir lieu par voie sanguine, et également de la mère à l'enfant. L'évolution, malgré l'amélioration apportée par les trithérapies, est encore souvent fatale.
	Virus VHB	Hépatite B	Fatigue, ictère (jaunisse) avec une évolution possible vers une cirrhose ou un cancer du foie.	C'est une maladie fréquente. La contamination peut aussi avoir lieu par voie sanguine, et également de la mère à l'enfant.
	Papillomavirus	Condylomes génitaux	Papules rosées ou blanches ayant l'aspect de « crêtes de coq », peu visibles, situées sur la verge, l'anus, la vulve ou le col utérin.	Infection très fréquente et très contagieuse. En l'absence de traitement, cette infection peut évoluer vers des lésions précancéreuses.
	Trichomonas vaginalis **(protozoaire)**	Trichomonase	Chez l'homme : souvent aucun signe Chez la femme : vulvo-vaginite avec démangeaisons.	Infection bénigne très fréquente.
	Candida albicans **(champignon)**	Mycose génitale	Chez l'homme : peu de signes Chez la femme : vulvo-vaginite avec pertes vaginales.	Infection très fréquente.

C - Prévention

La prévention des maladies sexuellement transmissibles s'articule autour de plusieurs axes.

1 – L'hygiène

Une toilette quotidienne des organes génitaux avec change des sous-vêtements est indispensable. L'utilisation de linge et matériels (rasoir, brosse à dents) personnels est vivement conseillée.

2 – Les rapports sexuels protégés

Le préservatif demeure un excellent moyen de protection contre les MST.
La limitation du nombre de partenaires, la connaissance de ses partenaires permettent également de limiter les risques de contracter une MST.

3 – La vaccination

Elle n'existe actuellement que pour l'hépatite B. Des campagnes de vaccinations ont été mises en place dans les collèges jusqu'en 1998.

4 – La surveillance

Elle permet de détecter les premiers signes (écoulements, vésicules...) et d'envisager une consultation médicale rapidement.
La mise en route d'un traitement évite les complications à long terme, notamment les risques de stérilité chez la femme. Les dépistages (syphilis, hépatite, sida...), en révélant au patient sa maladie, permettent de rompre la chaîne de contamination.

CHAPITRE 9

EXERCICES

FONCTION DE REPRODUCTION

1 – *Reliez chaque processus à un élément de l'appareil génital féminin.*

menstruations	ampoule de la trompe
transport de l'œuf	isthme de la trompe
fécondation	endomètre
accouplement	vagin

2 – *Annotez le schéma.*
Mentionnez par des croix de couleurs différentes sur le schéma les lieux d'action :
- de la pilule combinée
- du stérilet
- du diaphragme

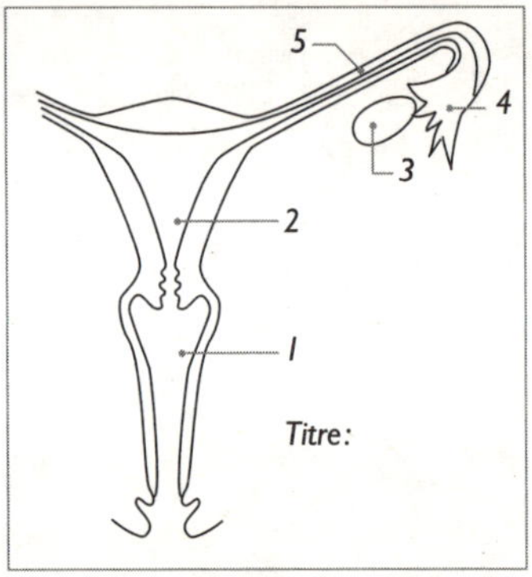

3 – *Associez les éléments aux appareils en reportant dans les cases ci-dessous les chiffres et les lettres correspondants.*

A	Prostate
B	Glandes de Bartholin
C	Épididyme
D	Canal déférent
E	Glandes de Cowper
F	Endomètre

1	Appareil génital féminin
2	Appareil génital masculin

A		B		C	
D		E		F	

4 – *Remettez dans l'ordre les étapes suivantes du cycle féminin.*
ovulation - menstruation - pic de LH - formation du corps jaune - maturation du follicule

5 – *Remettez dans l'ordre chronologique les lieux de cheminement du spermatozoïde.*
canal déférent - tube séminifère - urètre - épididyme

6 – *Le cycle ovarien : complétez le tableau ci-dessous.*

7 – *Associez chaque fonction à un élément.*

	Première phase	Deuxième phase
Hormone ovarienne principalement sécrétée		
Aspect de l'endomètre		
Température corporelle		
Aspect de la glaire cervicale		

a) fabrication de testostérone	1) glaire cervicale
b) filtrage du sperme	2) cellule de Leydig
c) fabrication de progestérone	3) corps jaune

■ **8** – *Entourez la ou les bonnes réponses.*

Le gamète féminin :
a) contient 22 chromosomes + 1 chromosome Y
b) est émis hors de l'ovaire lors de l'ovulation
c) a une durée de vie de 72 heures

Les spermatozoïdes :
a) sont fabriqués en permanence de la naissance à la mort
b) sont mobiles dès leur formation dans les tubes séminifères
c) contiennent 23 chromosomes

■ **9** – *Définissez les termes suivants.*

– fécondation – segmentation
– nidation – contraception

■ **10** – *Donnez la signification des sigles suivants.*

– MST – SIDA – FIVETE

■ **11** – Comparaison du fonctionnement des glandes sexuelles chez l'homme et la femme : *complétez le tableau ci-dessous.*

	Fonctionnement (Précisez si le fonctionnement est cyclique ou continu)	Nom du gamète	Lieu de fabrication du gamète	Durée de vie du gamète	Nombre de gamètes produits	Hormones fabriquées
Femme						
Homme						

■ **12** – *Répondez aux affirmations suivantes par vrai ou faux.*

		V	F
PLACENTA	a) est constitué d'éléments d'origine embryonnaire et d'origine maternelle		
	b) fabrique uniquement l'hormone HCG		
	c) secrète œstrogènes, progestérone et HCG		
	d) s'oppose au passage de tous les virus		
GESTATION	e) la période embryonnaire débute au 3e mois		
	f) la période fœtale permet la maturation des organes		
	g) la gestation a une durée moyenne de 300 jours		
	h) à la naissance le nouveau-né pèse en moyenne 3,2 kg et mesure 50 cm		

■ **13** – *Le placenta est un organe d'échange. Pour les éléments suivants, par des flèches, montrez dans quels sens s'effectuent les échanges.*

Exemple : Urée
Vitamines
Dioxygène
Dioxygène de carbone
Virus
Médicaments
Nicotine
Anticorps
Éléments minéraux

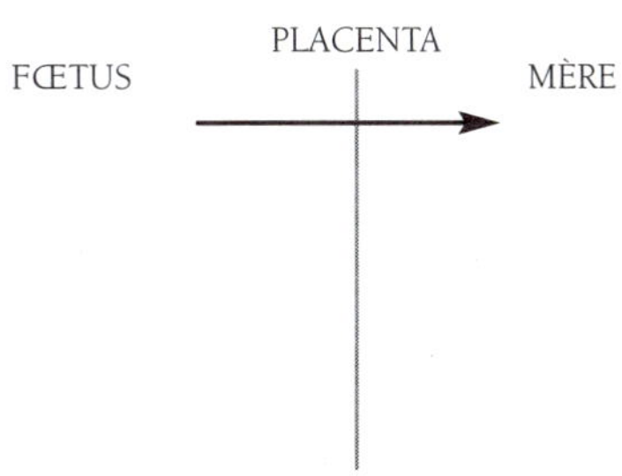

1 – Menstruations et endomètre ; transport de l'œuf et isthme de la trompe ; fécondation et ampoule de la trompe ; accouplement et vagin.

2 – ***Titre : appareil génital féminin.*** 1 : vagin - 2 : utérus - 3 : ovaire - 4 : pavillon de la trompe - 5 : trompe de Fallope.
Pilule combinée : croix au niveau de l'ovaire, de l'utérus (endomètre) et du col de l'utérus (glaire cervicale).
Stérilet : croix au niveau de l'utérus.
Diaphragme : croix au niveau du col de l'utérus (s'oppose au passage des spermatozoïdes).

3 – A2 - B1 - C2 - D2 - E2 - F1.

4 – Menstruations - Maturation du follicule - Pic de LH - Ovulation - Formation du corps jaune.

5 – Tube séminifère - Épididyme - Canal déférent - Urètre.

6

	Première phase	**Deuxième phase**
Hormone ovarienne principalement sécrétée	Œstradiol	Progestérone
Aspect de l'endomètre	Mince	Épais, aspect en dentelle
Température corporelle	< 37° C	> 37° C
Aspect de la glaire cervicale	Fluide et claire	Abondante et filante

7 – a et 2 ; b et 1 ; c et 3.

8 – Gamète féminin, réponse exacte : b
Gamète masculin, réponse exacte : c

9 – Fécondation : union d'un gamète mâle à un gamète femelle aboutissant à la formation d'un œuf.
Nidation : implantation de l'œuf dans la cavité utérine (dans l'endomètre).
Segmentation : divisions successives de l'œuf fécondé.
Contraception : ensemble des méthodes s'opposant, de façon temporaire, à la survenue d'une grossesse.

10 – MST : maladie sexuellement transmissible.
SIDA : syndrome d'immunodéficience acquise.
FIVETE : fécondation *in vitro* avec transfert d'embryon.

11

	Fonctionnement (Précisez si le fonctionnement est cyclique ou continu)	Nom du gamète	Lieu de fabrication du gamète	Durée de vie du gamète	Nombre de gamètes produits	Hormones fabriquées
Femme	Cyclique. Cycle de 28 jours de la puberté à la ménopause	Ovocyte	Ovaires	6 à 24 heures	1 par cycle	Œstrogènes Progestérone
Homme	Continu de la puberté à la mort	Spermatozoïde	Tubes séminifères	48 à 72 heures	40 millions par mm^3 de sperme	Testostérone

12 – a : vrai ; b : faux ; c : vrai ; d : faux ; e : faux ; f : vrai ; g : faux ; h : vrai.

13 – Vitamines : de la mère au fœtus. Éléments minéraux : de la mère au fœtus.
Dioxygène : de la mère au fœtus. Dioxyde de carbone : du fœtus à la mère. Virus : de la mère au fœtus.
Médicaments : de la mère au fœtus. Nicotine : de la mère au fœtus. Anticorps : de la mère au fœtus.

CHAPITRE 10 SYSTÈME ENDOCRINIEN ET MAINTIEN DU MILIEU INTÉRIEUR

Le bon fonctionnement des cellules de l'organisme nécessite un environnement stable, indépendant des fluctuations du milieu extérieur (température ambiante, apports de nourriture, etc.).

I - Milieu intérieur et homéostasie

Le milieu intérieur est le milieu de vie des cellules, c'est-à-dire la lymphe interstitielle ; on y inclut aussi le plasma et la lymphe canalisée.
Ces liquides assurent le renouvellement de la lymphe interstitielle (encore appelée liquide interstitiel), leur composition est très proche.

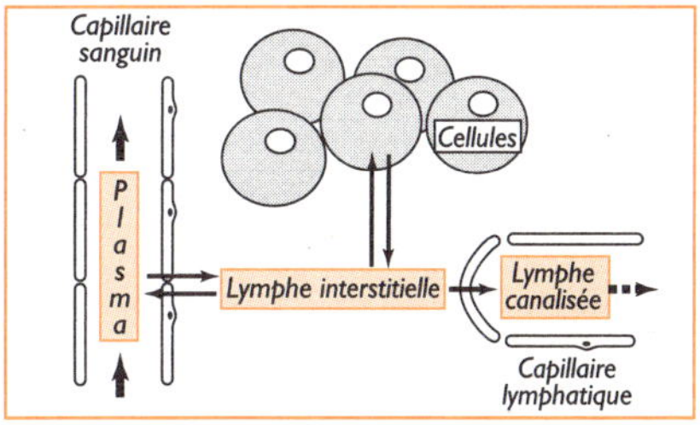

Les cellules vivantes échangent des substances avec le milieu intérieur (captation de O_2, de substances nutritives, libération de CO_2, de déchets du métabolisme) et tendent à le modifier.
L'homéostasie, c'est le maintien de la constance du milieu intérieur.
Les principaux paramètres dont la valeur est maintenue sensiblement constante sont :
– de nature physique : température, volume, pression osmotique, pH ;
– de nature chimique : concentration du glucose, concentration des ions Na^+, K^+, Ca^{2+}.

Deux systèmes de régulation, le **système nerveux végétatif** et le **système endocrine**, permettent le contrôle de l'activité des cellules des tissus et de certains organes spécialisés (foie, reins…) de manière à assurer l'homéostasie.

II - Le système endocrinien

A - Glande endocrine et hormones

Une glande est dite endocrine quand elle déverse sa sécrétion dans le milieu intérieur.

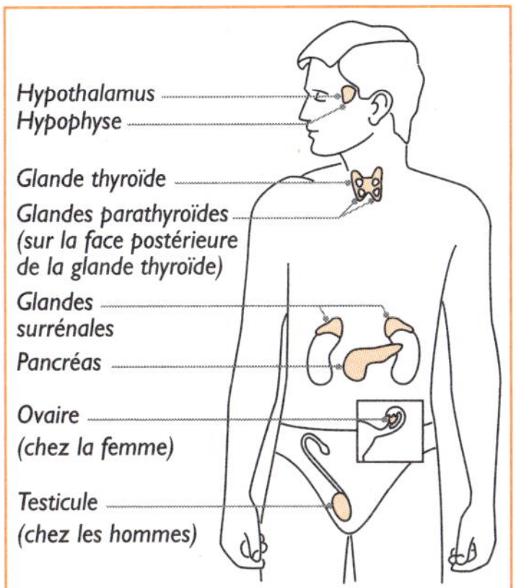

Localisation des principales glandes endocrines

Les glandes endocrines sont dispersées dans l'organisme. Les glandes endocrines étant richement vascularisées, les molécules sécrétées, appelées « hormones » passent rapidement dans le sang.
Le pancréas possède une fonction endocrine et une fonction exocrine (sécrétion du suc pancréatique par un canal sécréteur). L'hypothalamus est une formation nerveuse qui possède une fonction endocrine.
Une hormone est une substance chimique, sécrétée dans le milieu intérieur, transportée par le sang, active sur des cellules cibles dont elle modifie l'activité.
L'hormone, répartie dans tout l'organisme par la circulation sanguine, permet donc d'agir à distance, à

distance, à très faible concentration, sur toute cellule possédant des récepteurs spécifiques à sa surface et donc susceptible de la capter (cellule cible de l'hormone).
Les hormones participent aux processus de croissance, de défense, de reproduction, de régulation du métabolisme, et de régulation de la composition du milieu intérieur.

B - Hormones et homéostasie

Principales hormones agissant sur l'homéostasie (la régulation de la glycémie est vue dans la partie III).

Hormone	Glande sécrétrice	Rôle
ADH ou hormone antidiurétique	Hypophyse antérieure (ou lobe glandulaire de l'hypophyse)	Elle est nécessaire à la réabsorption de l'eau de la pré-urine et assure le contrôle du volume urinaire. Rôle principal dans le maintien de la pression osmotique du milieu intérieur, par contrôle de l'élimination de l'eau.
Aldostérone	Surrénale : partie cortico-surrénale	Elle est nécessaire à la réabsorption du Na^+ de la pré-urine, ainsi qu'à la sécrétion de K^+. Rôle principal dans la régulation des concentrations en Na^+ et K^+ du milieu intérieur et indirectement dans le maintien de son volume.
Parathormone ou PTH	Parathyroïdes	Elle favorise le maintien du Ca^{2+} dans le milieu intérieur en accroissant son absorption intestinale et sa libération par l'os. Rôle essentiel dans le maintien de la calcémie, en synergie avec la vitamine D.

III - Régulation de la glycémie et ses troubles

A - La glycémie

1– Définitions

La glycémie est le taux de glucose sanguin.
Elle varie légèrement en fonction des apports alimentaires ; sa détermination se fait à jeun ; la valeur normale est proche de 1 g L^{-1} ou 5,5 mmol L^{-1} (limites de 0,8 g L^{-1} à 1,1 g L^{-1} admises).
La **glycosurie** est la présence de glucose dans l'urine. Cette présence est anormale et témoigne d'une hyperglycémie marquée. Les capacités de réabsorption du glucose de la pré-urine sont dépassées lorsque la glycémie est supérieure à 1,8 g L^{-1} (voir excrétion rénale).

2 – Hormones et glycémie

Certaines hormones sont essentielles au maintien de la glycémie. Elles présentent des effets antagonistes : hypo-glycémiant (tend à faire baisser la glycémie) ou hyper-glycémiant (tend à faire croître la glycémie).

Hormone		Glande sécrétrice	Effets principaux
Hypo-glycémiante	Insuline	Pancréas, précisément: cellules β des îlots de Langerhans	Permet la pénétration du glucose dans les cellules (muscles, tissu adipeux…). Stimule l'utilisation cellulaire du glucose : – oxydation et production d'énergie – stockage (glycogène) dans le foie et le muscle – synthèse de lipides dans le tissu adipeux.
Hyper-glycémiante	Glucagon	Pancréas, précisément : cellules α des îlots de Langerhans	Favorise la libération de glucose par le foie : – activation de la dégradation du glycogène – activation de la synthèse de glucose à partir de composés non glucidiques (acides aminés…).
	Cortisol	Surrénale: partie cortico-surrénale	Nécessaire à la synthèse de glucose par le foie ; provoque la libération d'acides aminés par les tissus pour permettre cette synthèse.

D'autres hormones interviennent de manière plus ponctuelle :

– l'adrénaline, sécrétée par la médullo-surrénale, à effet hyperglycémiant en cas de situation de stress;
– l'hormone de croissance hypophysaire, hyperglycémiante, antagoniste de l'insuline, chez le jeune.

3 – Régulation de la glycémie

Éléments de la glycémie

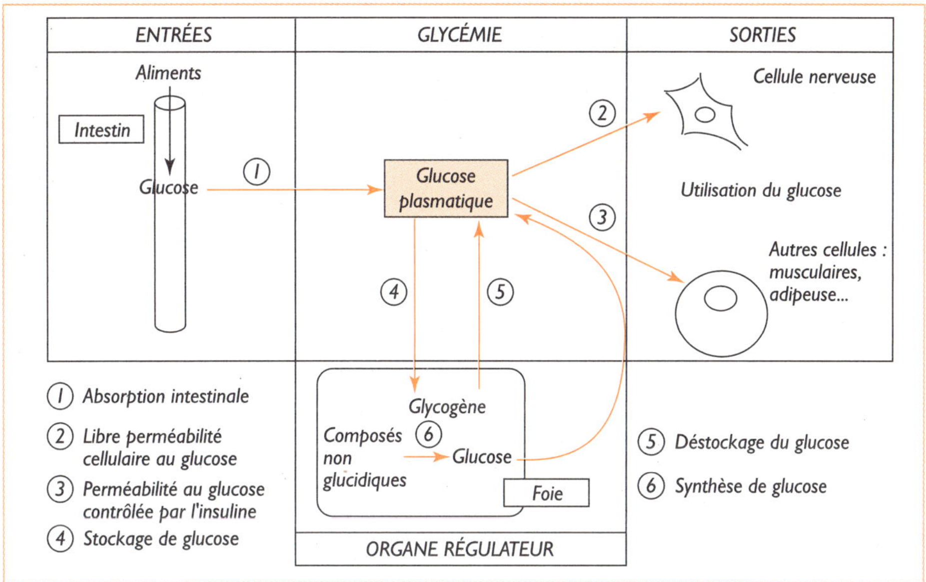

Nécessité de réguler : le glucose est la source d'énergie préférentielle des cellules, les cellules nerveuses sont librement perméables au glucose (voie 2), leur bon fonctionnement nécessite une glycémie proche de 1 g L^{-1}. En cas d'hyperglycémie ou d'hypoglycémie, des troubles apparaissent.

<table>
<tr><th colspan="2">Situation</th><th colspan="2">Réponse</th></tr>
<tr><td colspan="2">Faire face à un excès de glucose plasmatique (après un repas)</td><td colspan="2">Sécrétion d'insuline en réponse à un accroissement de la glycémie, les voies 3 et 4 sont activées.
Les hormones hyperglycémiantes ne sont pas sécrétées.</td></tr>
<tr><td rowspan="2">Faire face à un déficit de glucose plasmatique</td><td>Entre les repas</td><td>Mobilisation des réserves de glycogène du foie.</td><td>Le glucagon est sécrété, la voie 5 est activée.
L'insuline n'est plus sécrétée, les cellules utilisent moins facilement le glucose (remplacé par des acides gras), la voie 3 est désactivée.</td></tr>
<tr><td>En cas de jeûne</td><td>Production de glucose quand il n'y a plus de glycogène.</td><td>Le cortisol et le glucagon sont sécrétés, la voie 6 est activée.
Il n'y a plus d'insuline circulante et l'organisme économise le glucose au maximum.</td></tr>
</table>

B - Le diabète

Le diabète est une maladie due à une absence ou à une déficience d'action de l'insuline, il en résulte une hyperglycémie, de la glycosurie ; les symptômes apparents sont la polyurie (urine abondante), des sensations de soif et de faim accrues, l'asthénie.

Il existe deux types de diabètes présentant des caractéristiques différentes.

Caractéristiques	Diabète maigre, insulino-dépendant ou type I	Diabète gras, non insulino-dépendant ou type II
Déclenchement	Individus jeunes, apparition brusque (maladie auto-immune).	Individus d'âge mûr, présentant un excès de poids, facteur héréditaire important.
Origine	Absence d'insuline, cellules sécrétrices détruites.	Insuline sécrétée, perte de sensibilité des cellules cibles.
Traitement	Injection d'insuline, à dose adaptée. Régime alimentaire.	Insuline sans effet, amélioration obtenue grace à un régime amaigrissant et à une activité physique accrue. Traitement par des médicaments hypoglycémiants.
Troubles	Tous les symptômes du diabète, la mort peut survenir suite à un coma acido-cétonique (excès de corps cétoniques dû à l'utilisation de lipides par les cellules) ou une hypotension.	Symptômes atténués : l'hyperglycémie est généralement moins marquée, l'insuline conservant une certaine activité.

Le diabète non insulino-dépendant est plus fréquent (90 % des cas), son dépistage est réalisé lors de contrôles de glycémie et par des tests de recherche de glycosurie.

Les deux types de diabète donnent lieu aux mêmes complications, à plus ou moins long terme, surtout en cas de traitement inadapté ou inexistant.

Fonction touchée	Troubles	Prévention
Circulation	Risque accru d'athérosclérose (en rapport avec des anomalies du métabolisme lipidique) et de dégénérescence de vaisseaux sanguins. Troubles fréquents : – lésions rétiniennes, évoluant vers la cécité ; – infarctus cérébral ou cardiaque ; – artérites des membres inférieurs.	Traitement adapté assurant une régulation fine de la glycémie. Régime alimentaire, repas à heures régulières, aliments riches en fibres, pour éviter les pics d'hyperglycémie.
Défense	Infections plus fréquentes : pulmonaires, locales (furoncles...).	Activité physique adaptée.
Transmission nerveuse	Perte de sensibilité, troubles de la reproduction...	Surveillance des fonctions à risque.

EXERCICES

CHAPITRE 10

SYSTÈME ENDOCRINIEN ET MAINTIEN DU MILIEU INTÉRIEUR

■ *1* - Le milieu intérieur : *identifiez les liquides appartenant au milieu intérieur et complétez la liste si besoin.*

1	Plasma		6	Cytoplasme des cellules	
2	Urine		7	Liquide synovial	
3	Suc gastrique		8	Suc pancréatique	
4	Lymphe interstitielle		9	Bile	
5	Salive		10		

■ 2 - Les glandes endocrines : *complétez le tableau à l'aide de croix lorsque l'affirmation est vraie.*

N°	Affirmation	Vrai
1	Le terme homéostasie signifie le maintien de la température corporelle	
2	Les glandes endocrines libèrent leurs sécrétions dans le sang	
3	Le pancréas est une glande mixte, à la fois endocrine et exocrine	
4	L'hypothalamus, formation de l'encéphale, a une fonction endocrine	
5	L'hypophyse est reliée à l'hypothalamus	
6	Les hormones agissent sur toutes les cellules de l'organisme	
7	L'aldostérone favorise l'élimination d'eau dans l'urine	
8	L'ADH favorise la rétention d'eau dans l'organisme	
9	L'ADH est sécrétée par le rein	
10	La parathormone permet la rétention de sodium dans le milieu intérieur	

■ 3 - Régulation de la glycémie : *complétez les phrases avec les mots proposés.*

La glycémie varie en fonction des apports alimentaires de …... (1), et de l'…... (2) cellulaire. Elle est contrôlée par un mécanisme …... (3).

Après un repas, sous l'influence de l'…... (4) sécrétée par le pancréas, les cellules du …... (5) et du muscle stockent du glycogène.

Le glycogène …... (6) servira à la fourniture d'…... (7) pour la contraction, mais pas au maintien de la glycémie. Le glycogène hépatique permettra la libération de glucose dans le sang, en présence d'une hormone pancréatique : le …... (8).

Lorsque les réserves hépatiques de glycogène sont épuisées, l'organisme maintient la glycémie en …... (9) la consommation de glucose par les cellules et en synthétisant du glucose à partir d'…... (10) et de glycérol. Dans cette situation, les concentrations plasmatiques de …... (11) et de …... (12) sont élevées et il n'y a pas d'insuline.

activité	musculaire	insuline	limitant
glucagon	hormonal	cortisol	glucides
glucagon	énergie	foie	acides aminés

■ 4 - Le diabète

4. 1. Hyperglycémie provoquée : le graphique ci-après représente l'allure de l'évolution de la glycémie chez deux individus (n°1 et n° 2), après ingestion de glucose à jeun.

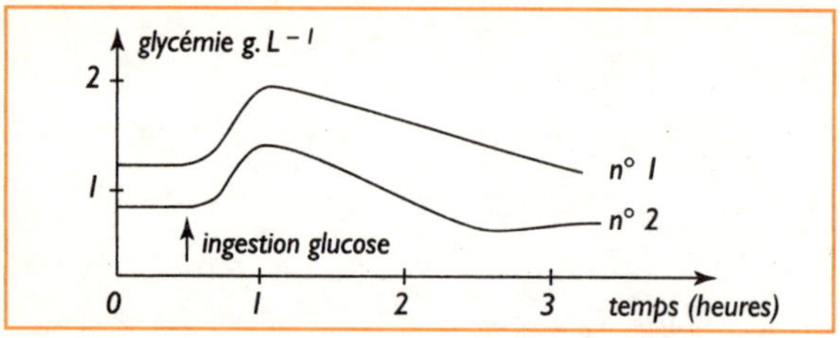

○ Identifiez le sujet diabétique, préciser les arguments ayant permis cette identification.
○ À quoi est dû le diabète ?
○ Quelles sont les modifications constatées au niveau de l'urine du diabétique ?

4. 2. *Associez les mots ou expressions (un chiffre-une lettre).*

1	Traitement du diabète maigre	
2	Diabète gras	
3	Coma mortel	
4	Complication du diabète	
5	Vie quotidienne du diabétique	
6	Glycosurie	

A	Surcharge pondérale
B	Lésions de la rétine
C	Régime alimentaire
D	Injection d'insuline
E	Acido-cétose
F	Dépistage du diabète

■ 5 - *Complétez la grille de mots croisés.*

1) Hormone permettant la régulation de la teneur en sodium dans le milieu intérieur. 2) Réduit le volume urinaire. 3) Stocke le glucose et régule la glycémie. 4) Maintien de la constance du milieu intérieur. 5) Source d'énergie pour les cellules. 6) Ilots de cellules pancréatiques à sécrétion endocrine. 7) Hormone hyperglycémiante, sécrétée par la cortico-surrénale. 8) Molécule constituant une forme de stockage du glucose. 9) Hormone hyperglycémiante, sécrétée par le pancréas. 10) Glande mixte, sous l'estomac. 11) Hormone hypo-glycémiante. 12) Hormone déficiente dans une maladie caractérisée par une forte polyurie : le « diabète insipide ».

1 - *Le milieu intérieur.*

1	Plasma	✗
4	Lymphe interstitielle	✗
10	Lymphe ou lymphe canalisée	✗

2 - *Les glandes endocrines.*

Affirmations vraies	2 - 3 - 4 - 5 - 8

3 - *Régulation de la glycémie.*

1	glucides	2	activité	3	hormonal	4	insuline
5	foie	6	musculaire	7	énergie	8	glucagon
9	limitant	10	acides aminés	11	glucagon	12	cortisol

4 - *Le diabète*

4. 1. a. Le sujet n°1 est diabétique : glycémie à jeun élevée et forte hyperglycémie après ingestion de glucose.

b. Le diabète est dû à un manque d'insuline ou à un manque de sensibilité des cellules à l'insuline.

c. Il y aura glycosurie et polyurie.

4. 2.

1	D	3	E	5	C
2	A	4	B	6	F

5 - *Grille de mots croisés.*

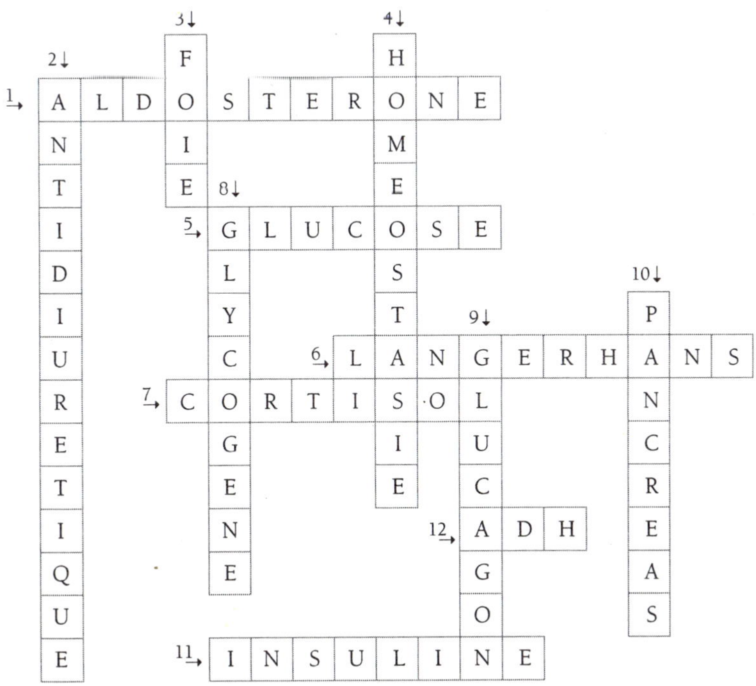

CHAPITRE 11

SYSTÈME IMMUNITAIRE ET RÉSISTANCE À L'INFECTION MICROBIENNE

Le système immunitaire assure la défense de l'organisme contre tous les éléments (ou agents) qui lui sont étrangers – organes, tissus, cellules, bactéries, virus, molécules – **dont certains peuvent être pathogènes** (donner des maladies), **d'autres introduits dans un but thérapeutique** : il est ainsi responsable du rejet des greffes.
Il est immature à la naissance ; sa maturation au cours de la croissance explique la sensibilité des enfants aux infections et l'augmentation progressive de leur résistance.

Les dispositifs de défense du système immunitaire sont de deux types :
- **l'immunité non spécifique** : les défenses sont dirigées contre tous les éléments étrangers à l'organisme quels qu'ils soient ;
- **l'immunité spécifique** : les défenses sont dirigées contre des éléments étrangers que le système immunitaire reconnaît avant de les éliminer, et dont il garde la mémoire.

L'intervention du système immunitaire arrête ou freine le développement de la maladie chez un sujet infecté ; l'idéal serait de pouvoir empêcher l'infection : **le respect des règles d'hygiène personnelle** (lavage de mains, désinfection d'une plaie…) **et collective** (propreté et désinfection des locaux, stérilisation du matériel, isolement de malades contagieux, déclaration de certaines maladies, précautions en présence de certains micro-organismes…) **est indispensable pour limiter les risques de transmission des maladies infectieuses**, dans les lieux privés ou publics de la vie courante comme en milieu médicalisé.

I - Immunité non spécifique ou naturelle

Les défenses non spécifiques sont le premier rempart contre l'infection et sa progression. Elles sont dirigées contre tous les éléments étrangers quels qu'ils soient.

A - Barrières cutanée et muqueuse

La peau et les muqueuses (buccale, digestives, respiratoires, génito-urinaires, (voir les tissus dans l'organisation de l'être humain), qui séparent l'organisme du milieu dans lequel il vit, **sont des barrières** qui s'opposent à l'entrée des micro-organismes. **Elles ont une triple action :**

Barrière	Caractéristiques	Conséquences
Mécanique	– **cellules de l'épithélium** (couche de surface) **jointives**, souvent sur plusieurs épaisseurs (épithéliums stratifiés). – **mucus** recouvrant les cellules des muqueuses – mucus gluant dans les voies respiratoires.	– **franchissement difficile** sauf par effraction (piqûre, plaie). – **humidification et protection** des muqueuses – purification de l'air inspiré par capture des particules.
Chimique	**action antiseptique** (désinfectante) **des sécrétions locales** : salive, larmes, sueur, suc gastrique, sécrétions vaginales…	destruction des microbes ou ralentissement de leur développement.
Biologique	présence de bactéries* dans certains appareils : **bactéries habituelles de la flore locale** : cutanée, digestive et génitale.	**compétition** gênant le développement de bactéries étrangères.

* les bactéries sont des micro-organismes à structure unicellulaire simplifiée (pas d'enveloppe nucléaire, un seul chromosome). Certaines vivent habituellement en harmonie avec notre organisme, d'autres sont pathogènes pour l'homme, d'autres peuvent le devenir notamment à l'occasion de l'affaiblissement des défenses immunitaires (bactéries opportunistes).

B - Tissu conjonctif, ganglions lymphatiques et réaction inflammatoire

1 – Réaction inflammatoire

Si la barrière cutanéo-muqueuse est franchie, **la réaction inflammatoire s'oppose à la progression des micro-organismes** dans le tissu conjonctif situé à l'endroit de l'effraction puis dans les ganglions lymphatiques proches ; **elle est due à l'action de différentes cellules, en particulier les macrophages et certains leucocytes** (voir appareil circulatoire). **Elle est amplifiée par l'action de protéines plasmatiques, groupées sous le nom de Complément**, qui se fixent sur l'agent étranger ou sur des cellules participant à la réaction inflammatoire.
Exemple : réaction inflammatoire à la suite de l'entrée de bactéries.

Phénomènes	Caractéristiques
Vasculaires	**– augmentation de la circulation sanguine locale** (vasodilatation) – la zone est rouge et chaude – sous l'action de médiateurs chimiques libérés par les tissus lésés par des cellules basophiles du tissu conjonctif (mastocytes) activées par des protéines du complément et par les plaquettes sanguines. – formation d'œdèmes par accumulation de Liquide ExtraCellulaire LEC – la zone est gonflée et douloureuse.
Cellulaires	– **chimiotactisme** : attraction des macrophages locaux et des leucocytes sanguins sur le lieu de l'infection par les médiateurs chimiques. – **diapédèse** : migration des leucocytes hors des capillaires sanguins (schéma 1). – **phagocytose*** (schéma 2) des micro-organismes par les macrophages. et par les leucocytes issus des capillaires sanguins, rendue plus efficace par la fixation des protéines du complément sur l'agent étranger.

* **La phagocytose est la destruction par digestion intracellulaire** [*phago-* : manger] **d'éléments à éliminer de l'organisme** : micro-organismes et cellules anormales ou mortes.

Les cellules capables de réaliser la phagocytose dans l'organisme sont :
– **les macrophages** qui sont de grosses [macro-] cellules ; ils proviennent de monocytes du sang ayant migré dans les tissus ; (ceux du tissu conjonctif sont appelés histiocytes) ;
– les leucocytes, surtout **les granulocytes neutrophiles et les monocytes** (voir appareil circulatoire).

2 – Description de la diapédèse et de la phagocytose

Schéma 1 : les étapes de la diapédèse

a) Le leucocyte se colle à la paroi du capillaire

b) Le leucocyte se déforme et se glisse entre deux cellules de la paroi du capillaire

c) Le leucocyte sort du capillaire

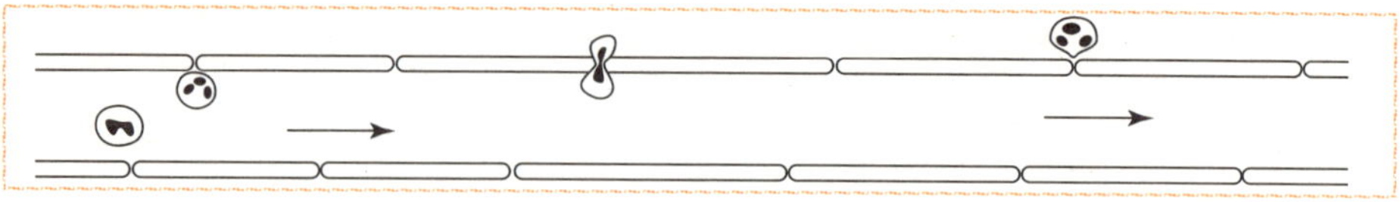

Schéma 2 : les étapes de la phagocytose

a) Endocytose : formation d'une vésicule autour du micro-organisme étranger (1) et entrée de cette vésicule d'endocytose (2) dans la cellule phagocytaire

b) Fusion de la vésicule d'endocytose avec des vésicules cellulaires riches en enzymes d'hydrolyse (3)

c) Digestion (hydrolyse) du micro-organisme en fragments plus petits

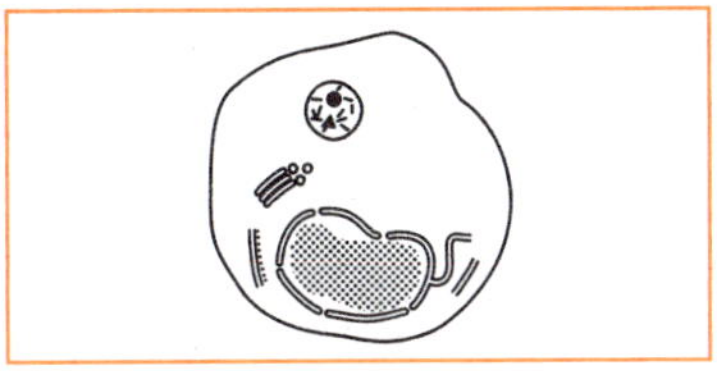

d) Exocytose (rejet à l'extérieur) des résidus de la digestion par la cellule phagocytaire

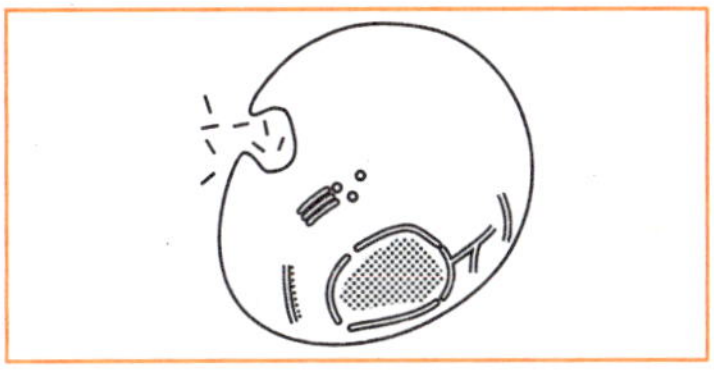

La phagocytose des micro-organismes entraîne leur destruction et parfois la mort de cellules phagocytaires : l'accumulation des déchets et des cadavres cellulaires constitue le pus.

3 – Conclusion

La réaction inflammatoire localisée dans le tissu conjonctif est très souvent suffisante pour empêcher la progression de l'infection ; dans le cas contraire, les éléments étrangers (par exemple microbes ou toxines) sont entraînés par la lymphe dans les vaisseaux lymphatiques et arrivent aux ganglions lymphatiques (voir appareil circulatoire).

Dans les ganglions lymphatiques :

- **la réaction inflammatoire, non spécifique, reprend** : les ganglions sont gonflés et douloureux (par exemple ganglions du cou lors d'une angine) ;
- **les réactions de défense spécifiques se mettent en route**.

Remarque : dans certaines situations, des cellules, appelées cellules tueuses naturelles ou NK (Natural Killer), sont capables de détruire des cellules étrangères, transformées (comme des cellules cancéreuses) ou infectées par des virus* ; elles participent ainsi à l'immunité non spécifique.

II - Immunité spécifique

A - Lymphocytes, cellules de l'Immunité spécifique

Les défenses spécifiques sont assurées par les lymphocytes, leucocytes sélectionnés pour reconnaître les éléments étrangers à éliminer et pour en garder la mémoire.

Les lymphocytes exercent leur action de deux façons :

- **par l'intermédiaire des anticorps ; c'est l'immunité humorale des lymphocytes B**** ;
- **par l'intermédiaire de cellules tueuses spécifiques ; c'est l'immunité à médiation cellulaire des lymphocytes T** cytotoxiques (T_c).**

Lymphocytes B et lymphocytes T_c sont activés par des lymphocytes T_h auxiliaires** (h pour helper).

B - Notion d'antigène (Ag)

On appelle antigène (Ag) tout élément reconnu par les lymphocytes et qui déclenche de leur part, des réactions de défenses spécifiques en vue de son élimination.

* **Un virus** est un microorganisme qui ne peut se développer que s'il entre dans une cellule, dite cible, qu'il finit par détruire. C'**est un agent pathogène parasite intracellulaire obligatoire**.

** Lorsque les lymphocytes B sortent de la moelle osseuse (Bone marrow), ils sont matures ou immunocompétents. Les lymphocytes T sortent immatures de la moelle osseuse et acquièrent leur immunocompétence (terminent leur maturation) dans le Thymus (situé derrière le sternum), organe du système immunitaire développé chez l'enfant et réduit chez l'adulte.

Exemples : les bactéries, les toxines qu'elles fabriquent, les virus, les molécules présentes à la surface des globules rouges qui déterminent les groupes sanguins (voir appareil circulatoire), les molécules présentes à la surface des cellules des organes greffés ou des cellules anormales comme les cellules cancéreuses.

Conclusion : un élément étranger devient un antigène pour l'organisme lorsque son élimination, incomplète par les défenses non spécifiques de la réaction inflammatoire, exige l'intervention spécifique des lymphocytes.

C - Mécanismes de l'immunité spécifique : la coopération cellulaire

1 – Présentation de l'antigène aux lymphocytes T_h

Le plus souvent, la mise en route de l'immunité spécifique exige l'intervention **des cellules phagocytaires** comme les macrophages : elles rejettent par exocytose la plupart des déchets de la destruction de l'élément étranger et elles en fixent certains fragments sur la surface externe de leur membrane cytoplasmique puis elles **présentent ces fragments d'antigène à des lymphocytes T auxiliaires T_h** qui leur sont spécifiques. **Les cellules phagocytaires se transforment donc en cellules présentant l'antigène** (CPA).

Présentation de l'antigène à un lymphocyte T_h par un macrophage

a) Fixation de fragments de l'élément étranger phagocyté, à la surface du macrophage

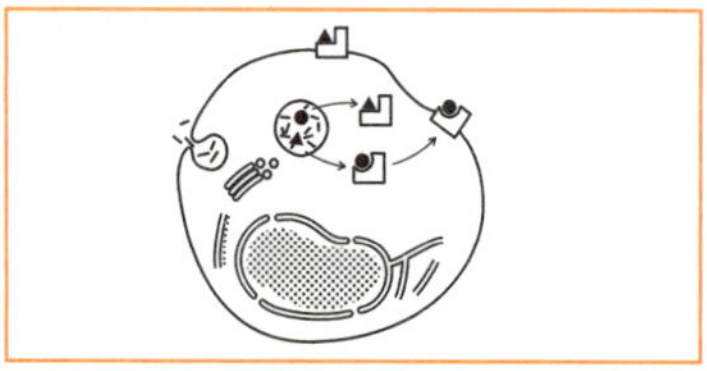

b) Présentation de l'antigène au lymphocyte T_h sélectionné pour le reconnaître

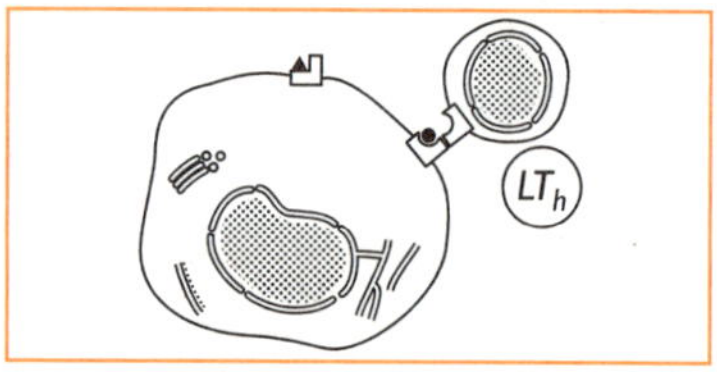

2 – Rôle des lymphocytes T auxiliaires

Les lymphocytes T_h auxiliaires activent les autres lymphocytes spécifiques en particulier en stimulant leur multiplication par mitose.
Cette activation se fait par contacts membranaires entre les LT_h et les autres lymphocytes activés et par l'intermédiaire de médiateurs (cytokines) sécrétés localement par les LT_h.

3 – Lymphocytes B ou lymphocytes T_c

Selon le type de lymphocyte activé par les lymphocytes T_h – lymphocyte B ou lymphocyte T cytotoxique (T_c) – la défense spécifique contre l'agent étranger est une immunité humorale ou une immunité à médiation cellulaire.

Immunité	Type activé	Action
Humorale	Lymphocyte B	Transformation en cellule sécrétrice d'anticorps* (les plasmocytes) spécifiques de l'antigène.
À médiation cellulaire	Lymphocyte T cytotoxique	Fixation des lymphocytes T cytotoxiques sur les éléments porteurs de l'antigène et destruction.

* **Les anticorps** (Ac) ou immunoglobulines (Ig) **sont des protéines. Ils se fixent spécifiquement sur l'antigène** qu'ils reconnaissent avec précision et forment des complexes antigène – anticorps (Ag-Ac). **Ils neutralisent l'action de l'antigène et facilitent sa phagocytose**.

Action des anticorps : Formation des complexes Ag - Ac

Anticorps spécifiques :

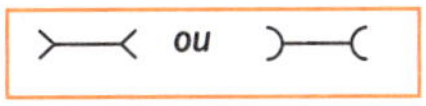

Différents antigènes

L'antigène reconnu est agglutiné.
Son action est neutralisée.

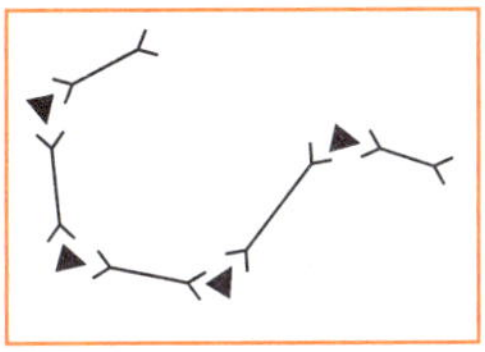

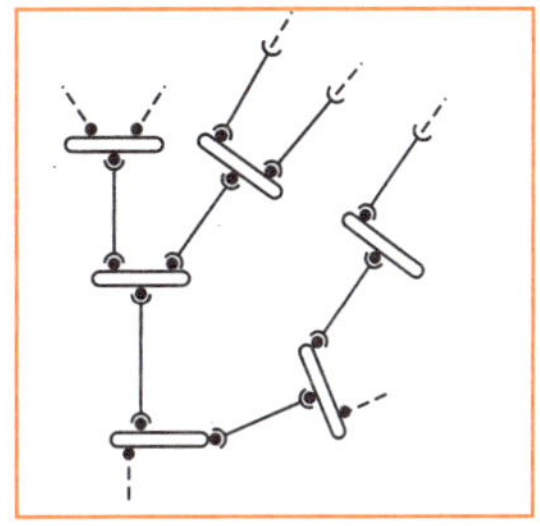

Les complexes Ag - Ac sont phagocytés

Remarque : certains antigènes activent directement les lymphocytes B. L'immunité humorale contre ce type d'antigène est donc indépendante de l'intervention de lymphocytes T_h.

D - Mémoire immunitaire

Les courbes suivantes donnent les résultats d'expériences réalisées pour étudier la sécrétion des anticorps (immunité humorale).

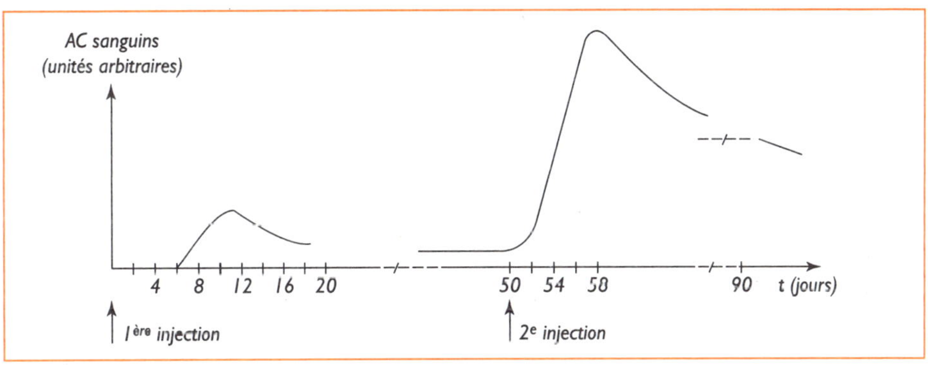

Leur analyse montre deux réponses successives :

Réponse	Primaire	Secondaire
Conditions	Première injection d'un antigène	Deuxième injection du même antigène 50 jours après
Caractéristiques de la sécrétion d'anticorps	Tardive (6e jour) Modérée Peu durable (faible le 21e jour)	Précoce (dès le 2e jour) Importante Durable (plusieurs mois)

Explication : parmi les lymphocytes B sélectionnés pour reconnaître l'antigène injecté, certains ont une durée de vie importante. On les appelle lymphocytes B à mémoire. Leur présence permet une réaction rapide à la deuxième injection du même antigène.
Il existe également des lymphocytes T à mémoire, sélectionnés contre un antigène donné. Grâce à eux, une deuxième réponse par immunité à médiation cellulaire est plus rapide que la première.

E - Schéma récapitulatif

L'immunité spécifique est le résultat d'une coopération cellulaire :

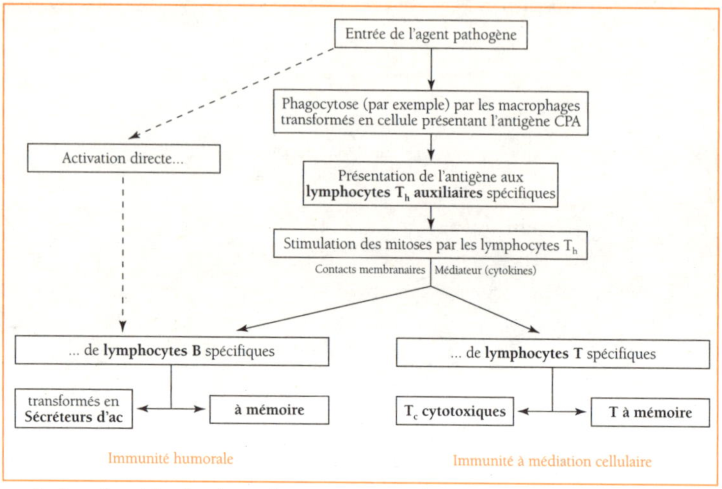

Remarque : **chez les malades du sida**, les lymphocytes T_h auxiliaires sont envahis et détruits par le virus VIH (virus de l'immunodéficience humaine). **La chaîne de coopération cellulaire est interrompue** et les malades, privés de leurs défenses spécifiques humorales et cellulaires, sont la cible de nombreuses maladies dites opportunistes (qui en profitent).

III - Applications - dysfonctionnements

A - Applications

Les applications étudiées ont pour but de **protéger les personnes**
– si possible avant infection : c'est la **prévention par vaccination ;**
– lorsqu'il y a infection réelle ou supposée : c'est le **traitement par sérothérapie**.

1 – Comparaison vaccination – sérothérapie

La comparaison des deux applications est présentée dans le tableau suivant :

	Vaccination	Sérothérapie
But	**Protection d'un sujet en prévision** d'une possible infection au cours de sa vie.	**Protection immédiate d'un sujet non vacciné** présentant les signes d'une infection ou soupçonné d'être infecté (ex : méningite).
Méthode	**Injection d'un vaccin** : antigène ressemblant à l'élément pathogène mais rendu inoffensif.	**Injection d'anticorps spécifiques de la maladie**, pris dans le plasma sanguin d'un donneur vacciné ou ancien malade guéri.
Action du système immunitaire	**Sélection de lymphocytes B ou T à mémoire** capables de reconnaître l'élément pathogène lors d'une infection par l'agent pathogène.	**Aucune** : anticorps reçus, non fabriqués par l'organisme ; pas de sélection de lymphocytes à mémoire.
Type d'immunisation	**Active**	**Passive**
Caractéristiques de la protection	**Efficace longtemps** grâce à la présence des lymphocytes à mémoire.	**Efficace peu de temps** : destruction progressive des anticorps ; absence de lymphocytes à mémoire.
Limites de la protection	Durable quelques années ; **nécessité de rappels** par injection du vaccin **à intervalles réguliers** (5 à 10 ans) pour entretenir le stock des lymphocytes à mémoire.	– **Ne concerne que l'immunité humorale.** – **Ne peut être répétée sans risque** de réactions de l'organisme contre les anticorps qu'il n'a pas fabriqués.

Il existe deux exemples d'immunité passive naturelle :
- immunisation passive de l'embryon et du fœtus par les anticorps maternels qui traversent la barrière du placenta (par exemple les anticorps dirigés contre le virus de la rubéole qui traverse lui aussi le placenta et est dangereux pour l'embryon).
- immunisation passive du nouveau-né nourri au sein, par les anticorps présents dans le lait maternel.

2 – Présentation des vaccins

Un bon vaccin doit
- **être inoffensif**
- **ressembler à l'antigène pathogène** pour que les lymphocytes sélectionnés contre lui reconnaissent l'agent de la maladie lors d'une infection.

Les vaccins sont fabriqués à partir d'agents pathogènes entiers ou de fragments (sous-unités).

Type de vaccin	Exemple
agent entier inactivé	virus de la poliomyélite injectable, bactérie de la typhoïde
agent entier atténué	virus de la poliomyélite buvable, BCG contre la tuberculose
sous-unité	fragment du virus de l'hépatite B, fragment de bactérie de la typhoïde
molécule inactivée	anatoxine tétanique*

* Le tétanos est une maladie mortelle due à l'action, sur le système nerveux, d'une molécule toxique sécrétée (fabriquée et libérée) par les bactéries tétaniques.
L'anatoxine est le résultat du traitement de la toxine pour la rendre non dangereuse tout en lui conservant sa structure pour permettre sa reconnaissance par les lymphocytes.

3 – Présentation des vaccinations

Les vaccinations peuvent être
- obligatoires : en France contre la tuberculose (BCG), la diphtérie, le tétanos et la poliomyélite (DT polio) ;
- vivement conseillees : rougeole-oreillons-rubéole (ROR) proposé aux enfants d'âge scolaire ;
- imposées dans le cadre de certaines professions : typhoïde et paratyphoïdes A et B (TAB), hépatite B pour les professions de santé et les militaires ;
- exigées par les autorités de certains pays avant l'entrée sur leur territoire : choléra, fièvre jaune…

Dans tous les cas, **l'efficacité des vaccinations n'est réelle que si les rappels sont correctement faits**. Ceci est malheureusement trop peu souvent le cas à partir de l'âge adulte, souvent par absence d'un suivi médical régulier (rôle important de la médecine du travail).

B - Exemple de dysfonctionnement : l'allergie ou anaphylaxie

Le système immunitaire peut présenter des dysfonctionnements comme les autres systèmes ou appareils. L'un d'eux est assez courant pour être abordé.

L'allergie (ou anaphylaxie) **est une réponse pathologique déclenchée par une immunisation spécifique contre un antigène auquel les personnes allergiques sont sensibilisées : l'allergène**.

On peut citer quelques allergènes, par exemple des produits chimiques, (cosmétiques, médicaments, fibres synthétiques, venins…), des aliments (fraise, poisson, chocolat…), des particules (pollens, plâtre, farine…).

- **L'allergie se manifeste par une réaction inflammatoire locale exagérée** : peau (urticaire), voies respiratoires (rhume des foins, toux, certaines formes d'asthme), voies digestives (vomissements)...
- **Elle est une manifestation de la mémoire immunitaire** : elle survient après plusieurs contacts avec l'allergène.

Le choc anaphylactique est une manifestation brutale et violente de l'allergie : lorsqu'une personne sensibilisée est à nouveau en contact avec l'allergène, il se produit une chute de pression artérielle (hypotension) accompagnée de pâleur, d'angoisse et de sensation de froid ; l'ensemble peut conduire au coma.

L'allergie et le choc anaphylactique sont le résultat de l'interaction d'anticorps particuliers (réagines) **avec les granulocytes basophiles** dont le nombre augmente chez les sujets atteints.

CONCLUSION

Le système immunitaire, malgré ses dysfonctionnements, assure la protection d'un grand nombre de personnes contre de nombreuses maladies. Cette protection est d'autant plus efficace que

- les progrès de la recherche facilitent la prévention par la mise au point de nouveaux vaccins ;
- les progrès de l'information sensibilisent les personnes aux bienfaits d'une protection vaccinale correctement mise en place et entretenue.

EXERCICES

CHAPITRE 11 SYSTÈME IMMUNITAIRE ET RESISTANCE A L'INFECTION MICROBIENNE

■ 1 - *Observez et commentez chacun des schémas (a, b, c et d) puis donnez un titre à l'ensemble.*

a)

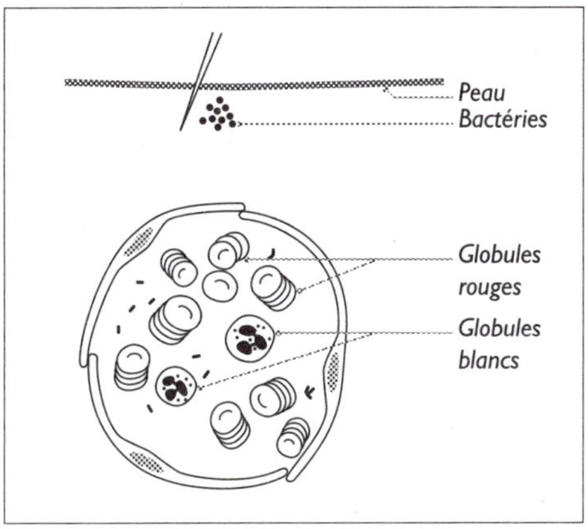

b)

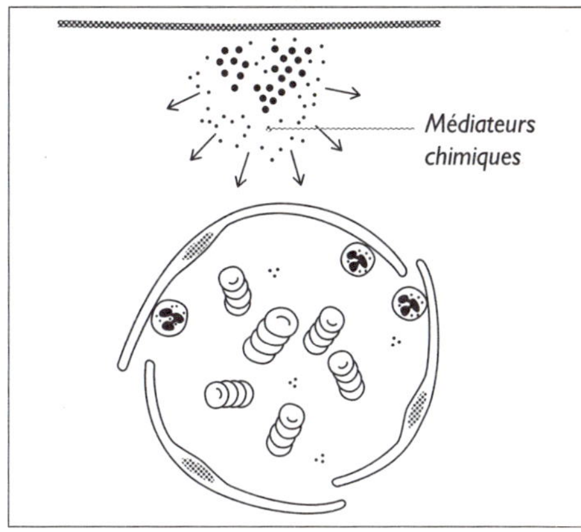

c)

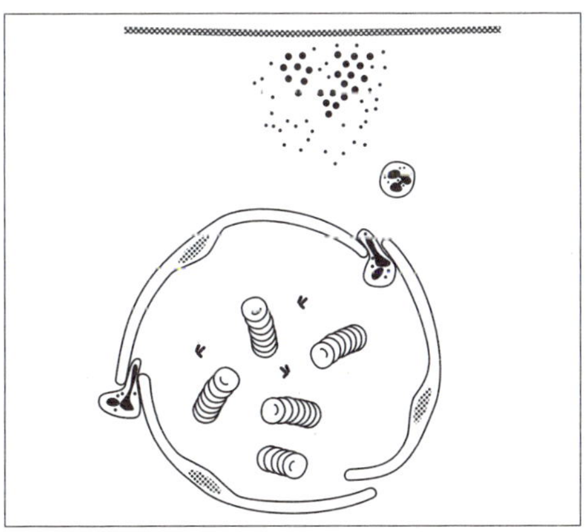

d)

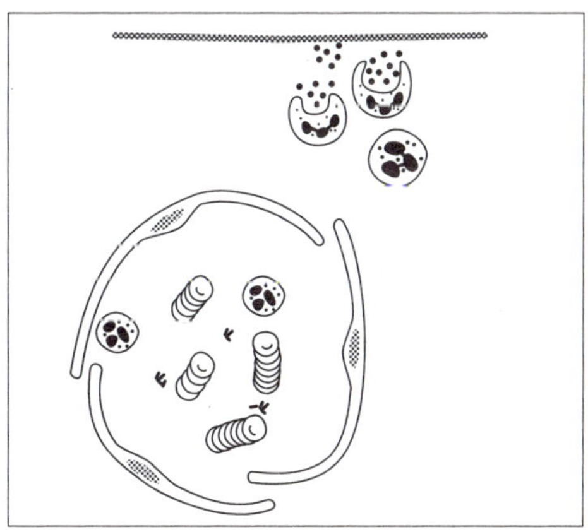

■ 2 - *On effectue sur trois souris, les expériences décrites dans le tableau ci-dessous, avec leur résultat.*

Animal	Premier jour	15 jours plus tard	Résultat final
Souris 1	Aucun traitement	Injection de toxine tétanique	La souris meurt
Souris 2	Injection d'anatoxine tétanique	Injection de toxine tétanique	La souris survit
Souris 3	Injection d'anatoxine tétanique	Injection de toxine diphtérique	La souris meurt

Observez attentivement le déroulement de chaque expérience et expliquez les différents résultats en précisant le type de protection mis en évidence.

3 - *Complétez le texte suivant à l'aide des mots choisis dans la liste proposée (certains mot sont en trop).*

À partir du sang, on peut séparer le (a) et les (b). Le (a) d'un sujet (c) contient des protéines spécifiques, les (d) ou (e). L'injection de ces (d ou e) à un sujet présentant les signes d'une infection peut permettre de le (f). C'est un (g) par (h) qui conduit à une immunisation (i).

active	anticorps	antigènes	éléments figurés	immunoglobulines
infection	inflammatoire	passive	plasma	protéger
sérothérapie	soigner	traitement	vaccination	vacciné

4 - *Indiquez, dans la liste suivante, quelles propositions sont exactes.*

a) La réaction inflammatoire s'accompagne d'une augmentation de la circulation sanguine.
b) Les anticorps se trouvent exclusivement dans le sang.
c) Les macrophages peuvent participer aux défenses spécifiques de l'organisme.
d) Les anticorps renforcent l'efficacité de la phagocytose.
e) Les bactéries de la flore intestinale constituent une barrière spécifique contre une infection alimentaire.
f) La diapédèse est l'attirance des leucocytes par des molécules chimiques.
g) Un antigène est éliminé par les défenses spécifiques de l'organisme.
h) Les lymphocytes T sont cytotoxiques.

5 - *Complétez la grille de mots à l'aide des définitions suivantes.*

Horizontalement

1) Migration des leucocytes hors des capillaires sanguins.
2) Micro-organisme parasite intracellulaire obligatoire (qui ne peut se développer qu'à l'intérieur d'une cellule) donc toujours pathogène, agent de la poliomyélite, du sida ou de l'hépatite B.
3) Absorption et digestion de particules par des cellules spécialisées.
4) Interventions nécessaires à intervalles réguliers pour maintenir une immunisation efficace.
5) Réaction pathologique au contact répété d'un antigène.
6) Liquide obtenu après coagulation du sang et qui contient des anticorps.
7) Terme moins courant répondant aussi à la définition 5.
8) Revêtement, barrière, au contact direct avec le milieu extérieur.
9) Propriété de l'organisme qui se défend, humorale ou cellulaire quand elle est spécifique, active ou passive.
10) Qualificatif de la réaction non spécifique qui se développe sur le lieu d'une infection.
11) Méthode de traitement d'un sujet supposé infecté et non protégé.
12) Molécule inoffensive, obtenue par traitement de son équivalent pathogène sécrété par des micro-organismes, puis utilisée comme antigène vaccinal.

Verticalement

a) Micro-organisme, hôte habituel de l'organisme ou pouvant être pathogène.
b) Grosse cellule spécialiste du phénomène défini en 3.
c) Protéines spécifiques sécrétées après transformation de lymphocytes B activés.
d) Structure reconnue qui déclenche la mise en place de défenses spécifiques contre elle.
e) Cellules responsables des défenses spécifiques.
f) Méthode préventive de protection contre les maladies.
g) Ensemble des hôtes habituels de certains appareils de l'organisme.
h) Désigne la fabrication cellulaire suivie du rejet d'un produit, s'emploie pour les larmes comme pour les anticorps.
i) Revêtement barrière qui tapisse les cavités de l'organisme en contact avec le milieu extérieur.
j) Attraction des leucocytes par certains médiateurs chimiques.

Corrigé

■ *1* - La réponse à la question peut être présentée dans un tableau.

Schéma	Observation du schéma	Commentaire
a	Un objet pointu traverse la peau ; des bactéries entrent dans l'organisme.	Le tissu conjonctif sous-cutané est infecté par les bactéries à l'occasion d'une piqûre.
b	Les bactéries sont plus nombreuses. Des médiateurs chimiques diffusent dans le tissu conjonctif, les leucocytes sont collés à la paroi du capillaire. Les cellules bordant le capillaire sont écartées.	L'infection progresse. Par chimiotactisme, des leucocytes sont attirés et se préparent à sortir du capillaire sanguin. La vasodilatation locale provoque un afflux de sang : la zone est rouge et chaude.
c	Les leucocytes sortent des capillaires sanguins.	La diapédèse permet aux leucocytes de se rendre sur le lieu de l'infection.
d	Les leucocytes englobent les bactéries.	La phagocytose assure la destruction des bactéries.

L'ensemble des schéma montre des étapes importantes de la **réaction inflammatoire**.

2 - La réponse à l'exercice peut être présentée sous forme de tableau qui reprend les termes du sujet.

Souris	Observations	Explications des résultats
1	L'injection de toxine tétanique est mortelle pour la souris 1 non traitée.	Les défenses non spécifiques de la souris 1 sont inefficaces contre la toxine tétanique.
2	L'injection de toxine tétanique n'est pas mortelle pour la souris 2 traitée, 15 jours avant, par une injection d'anatoxine tétanique.	Pendant les 15 jours qui séparent les deux injections, la **souris 2 sélectionne des défenses spécifiques** contre l'anatoxine tétanique ; ces défenses reconnaissent aussi la toxine tétanique ; l'injection d'anatoxine tétanique protège donc la souris 2 contre les effets de la toxine tétanique : **c'est une protection active par vaccination.**
3	L'injection de toxine diphtérique est mortelle pour la souris 3 traitée, 15 jours avant, par une injection d'anatoxine tétanique.	**Les défenses sélectionnées** contre l'anatoxine tétanique sont inefficaces contre les effets de la toxine diphtérique : elles **sont spécifiques de la toxine qui sert à fabriquer l'anatoxine.**

3 - Texte à trous

a) plasma, b) éléments figurés, c) vacciné, d) anticorps, e) immunoglobulines, f) soigner, g) traitement, h) sérothérapie, i) passive.

À partir du sang, on peut séparer le plasma et les éléments figurés. Le plasma d'un sujet vacciné contient des protéines spécifiques, les anticorps ou immunoglobulines.
L'injection de ces anticorps à un sujet présentant les signes d'une infection peut permettre de le soigner c'est un traitement par sérothérapie qui conduit à une immunisation passive.

4 - Les propositions exactes sont : a, c, d, g.

5 - Mots croisés

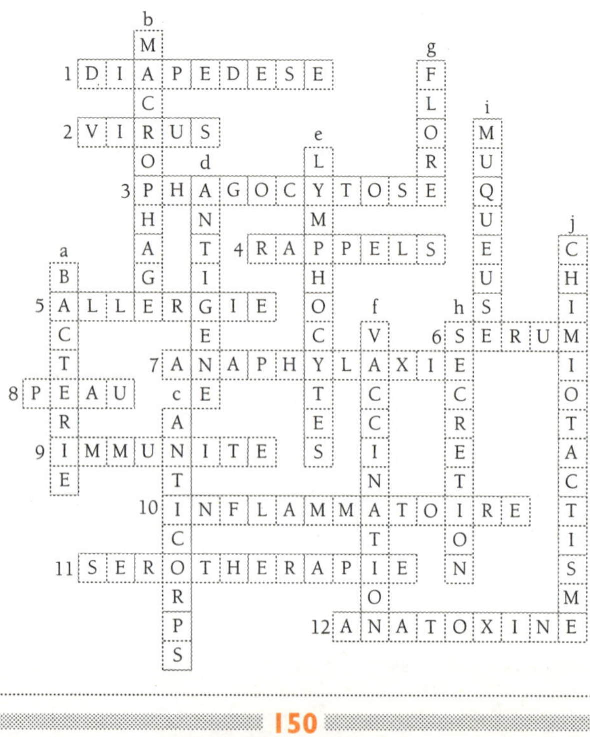

CHAPITRE 12 NOTIONS DE PHARMACOLOGIE

La pharmacologie est la science qui étudie l'action des médicaments sur les organismes vivants en tenant compte de leur mode d'administration, de leur devenir dans l'organisme (pharmaco-cinétique), de leurs effets propres sur tel système, tel organe ou tel tissu (pharmaco-dynamie), de leur posologie, de leur toxicité.

I - Le médicament : généralités

A - Définition

La définition du médicament est donnée par l'article L. 511 du Code de la santé publique : « *On entend par médicament toute substance ou composition présentée comme possédant des propriétés curatives ou préventives à l'égard des maladies humaines ou animales, ainsi que tout produit pouvant être administré à l'homme ou à l'animal, en vue d'établir un diagnostic médical ou de restaurer, corriger ou modifier leurs fonctions organiques. Sont notamment des médicaments les produits hygiéniques contenant des substances vénéneuses et les produits diététiques qui renferment dans leur composition des substances chimiques ou biologiques ne constituant pas elles-mêmes des aliments, mais dont la présence confère à ces produits soit des propriétés spéciales recherchées en thérapeutique diététique, soit des propriétés de repas d'épreuves* ».

Cette définition appelle un certain nombre de remarques :

– « *présentée comme possédant…* » : il s'agit d'une présentation ; le médicament n'est donc pas soumis à une obligation de résultat mais, dès lors qu'une substance ou une composition est présentée comme un médicament, même si elle n'a aucune action, c'est un médicament ;

– « *des propriétés curatives ou préventives…* » : sont des médicaments aussi bien les produits qui traitent la maladie que ceux qui la préviennent (vaccins, etc.) ;

– « *des maladies humaines ou animales* » : les médicaments vétérinaires sont concernés par cette définition. Seuls les pharmaciens ont le droit de préparer, fabriquer et délivrer les médicaments : on dit qu'ils en ont le monopole.

B - Caractéristiques

Il existe deux grandes catégories de médicaments : les spécialités et les préparations.

1 – Les spécialités

Elles représentent plus de 98 % des médicaments. Ce sont les médicaments préparés à l'avance par l'industrie pharmaceutique, présentés sous un conditionnement particulier et caractérisés par une dénomination spéciale. Ils se caractérisent par leur dénomination. Toute spécialité possède un nom spécial, déposé qui en est le nom commercial : Aspro®, Aspégic®, Clamoxyl®, etc. ; une dénomination commune internationale qui est le nom simple de la molécule : Aspirine, paracétamol, amoxicilline, etc. ; un nom chimique, souvent inexploitable car trop compliqué : acide acétylsalicylique (aspirine) etc. Ils ne peuvent être commercialisés qu'après de longues expérimentations conclues par l'obtention d'une A.M.M. (autorisation de mise sur le marché) délivrée par le ministère de la Santé.

2 – Les préparations

En très forte régression, cette catégorie de médicaments se subdivise en préparations officinales dont la formule figure à la pharmacopée française ou au formulaire national et en préparations magistrales dont la formule est composée, ordonnée par le médecin pour un malade déterminé. Les préparations sont exécutées dans l'officine du pharmacien au moment du besoin.

C - Composition

Tout médicament est composé d'un ou de plusieurs principes actifs et d'un excipient simple ou composé.

1 – le principe actif

C'est la substance active du médicament, celle qui va permettre l'obtention` de l'action thérapeutique recherchée. Ce principe actif peut être

– d'origine végétale : plantes ou parties de plantes, extraits, teintures, etc. ou produits dérivés : alcaloïdes, glucosides ;

– d'origine animale ou humaine : poudres d'organes, sang et dérivés sanguins, insuline, etc. ;

– d'origine minérale : talc, kaolin, etc. ;

– d'origine microbiologique : bactéries (Ultralevure®), bacilles (Bactisubtil®) ou les substances qu'ils produisent (antibiotiques) ;

– d'origine synthétique, de loin les plus nombreux, ils sont la principale source actuelle de médicaments (Aspirine, paracétamol, barbituriques, etc.) ;

– d'origine génétique : méthode de synthèse très poussée qui consiste à faire fabriquer à une cellule vivante une substance particulière qu'elle ne fabriquerait pas en temps normal (interféron, hormone de croissance, etc.).

2 – L'excipient

Parfois appelés véhicules ou adjuvants ou substances auxiliaires, les excipients sont des substances sans effet thérapeutique propre mais qui sont nécessaires à la fabrication du médicament. Ils sont extrêmement nombreux et ont trois rôles essentiels à jouer : faciliter l'administration des principes actifs, améliorer l'efficacité de ceux-ci, assurer la stabilité et la conservation du médicament. Certains excipients sont utilisés comme solvants (eau, alcool, propylène glycol, etc.), d'autres comme diluants (lactose), aromatisants, édulcorants, antiseptiques, antifongiques, conservateurs, colorants, etc.

II - Les voies d'administration et les formes pharmaceutiques correspondantes

Voies d'administration	Avantages	Inconvénients	Formes
Voie orale : le médicament est avalé, après déglutition il est soumis à l'action des sucs digestifs puis traverse la muqueuse intestinale au niveau de l'intestin grêle pour passer dans le sang.	Administration facile.	Nécessité d'administration à un patient conscient.	**Solides :** capsules, comprimés, gélules, granules, granulés, lyocs®, paquets, pastilles, pâtes officinales, tablettes, poudres, etc.
	Ne nécessite pas d'instrumentation.	Risque d'altération du principe actif par les sucs gastriques et intestinaux.	
	Renouvellement facile de l'administration.	Risque d'irritation du tube digestif.	**Liquides :** solutions buvables en ampoules, sirops, suspensions, potions, élixirs, etc.
	Action relativement rapide.	Goût et odeur parfois rebutants.	
	Économique.	Problèmes d'absorption de certains principes actifs.	
Voie injectable : consiste à administrer le médicament à l'intérieur de l'organisme après effraction de la peau. Cette voie regroupe les voies intramusculaire, intraveineuse, sous cutanée, intradermique, intracellulaire, intraartérielle, intraépidurale, etc.	Rapidité d'action.	Risques d'infection nécessitant une asepsie rigoureuse.	Solutés injectables, suspensions injectables, préparations injectables pour perfusion, préparations pour usage parentéral à diluer, poudres pour usage parentéral, comprimés d'implantation.
	Pas d'action néfaste des principes actifs (PA) sur l'appareil digestif.	Injection parfois douloureuse.	
	Pas d'action des sucs digestifs sur les PA.	Obligation de varier les points d'injection.	
	Action localisée possible.	PA peu ou pas irritants pour ne pas léser ni les tissus ni les vaisseaux.	
	Absorption totale de la dose prescrite.	Préparations obligatoirement stériles et apyrogènes.	
Voies transmucosales : regroupent toutes les voies d'administration où le médicament est appliqué sur une muqueuse ; l'action peut être locale ou générale.			
Voie perlinguale ou sublinguale : le PA traverse la muqueuse située sous la langue et est pris en charge par les veines sublinguales.	Rapidité d'action.	Nécessité d'administration à un patient conscient et motivé (le liquide doit rester quelques minutes dans la bouche avant d'être dégluti).	Solutions, glossettes, certains comprimés adaptés à cette voie, granules et doses globules homéopathiques, lyophilisats oraux (Lyocs®).
	Pas de dégradation par les sucs gastriques et intestinaux.	Goût et odeur parfois rebutants.	
	Premier passage hépatique évité.	Volume limité.	
		Difficultés d'observance du traitement.	
		Les PA pouvant être administrés par cette voie sont limités.	

Voies d'administration	Avantages	Inconvénients	Formes galéniques
Voie oculaire : application sur la muqueuse oculaire ou ses abords.	Usage local uniquement.	Préparations obligatoirement stériles et si possible isotoniques.	Collyres, solutions pour lavage oculaire, pommades et gels ophtalmiques, inserts ophtalmiques, produits pour application de lentilles de contact…
Voie buccopharyngée : application sur la muqueuse buccale ou pharyngée. Ne pas confondre avec la voie orale ou la voie sublinguale.	Usage local uniquement : action locale antiseptique ou analgésique.		Bains de bouche, gargarismes, certains comprimés, certains gels, solutions pour pulvérisations buccales, collutoires, pâtes, pastilles, tablettes…
Voie nasale : très richement vascularisée, la muqueuse nasale est perméable à de nombreux principes actifs.	Usage local et parfois général : des expérimentations sont en cours pour administrer par cette voie des médicaments ayant une action générale, certains sont d'ailleurs déjà sur le marché.		Solutions nasales, pommades nasales…
Voie pulmonaire : application sur la muqueuse pulmonaire.	Usage local uniquement : le diamètre des particules inhalées conditionne le site d'action des principes actifs : trachée → 20 à 30 μm, bronches et bronchioles → 10 à 20 μm, alvéoles pulmonaires → < à 3 μm.		Aérosols, gaz médicaux, inhalations, fumigations, cigarettes médicinales.
Voie auriculaire : application sur la muqueuse auriculaire.	Usage local uniquement.		Solutions, instillations, pulvérisations pour lavage auriculaire, pommade auriculaire, poudres auriculaires…
Voie rectale : application sur la muqueuse rectale pour une action soit locale, soit générale.	Absorption rapide des principes actifs.	Certains principes actifs ne franchissent pas la muqueuse rectale.	Suppositoires, solutions et dispersions rectales, mousses rectales, lavements, mini-lavements, pommades rectales…
	Pas de dégradation des principes actifs par les sucs digestifs.	La résorption est inconstante.	
	Premier passage hépatique partiellement évité.	La muqueuse rectale peut être irritée par certains principes actifs.	
	Commodité d'administration chez le malade et le nouveau-né.	Le médicament peut être rejeté par défécation réactive.	
		Refus psychologique d'utilisation de cette voie par certains malades.	
Voie vaginale : application sur la muqueuse vaginale.	Usage local uniquement.		Ovules, comprimés gynécologiques, capsules gynécologiques, gels vaginaux, solutés vaginaux, mousses, crèmes, tampons imprégnés…
Voie urétrale : application de médicaments sur la muqueuse du canal de l'urètre.	Usage local uniquement : l'administration de médicaments par cette voie ne se fait plus qu'en milieu hospitalier dans des cas très spécifiques.		Solution de lavages vésicaux…
Voie cutanée : application de médicament sur la peau ou au travers de la peau mais sans effraction.	Très longtemps réservée à un usage local, cette voie est de plus en plus utilisée pour l'administration de PA sous forme de patchs ou dispositifs transdermiques.		Bains, cataplasmes, cérats, crayons, crèmes, dispositifs transdermiques, emplâtres, émulsions, gels, glycérés, huiles médicinales, liniments, lotions, mousses, pâtes dermiques, pommades, poudres, savons, shampooings, sinapismes, solutions pour applications locales, timbres…

III - Le devenir du médicament dans l'organisme (de la libération à l'excrétion)

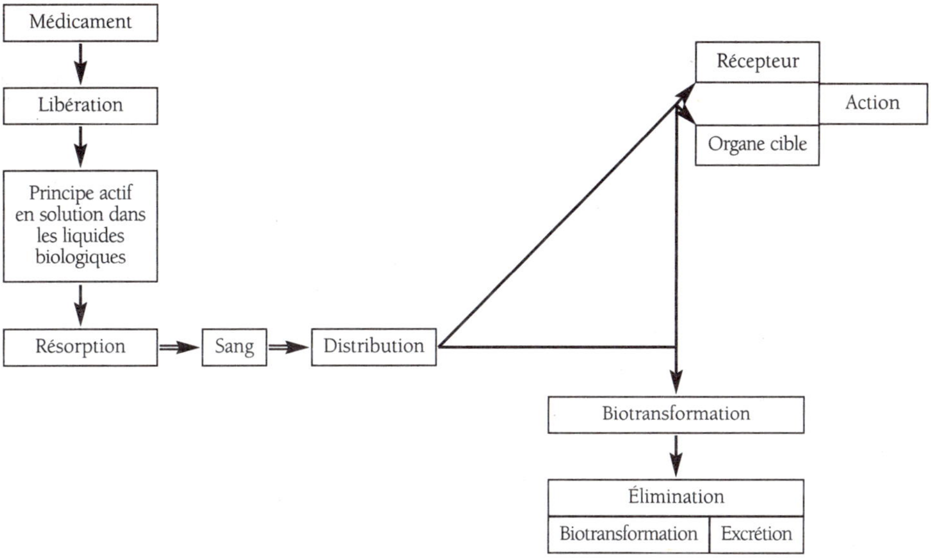

Après l'administration d'un médicament, le principe actif doit être libéré de la forme pharmaceutique pour pouvoir exercer l'action attendue. Son cheminement dans l'organisme passe par quatre grandes étapes : l'absorption ou résorption, le transport et la distribution, le métabolisme et l'excrétion.

A - La résorption

C'est le passage du principe actif dans la circulation générale, après avoir franchi les membranes biologiques (sauf dans le cas d'une administration par voie intra-vasculaire). Ce franchissement peut se faire :
– soit par diffusion passive de la zone la plus concentrée en PA vers la zone la moins concentrée ;
– soit par transport actif : la molécule de principe actif est prise en charge par une molécule transporteuse, contre un gradient de concentration ;
– soit par filtration au travers des pores membranaires.

B - La distribution

C'est la répartition du principe actif dans tous les tissus et organes. Elle se fait en deux étapes : le transport plasmatique et la diffusion tissulaire. Ce principe actif, dans la circulation sanguine, peut se trouver sous deux formes :
– soit en forme libre, immédiatement disponible, qui diffuse dans l'organisme vers les sites d'action ;
– soit en forme liée aux protéines plasmatiques (albumines, globulines). Cette forme n'est pas active, elle ne diffuse pas et constitue une réserve de principe actif pouvant être libérée ultérieurement.

C - La biotransformation ou métabolisme

Les enzymes présentes au sein des tissus de l'organisme transforment les principes actifs, essentiellement au niveau du foie. Cette biotransformation est un processus dynamique et irréversible. En règle général, les métabolites ainsi formés sont solubles dans l'eau. Ils peuvent être dépourvus d'activité thérapeutique (métabolites inactifs) ou au contraire posséder une activité thérapeutique semblable ou même supérieure à celle de la substance d'origine. Enfin, certains métabolites peuvent présenter une certaine toxicité variable selon l'âge, l'état physiologique ou pathologique du patient.

D - L'élimination

L'élimination des principes actifs se fait essentiellement par excrétion et plus spécifiquement par excrétion urinaire, les autres voies d'excrétion étant les voies biliaires et pulmonaires.

V - Notions de posologie

A - Définition

On appelle posologie la quantité totale d'un médicament à administrer à un malade, en une ou plusieurs fois, estimée d'après son sexe, son âge, sa constitution, sa masse, son état. La posologie est évidemment spécifique d'un principe actif donné et de sa forme galénique. La détermination de la posologie idéale qui produit une concentration sanguine efficace, non toxique, et continue, doit réaliser un compromis entre le médicament, la voie d'administration et l'état du patient.

B - Mode d'expression des doses

Les doses sont exprimées en grammes (g), en milligrammes (mg) ou en microgrammes (μg). Certaines le sont en unités internationales (UI). Lorsqu'il s'agit de gouttes, le mot « gouttes » doit être écrit sur l'ordonnance en toutes lettres, pour éviter la confusion avec « grammes ». On trouve également l'expression des doses en millilitres (ml), en cuillères à café (5 ml), en cuillères à dessert (10 ml), en cuillères à soupe (15 ml) ou en cuillères mesures. Les doses de nombreux médicaments pour enfants sont exprimées en dose par kg de poids corporel (Augmentin®, Ciblor®, etc.).

VI - Les effets secondaires

Outre les effets thérapeutiques, les médicaments peuvent présenter des effets secondaires, indésirables et toxiques.

A - La toxicité

C'est l'ensemble des manifestations toxiques, aiguës ou chroniques, liées à l'administration d'un médicament. On parle de toxicité aiguë lorsque les effets toxiques apparaissent rapidement. C'est le cas du surdosage médicamenteux par erreur de posologie ou tentative de suicide. la toxicité chronique apparaît plus tardivement après des prises répétées et prolongées du médicament.

B - Le risque tératogène

Certains médicaments peuvent entraîner des malformations fœtales lorsqu'ils sont absorbés au cours de la grossesse.

C - Le risque cancérigène

Certains médicaments peuvent favoriser ou accélérer le développement de certains cancers.

D - La pharmaco-dépendance

Certaines personnes développent vis-à-vis de certains médicaments une véritable dépendance les conduisant soit à augmenter les doses soit à ne plus pouvoir se passer du produit. Ces phénomènes sont bien entendu très sensibles avec les stupéfiants mais également avec d'autres classes thérapeutiques : barbituriques, benzodiazépines, laxatifs, vasoconstricteurs, etc.

E - Les effets secondaires et/ou indésirables

Outre les cas de toxicité médicamenteuse développés ci-dessus, la quasi-totalité des médicaments présente des effets indésirables. On entend par effets indésirables (EI) toute réaction nuisible se produisant plus ou moins rapidement aux doses utilisées chez l'homme à des fins thérapeutiques parallèlement à l'effet pharmacologique recherché. Il peut s'agir d'effets secondaires connus, souvent observés et prévisibles et parfois utiles, alors que d'autres sont inattendus, imprévisibles et paraissent liés aux caractéristiques physiopathologiques du patient.

F - Les interactions médicamenteuses

Ce terme s'applique aux modifications imprévues, désavantageuses, non voulues mais parfois recherchées qui surgissent lors de l'association de plusieurs médicaments. Ces interactions médicamenteuses peuvent être d'ordre physique, chimique, galénique, pharmacodynamique. Ce sont celles-ci qui sont les plus courantes mais encore mal connues et parfois dangereuses pour le patient. Elles peuvent se manifester par :

– un antagonisme, c'est-à-dire une diminution ou une annulation de l'effet thérapeutique recherché ;

– une synergie, c'est-à-dire une addition des effets pharmacologiques des deux médicaments ;

– une potentialisation qui s'exerce entre deux substances qui ont des propriétés pharmacologiques différentes et où les effets de l'une sont majorés par l'autre.

CHAPITRE 13 CONSTITUANTS ALIMENTAIRES

L'alimentation fournit à notre organisme les constituants qui lui sont nécessaires. La carence de l'alimentation en certaines substances est à l'origine de troubles plus ou moins graves.

I - Nature et rôle des constituants

A - Nature

Nos aliments sont issus, pour la plupart, de la matière vivante. Ils sont donc constitués, comme cette dernière, de **substances minérales** (eau, minéraux) et de **substances organiques** (glucides, lipides, protides, vitamines). Ils ont plusieurs rôles.

B - Rôles généraux

1 – Rôle énergétique

C'est le rôle essentiel des glucides et des lipides. Les protides fournissent aussi de l'énergie, mais ce n'est pas leur rôle premier. L'alcool éthylique ou éthanol, constituant des boissons alcoolisées, a également une valeur énergétique non négligeable. En revanche, eau, minéraux, vitamines n'ont aucune valeur énergétique.

Valeur énergétique par gramme

Valeur énergétique	Glucides	Protides	Lipides	Éthanol
en kilojoules (kJ)/g	17	17	38	29
en kilocalories (kcal)/g	4	4	9	7

Rappel : 1 kJ = 4,18 kcal

2 – Rôle plastique (ou constructeur)

Les constituants sont alors des matériaux de construction de la matière vivante. Ainsi, l'eau est le constituant le plus abondant de notre organisme, les protéines et les lipides entrent dans la structure des membranes cellulaires, le calcium est un constituant fondamental des os.

3 – Rôle fonctionnel et/ou constructeur

Les constituants participent alors aux fonctions indispensables à la vie, aux réactions du métabolisme cellulaire : c'est le cas de l'eau qui permet le transport de nombreuses substances, participe aux réactions d'hydrolyse. C'est également le cas des nombreux minéraux et vitamines, de protéines enzymatiques, de protéines sous forme d'anticorps.

Rôle des constituants

Rôle	Protides	Lipides	Glucides	Eau	Minéraux	Vitamines
Énergétique	✘	✘	✘			
Plastique	✘	✘		✘	✘	
Fonctionnel	✘			✘	✘	✘

C - Rôle nutritionnel de quelques constituants

Les protides apportent les acides aminés nécessaires à la synthèse des protéines de structure et des protéines fonctionnelles (enzymes, anticorps, hormones).
Sur les vingt acides aminés différents présents dans les protéines, huit ne peuvent être synthétisés par l'organisme : ils sont qualifiés d'**indispensables**.

Un acide aminé indispensable est un acide aminé qui doit être apporté par l'alimentation car il ne peut pas être synthétisé par l'organisme.

La présence de ces acides aminés et leur quantité, à l'issue de la digestion, déterminent leur efficacité pour effectuer les synthèses protéiques. Cette efficacité est appelée la **valeur biologique**. Les protéines animales ont une bonne valeur biologique, celle de l'œuf est la plus élevée. Les protéines végétales ont une valeur biologique moins élevée, mais en associant judicieusement les sources de protéines, la valeur biologique de l'ensemble est augmentée. Cette association ou **complémentation** est réalisée quand on consomme en même temps des protéines animales et des protéines végétales de céréales, mais aussi quand on associe des protéines végétales de céréales (blé, riz, maïs) et de légumineuses (légumes secs tels que pois, haricots, lentilles, soja).

Les lipides apportent les acides gras nécessaires à l'édification des lipides membranaires.
Deux acides gras ne peuvent être synthétisés par l'organisme : **acide linoléique**, **acide linolénique**. Ils appartiennent à des familles d'acides gras polyinsaturés et sont qualifiés d'**essentiels**.

Un acide gras essentiel est un acide gras qui doit être apporté par l'alimentation pour constituer les lipides des membranes cellulaires.

Constituants		Rôle	Carence alimentaire
Minéraux	Calcium	– Minéralisation des os. – Contraction musculaire. – Coagulation du sang.	– Ostéoporose (raréfaction du tissu osseux).
	Fer	– Constituant de l'hémoglobine des globules rouges, de la myoglobine des muscles dans lesquels il assure le transport du dioxygène.	– Anémie.
	Magnésium	– Constituant de nombreuses enzymes.	– Contractures et spasmes.
	Iode	– Constituant de l'hormone thyroïdienne.	– Déficit en hormones thyroïdiennes, d'où goitre (augmentation de volume de la glande thyroïde) et retard mental chez l'enfant.
Vitamines *Hydrosolubles* (solubles dans l'eau)	C ou acide ascorbique	– Formation des tissus conjonctifs.	– Scorbut (saignement des gencives, déchaussement des dents).
	B_1 ou thiamine, B_2 ou riboflavine, PP ou acide nicotinique	– Participation à de nombreuses réactions permettant l'utilisation des protides, des glucides et des lipides.	– Troubles nerveux. – Troubles cutanés. – Troubles nerveux, cutanés et digestifs.

Constituants		Rôle	Carence alimentaire
Liposolubles (solubles dans les lipides)	A ou rétinol ou axérophtol et provitamine A	– Action sur la croissance, maintien en bon état des muqueuses, mécanisme de la vision.	– Baisse de la vision au crépuscule, sécheresse de la peau et des muqueuses.
	D ou cholécalciférol	– Fixation du calcium sur l'os.	– Rachitisme.
	E ou tocophérol	– Antioxydant.	
	K	– Coagulation du sang.	– Hémorragies.

II - Utilisation de ces propriétés en techniques culinaires

Propriétés	Définitions	Applications	Commentaires
Changements d'état physique de la matière	La matière se présente sous trois états : – État solide : état condensé et ordonné. – État gazeux : état dispersé et désordonné. – État liquide : état condensé et désordonné.	Exemple de l'eau : – liquide – solide : cristaux de glace – gazeuse : vapeur d'eau	
– Fusion	État solide → état liquide	Fusion du beurre 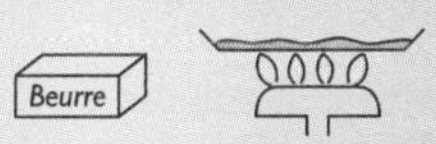 Fusion de la glace	Ne pas confondre fusion et décomposition. Le beurre fond entre 32 et 35° C, il se décompose à 130° C. La glace fond à 0° C.
– Solidification	État liquide → état solide	Congélation, surgélation des aliments 	Procédé de conservation. Les micro-organismes ne peuvent utiliser l'eau transformée en glace.
– Vaporisation	État liquide → état gazeux	Cuisson à la vapeur 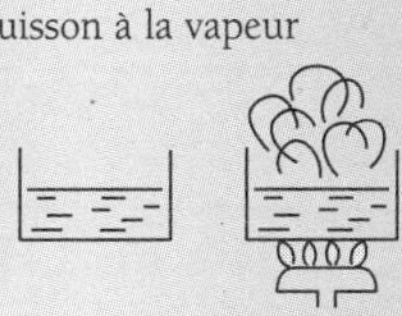	Vaporisation à 100° C sous pression atmosphérique normale, à température plus élevée dans la marmite sous pression.
		Concentration d'un bouillon par ébullition	Bouillon plus savoureux.
		Déshydratation des aliments	Procédé de conservation.
– Liquéfaction	État gazeux → état liquide	Cuisson avec couvercle 	L'eau vaporisée se condense sur le couvercle : les pertes en eau de l'aliment et du milieu de cuisson sont limitées.

Propriétés	Définitions	Applications	Commentaires
Solubilité	Une solution est un mélange homogène dans lequel on ne peut plus distinguer les constituants. 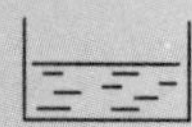 *eau + sucre*	Nombreuses petites molécules solubles dans l'eau (sels minéraux, sucre, acides aminés, alcool). Sirop de sucre (solution de sucre dans l'eau). Saumure (solution de sel dans l'eau). Les lipides (macromolécules) sont solubles dans l'alcool.	Le sucre est plus soluble à chaud qu'à froid. Au-delà d'un certain seuil, la solution est saturée. L'agitation mécanique du mélange accélère la dissolution.
Suspension	Une suspension est une dispersion de particules solides dans un liquide. *particules d'amidon* 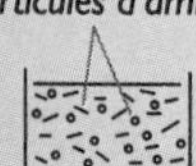 *eau + amidon*	Macromolécules insolubles dans l'eau (blanc d'œuf, amidon, pectine, gélatine). Bases de la formation de gels qui stabilisent les suspensions : lait et empois d'amidon blanc d'œuf plats en gelée desserts lactés gélifiés.	À froid, poudre d'amidon + eau forment une suspension instable (lait d'amidon). À chaud, formation d'une suspension colloïdale ou gel (empois d'amidon). Dans un gel, l'eau est retenue dans les mailles du réseau formé par les macromolécules.
Émulsion	Une émulsion est une dispersion d'un liquide dans un autre liquide non miscible. *goutelettes d'huile* 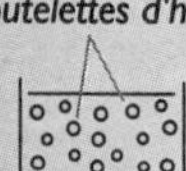 *eau*	Vinaigrette (émulsion instable). Mayonnaise (émulsion stable).	Émulsion stabilisée par le jaune d'œuf, la moutarde. L'émulsifiant du jaune d'œuf est la lécithine.
Diffusion	La diffusion est un mouvement des molécules du milieu où elles sont le plus abondantes vers le milieu où elles le sont le moins, jusqu'à obtenir un équilibre. *molécules* 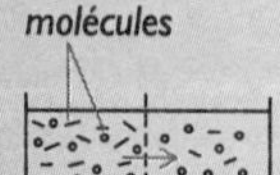	Salage des aliments à sec (jambon sec).	Le sel pénètre dans le jambon, ce qui entraîne une perte d'eau.
		Marinades pour viandes.	Échanges entre le liquide de la marinade et la viande.
		Cuisson par expansion (aliments en petits morceaux cuits longuement dans un bouillon avec départ à froid).	Échanges favorisés.
		Cuisson par concentration (aliments cuits rapidement sans eau ou avec peu d'eau tels sauté, rôti, grillade, cuisson vapeur).	Échanges limités.
		Cuisson mixte (braisé).	

III - Modifications physico-chimiques

Lors du stockage ou des préparations culinaires, les constituants alimentaires se modifient.

A - Action de l'air (action du dioxygène)

Phénomènes d'oxydation			
Constituants	**Transformations**	**Conséquences**	**Précautions à prendre pour limiter le phénomène**
Lipides	Décomposition chimique des lipides insaturés, favorisée par la lumière et l'élévation de la température.	Rancissement qui diminue la qualité sensorielle (saveur, odeur, aspect) et la valeur nutritionnelle.	Empêcher le contact de l'air et éviter l'exposition à la lumière (emballage). Respecter la durée et la température de conservation. Remarque : les huiles contiennent de la vitamine E qui est un antioxydant.
Vitamines A, C, E	Altération chimique, favorisée en milieu acide pour la vitamine A, en milieu alcalin pour la vitamine C.	Perte d'activité vitaminique qui diminue la valeur nutritionnelle.	Mêmes remarques que ci-dessus.
Pigments végétaux	Brunissement enzymatique lors de l'épluchage, sous l'action d'oxydases, enzymes présentes dans les cellules végétales.	Changement de couleur préjudiciable à la qualité sensorielle.	Acidifier le milieu (citron, vinaigre) pour empêcher l'action des enzymes. Détruire les oxydases par une rapide ébullition (blanchiment).

B - Action de la chaleur

La chaleur accélère la vitesse des réactions chimiques. Les transformations dépendent de la température atteinte qui est elle-même fonction de la teneur en eau et de la quantité d'énergie transmise.

Constituants		**Transformations et conditions**		**Conséquences et applications**
Glucides	Sucres	Solutions sucrées	Vaporisation de l'eau. À partir de 150° C, dégradation de la structure moléculaire. De 150 à 170° C formation de caramel. À partir de 190° C, carbonisation.	Concentration de la solution : formation de sirops. Changement de couleur et de saveur.
	Amidon	Chaleur humide	Gélification à partir de 60° C (empois). puis hydrolyse (favorisée en milieu acide).	Épaississement (liaison glucidique dans les sauces), puis liquéfaction de l'empois.
		Chaleur sèche	Hydrolyse : formation de dextrines puis de sucres.	Formation de roux blanc, blond, brun.
	Fibres : cellulose pectine	Chaleur humide	Fixation d'eau. Gélification.	Ramollissement. Prise en masse des confitures.

Constituants	Transformations et conditions		Conséquences et applications
Protéines	Dénaturation (modification de la forme de la protéine dans l'espace). Hydrolyse (collagène → gélatine).		Coagulation. Perte de l'activité biologique des enzymes. Meilleure digestibilité.
Sucres + acides aminés	Température élevée, durée assez longue, peu d'eau.	Association de molécules pour former des composés colorés et aromatiques (réaction de Maillard).	Changements de couleur et de saveur appréciés (pain, biscuits, viandes). Baisse de l'utilisation de certains acides aminés qui sont devenus indisponibles.
Lipides	Température peu élevée.	Fusion (point de fusion).	Changement de consistance (fluidité).
	Température élevée (plus de 200° C).	Décomposition (point de fumée ou température critique).	Formation de composés toxiques.
Vitamines (B_1 surtout)	Transformation chimique.		Perte de l'activité vitaminique.

C - Action des acides

Le pH est acide entre 0 et 7 ; il est alcalin ou basique entre 7 et 14 et neutre à 7.

Constituants	Transformations	Conséquences et applications
Protéines	Dénaturation.	Coagulation (acidification du lait par les ferments lactiques —> yaourt).
Vitamines	Transformations variables en fonction des vitamines.	Préservation de la vitamine C par du vinaigre.
Pigments végétaux	Transformation de la couleur.	Préservation du noircissement des tanins dû à leur oxydation par du jus de citron.

CHAPITRE 13

EXERCICES

CONSTITUANTS ALIMENTAIRES

1 - L'emballage d'un yaourt donne les indications suivantes, pour 100 g de produit : protides 4,2 g, glucides 4,5 g, lipides 3,5 g, calcium 150 mg.

Calculez la valeur énergétique, en kJ et en kcal, de 100 g de cet aliment.
Calculez la valeur énergétique, en kJ et en kcal, d'un yaourt sachant qu'un pot pèse en moyenne 125 g.

2 - Les associations d'aliments suivants : semoule de couscous – pois chiches en Afrique du Nord, maïs – haricots rouges en Amérique du Sud, riz – soja en Asie, font partie des coutumes alimentaires de ces pays. Elles bénéficient également de la faveur des nutritionnistes.

Expliquez l'intérêt nutritionnel de telles associations. Citez un autre exemple d'association de même nature.

3 - On réalise les mélanges mentionnés dans le tableau ci-dessous.
Indiquez, dans ce tableau, les résultats obtenus après agitation de chacun des mélanges.

Mélanges	Suspension	Solution	Émulsion
Sucre + eau			
Farine + eau			
Sel + eau			
Huile + eau			
Huile + alcool			

4 - On étudie les pertes en vitamine C de différents légumes, lors du trempage de ces légumes dans l'eau.

Légume	Durée de trempage	Perte en vitamine C (en %)
Salade coupée	15 min	30
	1 heure	48
Salade entière	1 heure	7
Pommes de terre épluchées entières	15 min	4
	1 heure	13
	12 heures	60

4.1. *Précisez la propriété de la vitamine C qui permet d'expliquer cette perte.*
4.2. *Expliquez le mécanisme de ces pertes.*
4.3. *Donnez les précautions à prendre lors du lavage des légumes.*
4.4. *Donnez, en les justifiant, les autres précautions à prendre pour préserver la vitamine C.*

■ *1* - Le yaourt

Valeur énergétique de 100g de yaourt :

Énergie protidique : 17 x 4,2 = 71,4 kJ

Énergie glucidique : 17 x 4,5 = 76,5 kJ

Énergie lipidique : 38 x 3,5 = 133 kJ

Soit pour 100g : 280,9 kJ ou 280,9 : 4,18 = 67,2 kcal

Valeur énergétique d'un pot de yaourt : 280, 9 x 1,25 = 351,2 kJ ou 84 kcal.

■ 2 - Les associations proposées ici sont réalisées entre les céréales d'une part et les légumineuses d'autre part. L'intérêt nutritionnel de telles associations est une augmentation de l'efficacité des protéines pour assurer les synthèses, car une complémentation est obtenue entre les acides aminés des légumineuses et des céréales.

On peut également associer des protéines animales et des protéines de céréales par exemple, fromage et pain, viande et pâtes alimentaire, poisson et riz.

■ 3 - Les mélanges

Mélanges	Suspension	Solution	Émulsion
Sucre + eau		✘	
Farine + eau	✘		
Sel + eau		✘	
Huile + eau			✘
Huile + alcool		✘	

■ *4* - Trempage des légumes dans l'eau.

4.1. La vitamine C est hydrosoluble.

4.2. Ces pertes s'expliquent par un phénomène de diffusion de la vitamine C dans l'eau de trempage.

4.3. Précautions à prendre lors du lavage des légumes : les résultats montrent que les pertes sont d'autant plus élevées que la durée de trempage est longue et que la salade est coupée ; il faut donc veiller à laver le plus rapidement possible les légumes, de préférence entiers.

Remarque : en ce qui concerne la salade, il est bien évident que pour la laver, il faut séparer les feuilles, mais il vaut mieux les garder entières plutôt que les couper.

4.4. Autres précautions à prendre pour préserver la vitamine C : limiter la durée du stockage, conserver au frais et surtout à l'abri de l'air car la vitamine C s'oxyde très rapidement.

CHAPITRE 14 ÉTUDE DES ALIMENTS

Pour être en mesure de proposer une alimentation équilibrée, il faut connaître la composition de nos aliments. Afin que cette alimentation soit variée, il est utile de savoir comment remplacer un aliment par un autre apportant le même type de constituant.

I - Principaux groupes d'aliments

Les aliments sont classés en fonction de leurs constituants dominants. La valeur nutritionnelle des aliments d'un même groupe est donc comparable, de par ces principaux constituants.

Groupe d'aliments	Principaux constituants	Exemples d'aliments	Autres constituants éventuels
Produits laitiers 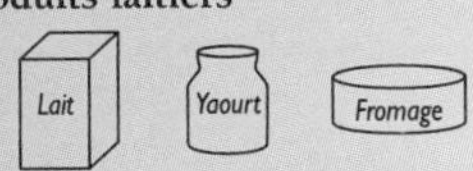	Calcium, protéines animales, vitamines du groupe B.	Lait, fromages, yaourts, desserts lactés.	Lipides et vitamine A pour les produits non écrémés.
Viande, poisson, œufs 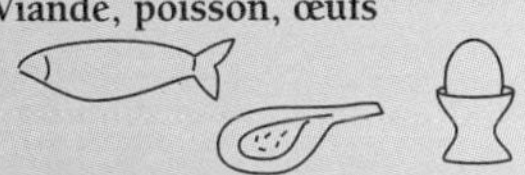	Protéines animales, fer, vitamines du groupe B.	Bœuf, porc, mouton, volailles, lapin, œufs, charcuteries, poissons, fruits de mer.	Lipides en quantité variable, en général importante dans les charcuteries.
Légumes et fruits 	Fibres, eau, minéraux, vitamines A et C.	Carotte, tomate, poireau, radis, melon, pomme, orange, fraise.	Glucides sucrés surtout dans les fruits.
Produits céréaliers Pommes de terre, légumes secs 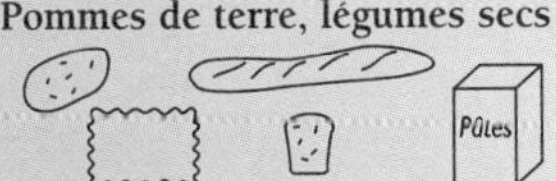	Glucides complexes (amidon), protéines végétales, fibres, vitamines du groupe B, minéraux.	Pain, pâtes, riz, biscuits, viennoiseries, pomme de terre, haricots secs, lentilles, pois chiches, fèves (aliments dits féculents).	Lipides dans biscuits et viennoiseries.
Corps gras 	Lipides.	Beurre, crème, huiles, margarines.	Vitamine A dans le beurre. Vitamine E et acides gras essentiels (AGE) dans les huiles et les margarines végétales.
Produits sucrés 	Glucides sucrés (saccharose, glucose, fructose).	Sucre, miel, confiture, chocolat, confiseries.	Lipides dans le chocolat.
Boissons 	Eau.	Eau, boissons sucrées (aux fruits, sodas, colas), thé, café , infusions, boissons alcoolisées (vin, bière, alcools).	Minéraux dans certaines eaux (calcium, magnésium). Saccharose dans les boissons sucrées. Alcool dans les boissons alcoolisées.

Remarques : de nombreux aliments allégés sont proposés aux consommateurs. Alléger un aliment consiste à diminuer sa teneur en lipides ou / et à remplacer le sucre par des édulcorants dont la valeur énergétique est négligeable car il suffit d'une très faible quantité de ces édulcorants pour avoir une saveur sucrée. On trouve des aliments allégés dans plusieurs groupes d'aliments :

- les produits laitiers : lait écrémé, yaourt et fromage blanc à 0 % de lipides, yaourt et fromage édulcorés ;
- les charcuteries allégées en lipides ;
- les corps gras : beurre et margarine allégés ;
- les produits sucrés : chewing-gum aux édulcorants ;
- les boissons aux édulcorants.

II - Équivalences alimentaires

Les différents aliments d'un même groupe étant caractérisés par la présence prédominante d'un (ou de plusieurs) constituant(s), ces aliments sont substituables les uns aux autres pour un constituant donné, ce qui permet de tenir compte des goûts de chacun, sans perturber l'équilibre alimentaire.

Groupes d'aliments	Portion de référence	Équivalence protéique	Équivalence calcique	Équivalence énergétique
Produits laitiers	**un bol de lait =** 1/4 litre 8 g protéines 300 mg calcium	2 yaourts 25 g gruyère 40 g camembert 100 g fromage blanc	2 yaourts 30 g gruyère 80 g camembert 300 g fromage blanc	
Viande poisson, œufs	**100 g viande** 18 à 20 g de protéines	100 g poisson 2 à 3 œufs selon la grosseur		
Céréales, pomme de terre, légumes secs	**75 g pain =** 1/3 de baguette 800 kJ (190 kcal)			*Origine surtout glucidique* 55 g pâtes crues 55 g riz cru 200 g pommes de terre épluchées 60 à 70 g légumes secs crus
Corps gras	**10 g huile =** 1 cuiller à soupe d'huile ou 3 cuiller à café d'huile 380 kJ (90 kcal)			*Origine lipidique* 12 g de beurre 12 g de margarine 25 g de crème
Produits sucrés	**10 g sucre =** 2 sucres n°4 170 kJ (40 kcal)			*Origine glucidique* 13 g miel 15 g confiture *Origine glucidique et lipidique* 8 g chocolat

EXERCICES

CHAPITRE 14

ÉTUDE DES ALIMENTS

1 - Une tarte aux poireaux est réalisée avec les aliments suivants : farine, beurre, poireaux, lait et crème fraîche, jambon, emmenthal.
Indiquez le groupe d'aliments correspondant à chaque ingrédient.

2 - Il n'est pas toujours possible, pour diverses raisons, de prendre un repas traditionnel. La consommation occasionnelle de sandwichs est alors une alternative qui ne compromet pas systématiquement l'équilibre alimentaire, car, en dehors du sempiternel sandwich jambon-beurre, on peut, avec un peu d'imagination, en composer une grande variété.
Proposez trois sandwichs différents par les aliments qui les composent, et dans lesquels, et pour chacun d'eux, les cinq premiers groupes d'aliments soient représentés.

3 - La composition de quelques légumes secs est la suivante (en g pour 100g de légumes crus)

Aliments	Protéines	Glucides	Lipides	Valeur énergétique
Haricot blanc	19	50	1	
Lentille	24	53	1	
Pois cassé	22	56	1	

3.1. *Calculez la quantité d'énergie fournie par chaque constituant dans 100 g de lentilles, sachant que 1 g de protéines fournit 17 kJ, 1 g de glucides : 17 kJ, 1 g de lipides : 38 kJ.*

3.2. *Indiquez le constituant qui fournit la part d'énergie la plus importante. Justifiez l'appellation d'aliments féculents donnée aux légumes secs.*

3.3. *Indiquez dans le tableau la valeur énergétique de chaque aliment, en kJ pour 100g.*

3.4. *Sachant que 75 g de pain fournissent 800 kJ, calculez les quantités respectives de chacun des légumes secs fournissant cette même quantité d'énergie. Nommez l'équivalence ainsi calculée.*

3.5. *Sachant que 100 g de viande ou de poisson contiennent environ 18 g de protéines, calculez la quantité de lentilles fournissant cette quantité de protéines. Nommez l'équivalence ainsi calculée. Les légumes secs sont parfois groupés avec les viandes, les poissons et les œufs : justifiez cette classification.*

En utilisant les résultats précédents, discutez de l'intérêt et des limites de la classification des aliments.

4 - D'après les conseils du Comité français d'éducation pour la santé (CFES), quatre aliments essentiels doivent être présents au petit déjeuner : du lait ou des produits laitiers, du pain ou des céréales, un fruit ou un jus de fruit, une boisson.

4.1. *Indiquez les groupes d'aliments représentés dans un tel petit déjeuner et précisez les apports respectifs de chaque aliment de ce petit déjeuner.*

4.2. Certaines personnes consomment du pain au petit déjeuner, d'autres préfèrent consommer des biscottes ou de la brioche ou des croissants. Le tableau ci-dessous donne la composition de ces différents aliments pour 100 g.

Aliments	Protéines en g	Glucides en g	Lipides en g	Valeur énergétique en kJ
Pain	8	55	1	
Biscottes	10	75	4	
Brioche	8	38	22	
Croissant	9	47	20	

¤ *Indiquez dans le tableau la valeur énergétique de 100 g de chaque aliment.*

¤ *Comparez les valeurs énergétiques obtenues.*

¤ *Comparez les pourcentages d'énergie glucidique et lipidique de chaque aliment.*

■ *5 - Choisissez dans la liste d'aliments suivants, 5 aliments apportant essentiellement des protides, 5 aliments apportant essentiellement des glucides, 4 aliments apportant essentiellement des lipides, 2 aliments apportant essentiellement du calcium, 5 aliments apportant de la vitamine C, 5 aliments apportant des fibres :* mandarine, camembert, beurre, épinard, poulet, riz, pamplemousse, huile d'olive, thon, chou, gruyère, pâtes, farine, miel, bifteck, margarine, courgette, sucre, crème.

■ *1* - Groupe d'aliments

Farine : produits céréaliers ; beurre et crème fraîche : corps gras ; poireaux : légumes et fruits ; lait et emmenthal : produits laitiers ; jambon : viandes, poissons, œufs.

■ 2 - Sandwichs différents

Groupes d'aliments	**Propositions de sandwichs**		
	Proposition 1	**Proposition 2**	**Proposition 3**
Produits laitiers	Mimolette	Mozarella	Gruyère
Viande poisson œufs	Saumon fumé	Œuf dur	Blanc de poulet
Légumes et fruits	Salade concombre	Tomate, basilic	Pomme crue
Produits céréaliers	Pain complet	Pain de campagne	Pain de mie
Corps gras	Crème	Huile d'olive	Margarine au tournesol

■ 3 - Légumes secs

Aliments	**Énergie protidique en kJ**	**Énergie glucidique en kJ**	**Énergie lipidique en kJ**	**Valeur énergétique en kJ**
Haricot blanc	323	850	38	1 211
Lentille	408	901	38	1 347
Pois cassé	374	952	38	1 364

3.1. Voir tableau.

3.2. L'énergie glucidique est la part la plus importante. Le glucide présent dans les aliments cités est essentiellement de l'amidon, d'où l'appellation d'aliment féculent.

3.3. Voir tableau.

3.4. Équivalence énergétique de 75 g de pain (soit 1/3 de baguette) : 75 g de pain fournissent 800 kJ, 100 g de lentilles fournissent 1 347 kJ donc *800 kJ sont fournis par* 800/1 347 soit *environ 60 g de lentilles*, ce qui correspond à peu près à une portion. Remarque : après cuisson on obtiendra un plat de lentilles 200 à 250 g du fait de la réhydratation.

3.5. Équivalence protéique de 100 g de viande : 100 g de viande apportent 18 g de protéines, 100 g de lentilles apportent 24 g de protéines, donc 18 g de protéines sont apportées par 18/24 soit 75 g de lentilles. Si on considère l'apport protéique, 100 g de viande (soit une portion) sont donc équivalents à 75 g de lentilles (soit une portion). Il serait donc possible de mettre les légumes secs dans le groupe des viandes poissons œufs.

La classification proposée est un outil simple permettant de faire apparaître les principaux constituants. De plus, elle tient compte des habitudes de consommation des individus : il est vrai qu'en France, il n'est pas dans les habitudes de remplacer un plat de viande ou de poisson ou d'œufs par un plat de légumes secs. Pourtant, les protéines de légumes secs sont bien moins coûteuses que les autres protéines animales et la prise en compte de l'équivalence protéique entre les légumes secs et les viandes poissons œufs serait justifiée.

■ 4 – Petit déjeuner

Aliments	Groupe d'aliment	Apports
Lait, produits laitiers	Produits laitiers.	Calcium, protéines animales, vitamines B.
Pain ou céréales	Produits céréaliers.	Amidon, protéines végétales, fibres, vitamines B, minéraux.
Fruit ou jus de fruit	Légumes et fruits.	Vitamine C.
Boisson	Boissons.	Eau.

Aliment	Valeur énergétique en kJ	Pourcentage d'énergie glucidique	Pourcentage d'énergie lipidique
Pain	1 109	935/1 109 = 84 %	38/1 109 = 3,4 %
Biscottes	1 597	1 275/1 597 = 78,9 %	152/1 509 = 10 %
Brioche	1 618	646/1 618 = 40 %	836/1 618 = 52 %
Croissant	1 712	799/1 712 = 46,7 %	760/1 712 = 44,4 %

Le pain a une valeur énergétique moins élevée que les autres produits qui lui sont substituables au petit déjeuner. Cela est dû à sa faible teneur en lipides. L'énergie apportée par le pain est surtout glucidique alors que l'énergie apportée par la brioche et les croissants est lipidique pour une grande part. Toutefois, il faut tenir compte que le pain du petit déjeuner peut être accompagné de beurre, ce qui augmente alors l'apport lipidique.

■ 5 - Apport des aliments

Protides	Glucides	Lipides	Calcium	Vit C	Fibres
Poulet	Pâtes	Beurre	Camembert	Mandarine	Mandarine
Thon	Riz	Huile d'olive	Gruyère	Pamplemousse	Pamplemousse
Bifteck	Farine	Margarine		Chou	Chou
Camembert	Miel	Crème		Épinards	Épinards
Gruyère	Sucre			Courgette	Courgette

CHAPITRE 15

BESOINS NUTRITIONNELS ET APPORTS CONSEILLÉS

Une alimentation rationnelle doit couvrir les besoins de l'organisme. Ces besoins varient en fonction des caractéristiques des individus : âge, sexe, poids, activité physique, état physiologique particulier lors de la grossesse et de l'allaitement.

I - Notions de besoins et apports conseillés

A - Besoins nutritionnels

Les besoins nutritionnels répondent à deux catégories de besoins :
– le besoin d'**entretien** ou besoin nécessaire pour compenser les **pertes** ou **dépenses** de l'organisme engendrées par le **renouvellement** ou la **réparation** des tissus ;
– le besoin de **croissance** ou besoin nécessaire pour assurer la **synthèse de nouveaux tissus**.
Dans ce cas, l'organisme retient plus de nutriments qu'il n'en perd : c'est le cas, non seulement au cours de la croissance de l'enfant, mais aussi au cours de la grossesse et de la lactation.
Pour assurer l'entretien et la croissance de l'organisme, nous avons besoin d'énergie et de matériaux qui nous sont apportés par les aliments.
Individu adulte en équilibre de poids : besoins nutritionnels = besoin d'entretien.
Enfant, adolescent, femme enceinte, femme qui allaite : besoins nutritionnels = besoin d'entretien + besoin de croissance.
Les pertes et les dépenses d'une part, la rapidité et l'importance de la croissance d'autre part, sont variables d'un individu à l'autre, **les besoins nutritionnels sont des besoins individuels** que l'on peut évaluer.

B - Apports nutritionnels conseillés (ou recommandés)

Les apports nutritionnels conseillés (ou ANC) sont des valeurs que l'on peut recommander à une population (ou à des groupes) en tenant compte, non seulement des données scientifiques concernant les besoins nutritionnels, mais aussi des habitudes alimentaires, dans la mesure où elles ne sont pas nuisibles à la santé.
Les apports nutritionnels conseillés sont des valeurs permettant de satisfaire les besoins nutritionnels d'une majorité des individus d'une population (ou d'un groupe).
Ces valeurs sont des **repères** et non des normes.
De façon conventionnelle, les apports sont exprimés sous forme d'apports journaliers.

II - Besoins et apports conseillés en énergie

A - Besoin énergétique

Le besoin énergétique est la résultante d'un ensemble de dépenses. Les plus importantes sont :
La dépense liée au métabolisme de base. Le métabolisme basal représente la dépense énergétique minimale nécessaire à l'entretien de la vie d'un individu au repos mais éveillé, à jeun (activité cardiaque, respiratoire, cérébrale, tonus musculaire).

La dépense due au travail musculaire.

Deux autres dépenses s'ajoutent mais elles sont quantitativement moins importantes :

La dépense permettant de **maintenir la température corporelle à 37° C** ou **dépense de thermorégulation** en dehors de **l'équilibre thermique**.

La dépense liée au **travail digestif** et **à l'utilisation des nutriments par l'organisme.**

B - Facteurs de variation de la dépense énergétique

L'**activité physique**, qu'elle soit liée à l'activité professionnelle ou de loisir ou sportive, est le principal facteur de variation de la dépense ; d'où la distinction des différents niveaux d'activité : réduite, moyenne ou modérée (on parle alors d'activité habituelle pour la population française), importante, très importante.

L'**âge**, le **sexe**, le **poids**, l'**état physiologique** (grossesse et lactation) sont d'autres facteurs de variation. Lorsqu'il y a croissance, les cellules sont plus actives, la dépense du métabolisme basal augmente. Inversement, lors du vieillissement, les cellules sont moins actives et le métabolisme basal diminue. Les cellules formant la graisse sont moins actives que les cellules musculaires, la dépense énergétique est donc proportionnellement plus importante chez l'homme que chez la femme car cette dernière a une proportion de graisse plus importante que l'homme. Par ailleurs la dépense énergétique est proportionnelle à la masse cellulaire donc au poids corporel.

Chez les personnes âgées, la baisse de la dépense énergétique peut s'expliquer de la manière suivante : d'une part, il y a une baisse de l'activité physique car la personne a davantage de difficultés à se mobiliser, cela explique en partie une diminution de la masse musculaire. D'autre part, la masse grasse peut augmenter, mais comme elle est moins active que la masse musculaire, la dépense énergétique se trouve finalement diminuée. Elle est très diminuée chez les personnes âgées alitées.

C - Valeurs des apports énergétiques conseillés

En fonction de ce qui précède, des valeurs ont été établies selon l'âge, l'activité, le sexe, l'état physiologique.

Catégories	Apports journaliers conseillés en kJ	
	sexe masculin	sexe féminin
Enfant de 1 à 3 ans	5 300	
Enfant de 4 à 6 ans	6 730	
Enfant de 7 à 9 ans	7 860	
Enfant de 10 à 12 ans	9 150	8 150
Adolescent de 13 à 15 ans	10 370	8 950
Adolescent de 16 à 19 ans	12 000	8 950
Adulte activité habituelle	**11 300**	**8 400**
Femme enceinte		9 000 (T1) 9 400 (T2 et T3)
Femme allaitante		10 450
Personne âgée valide	8 800	6 300

III - Besoins et apports conseillés en protides, lipides, glucides

A - Aspects quantitatifs des besoins

En tenant compte des habitudes alimentaires spontanées et dans la mesure où elles sont compatibles avec la santé, les nutritionnistes conseillent que l'apport énergétique soit réparti de la manière suivante :

– 12 % de l'apport énergétique total (AET) sous forme de protides,
– 30 à 35 % de l'apport énergétique total sous forme de lipides,
– 50 à 58 % de l'apport énergétique total sous forme de glucides.

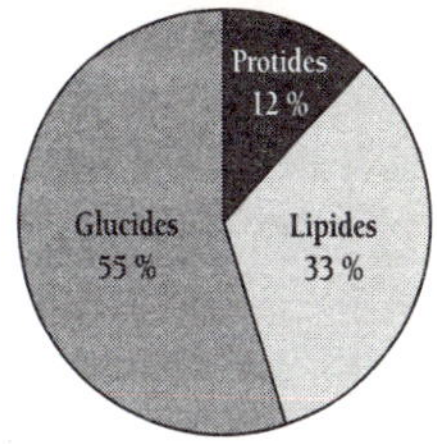

Dans l'alimentation actuelle, la part d'énergie protéique est souvent légèrement plus élevée mais cela reste acceptable jusqu'à 15 % de l'AET. Cependant, la part d'énergie lipidique a tendance à être supérieure à 35% de l'AET, ce qui est excessif.

Connaissant la valeur énergétique des protides, des lipides et des glucides, on peut donc calculer la quantité, en grammes, par jour, de chacun des nutriments.

Prenons l'exemple de l'homme adulte ayant une activité physique modérée et pour lequel on conseille un apport énergétique quotidien de 11 300 kJ :

Protides : 12 % de 11 300 kJ soit 1 356 kJ d'énergie protidique, énergie qui sera apportée par 1356/17 soit environ 80 g de protides.

Lipides : 30 % de 11 300 kJ soit 3 390 kJ d'énergie lipidique, énergie qui sera apportée par 3 390/38 soit environ 90 g. En prenant un pourcentage de 35 % d'énergie lipidique, on obtiendrait 104 g de lipides.

Glucides : 50 % d'énergie glucidique correspond à 5 650/17 soit, environ 332 g de glucides ;
58 % d'énergie glucidique correspond à environ 385 g de glucides.

Pour connaître les quantités conseillées en protides, lipides, glucides, à un groupe de consommateurs, il suffit donc de connaître les apports énergétiques conseillés ou recommandés.

B - Aspects qualitatifs des besoins

1 – Protides

Les sources de protides sont les protéines alimentaires d'origine animale (groupe viandes, poisson, œufs et groupe produits laitiers) et d'origine végétale (produits céréaliers et légumes secs). Les protéines animales sont de très bonnes sources d'acides aminés indispensables, mais elles sont le plus souvent accompagnées de lipides qui augmentent la quantité de lipides de la ration. Par ailleurs, ces lipides n'apportent pas toujours l'équilibre souhaitable en acides gras et, de plus, ils contiennent du cholestérol. Aussi, pour les adultes, on conseille un apport égal en protéines animales (PA) et en protéines végétales (PV), soit **PA/PV = 1**

adulte [PA] = [PV]   individu en croissance [PA] > [PV]

Pour les individus en **croissance**, le rapport **PA/PV** doit être **supérieur à 1**. Il peut atteindre 2, soit deux fois plus de protéines animales que de protéines végétales.

Chez les adultes, le rapport PA/PV est souvent supérieur à 1, il reste acceptable jusqu'à 1,5.

2 – Lipides

Les besoins qualitatifs en lipides seront satisfaits dans la mesure où les **différents acides gras** saturés, monoinsaturés, polyinsaturés sont présents en **proportions équilibrées** et l'apport en cholestérol est limité. C'est la raison pour laquelle on recommande de varier les sources de lipides en faisant appel aux **lipides d'origine végétale** présents dans les huiles et en limitant les **lipides d'origine animale** présents dans les corps gras animaux mais aussi les viandes, les fromages. Les lipides d'origine animale sont plus riches en

acides gras saturés et en cholestérol : leur consommation excessive constitue un facteur de risque de maladies cardio-vasculaires. Les lipides d'origine végétale ne contiennent pas de cholestérol et apportent davantage d'acides gras mono et polyinsaturés qui exercent des effets bénéfiques sur les taux de lipides et de cholestérol sanguins.
En pratique, le rapport lipides animaux/lipides végétaux souhaitable est de 1 à 1,5.

3 – Glucides

Les glucides assimilables des aliments sont présents sous forme d'**amidon** dans les aliments dits féculents et sous forme de **sucres**, soit du sucre ajouté (sucre ordinaire ou saccharose) dans les aliments sucrés, soit des sucres naturellement présents dans les fruits (fructose), et les produits laitiers (lactose). Il est important que le glucose issu de la digestion des glucides ne passe pas trop rapidement dans le sang, ce qui engendrerait des variations brutales de la glycémie. Or, la rapidité de digestion des glucides dépend des autres constituants alimentaires. On a donc intérêt à conseiller la consommation de glucides qui n'élèvent pas trop la glycémie. Ce qui conduit à privilégier la consommation de féculents, mais aussi de fruits et légumes qui apportent d'autres nutriments que les glucides assimilables (fibres, minéraux, vitamines).
Les glucides seront donc répartis de la façon suivante :
amidon 2/3, sucres 1/3.

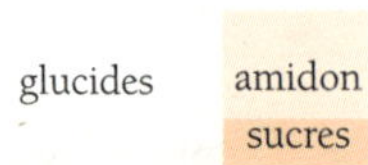

On considère que **l'énergie fournie par le sucre ajouté (ou saccharose) ne doit pas dépasser 10 % de l'apport énergétique total**,
soit 1 130/17 = 66 g pour l'homme adulte d'activité habituelle,
840/17 = 50 g pour la femme adulte d'activité habituelle.

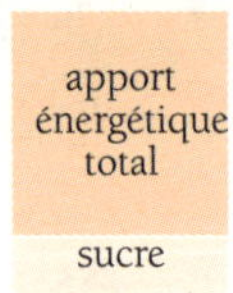

Remarque concernant la consommation d'alcool : l'abus d'alcool est dangereux pour la santé. Toutefois la consommation d'une petite quantité d'alcool est envisageable **chez l'adulte**, en particulier sous forme de **vin**. La part de l'énergie fournie par l'alcool ne doit en aucun cas dépasser 10 % de l'apport énergétique total soit 1 130/29 = 39 g pour l'homme d'activité habituelle , ce qui correspond à 400 ml environ d'un vin à 12 % vol.
L'apport énergétique dû à l'alcool est à déduire pour moitié de l'énergie glucidique et pour moitié de l'énergie lipidique·

IV - Besoins et apports conseillés en eau, minéraux, vitamines, fibres

A - Besoins et apports conseillés en eau

1 – Les pertes d'eau

Elles se font par l'**urine**, la **sueur**, les **matières fécales**, l'**air expiré**.

2 – Les facteurs de variation

L'activité physique, le climat ou une ambiance chaude augmentent la sudation.
Le pouvoir de concentration urinaire varie selon l'âge : il est faible chez les nourrissons (urine diluée donc proportionnellement abondante), il augmente ensuite pour diminuer lors du vieillissement, ce qui augmente les pertes par l'urine.
La fièvre augmente les pertes par voie cutanée.
Les diarrhées, les vomissements, augmentent les pertes par voie digestive.

3 – Dans des conditions de climat tempéré et d'activité modérée

Les pertes sont évaluées à 2,5 l par jour pour l'adulte, 3 l pour la femme allaitante. Les apports sont équivalents à ces pertes.

Il faut particulièrement **veiller à l'apport en eau** :

– chez les **personnes âgées** car d'une part, la capacité de concentration urinaire diminue, d'autre part, la sensation de soif s'émousse avec l'âge, la personne âgée peut donc se déshydrater sans s'en rendre compte ;

– chez les **nourrissons**, car d'une part, les reins concentrent moins l'urine, d'autre part la perte cutanée est importante. Par ailleurs, les épisodes de fièvre, de diarrhées et de vomissements, fréquents chez les jeunes enfants, les exposent à de graves déshydratations.

B - Besoins et apports conseillés en minéraux et en vitamines

En ce qui concerne les minéraux, on retiendra les besoins en **calcium** et **fer** qui sont particulièrement importants pour les **individus en croissance**. Les besoins en fer sont plus importants chez les adolescentes et les femmes jusqu'à la ménopause, en raison des pertes de sang menstruelles. En ce qui concerne les vitamines, on retiendra les besoins en vitamine C et en vitamine A.

Catégories	Apports conseillés en minéraux		Apports conseillés en vitamines	
	Calcium (en mg)	Fer (en mg)	Vit. C (en mg)	Vit. A (en µg)
Enfant de 1 à 3 ans	600	10	35	400
Enfant de 4 à 6 ans	700	10	50	600
Enfant de 10 à 12 ans	1 000	12	60	800
Adolescent de 13 à 19 ans	1 200	15	80	1 000
Adolescente de 13 à 19 ans	1 200	18	80	800
Homme adulte	900	10	80	1 000
Femme adulte	900	18	80	800
Femme enceinte	1 200	20 à 50	90	1 000
Femme allaitante	1 200	13	90	1 300
Personne âgée valide	1 200	10	80	800

C - Apports conseillés en fibres

Les fibres sont des constituants de nature glucidique pour la plupart, présents dans la paroi des cellules végétales, mais qui ne peuvent être hydrolysées par les enzymes digestives humaines. Elles sont indispensables pour assurer la progression des aliments et de leurs résidus dans l'intestin (transit intestinal). **Un apport de 25 à 30 g par jour est conseillé pour les adultes**.

EXERCICES

CHAPITRE 15 BESOINS NUTRITIONNELS ET APPORTS CONSEILLÉS

1 – Les apports énergétiques conseillés à l'adolescent de 16 à 19 ans, sont évalués à 12 000 kJ par jour.
Calculez les quantités journalières, en grammes, de protides, lipides, glucides recommandées à cet âge.
Quelle quantité de protéines animales conseilleriez-vous à cet adolescent ? Justifiez votre réponse.

2 – L'apport énergétique conseillé à la femme d'activité habituelle est de 8 400 kJ par jour alors qu'il n'est que de 6 300 kJ pour la femme âgée valide :
Interprétez cette différence.

3 – Les apports conseillés en calcium et en fer s'élèvent respectivement à 900 mg et 18 mg par jour chez la femme adulte alors qu'ils sont estimés à 1 200 mg et 10 mg chez la femme âgée.
Interprétez cette différence.

Corrigé

1
Protides : 12 % de l'AET soit 85 g ; lipides : 30 à 35 % de l'AET soit 95 à 110 g ; glucides : 50 à 58 % de l'AET soit 353 à 410 g.
Quantité de protéines animales supérieure à 85/2 soit 42,5 g et pouvant aller jusqu'à 57 g (PA/PV = 2) en raison de l'importance de la croissance et du bon apport d'acides aminés indispensables par les protéines animales.

2
La différence s'explique par la baisse du métabolisme basal chez la femme âgée et par la diminution de l'activité physique.

3
L'apport conseillé en calcium est plus élevé chez la femme âgée que chez la femme adulte car, d'une part, les capacités d'absorption de la muqueuse intestinale diminuent avec le vieillissement ; d'autre part, le stock de calcium osseux doit être maintenu pour éviter les fractures liées à l'ostéoporose et sources d'invalidité. En revanche, les apports conseillés en fer sont moins élevés chez la femme âgée car elle n'a plus de pertes de sang par les règles.

CHAPITRE 16 ALIMENTATION RATIONNELLE

Une alimentation rationnelle est une alimentation équilibrée, répondant aux besoins des différentes catégories d'individus. Elle constitue un des facteurs majeurs d'un état de santé satisfaisant.

I - Rations alimentaires

A - Définition

La ration alimentaire est la quantité journalière d'aliments nécessaire pour satisfaire les apports nutritionnels conseillés et donc couvrir les besoins de l'organisme.

B - Élaboration des rations

La ration comprend les différents groupes d'aliments. Les quantités données sont des quantités indicatives et pour lesquelles on fait jouer les équivalences à l'intérieur de chaque groupe.

Produits laitiers. On considère que les **produits laitiers doivent fournir les 2/3 de l'apport conseillé en calcium**, le tiers restant étant fourni par les légumes et fruits (et éventuellement par l'eau de boisson en fonction de sa teneur).

Viandes poissons œufs. Les produits laitiers apportent aussi des protéines animales, on calcule donc la quantité de viande, poisson, œufs à consommer, en fonction de la quantité de protéines animales restant à couvrir.

Légumes et fruits. On peut considérer que les **légumes et fruits non féculents** apportent de **15 à 20 % des glucides** de la ration.

Féculents. Les féculents apportent les **2/3 de la ration de glucides** sous forme d'**amidon**.

Corps gras. Les produits laitiers, les viandes, poissons, œufs ayant fourni une certaine quantité de lipides animaux, les corps gras d'accompagnement apporteront le complément de lipides sous forme de lipides végétaux (huiles, margarines végétales) et sous forme de lipides animaux (beurre, crème), de manière à assurer LA/LV = 1 à 1,5.

Produits sucrés. En tenant compte des glucides déja fournis par les légumes et fruits, par les féculents, mais aussi par le lactose du lait, on peut alors estimer la quantité de glucides restant, à apporter sous forme de sucre (sucre, confiture, chocolat).

Boissons alcoolisées. La consommation d'une petite quantité de vin est acceptable chez l'adulte, mais on peut bien évidemment s'en passer.

C - Rations des adultes

Rations moyennes par jour pour des adultes ayant une « activité habituelle pour la France » (ou adultes de référence).

Aliments	Quantités pour l'homme en g (11 300 kJ)	Quantités pour la femme en g (8 400 kJ)	Remarques
Lait 1/2 écrémé (ml) Fromage (g)	250 60	250 60	Un bol + lait dans une préparation. 30 à 40 g dans une portion moyenne.
Viande, poisson, œufs (g)	150	120	À répartir en 2 parts inégales, la part la plus importante à midi. 3 à 4 œufs par semaine au maximum.
Légumes (g) Fruits (g)	400 350	350 300	Dont les légumes des entrées, potages… La quantité peut être augmentée. 2 fruits en moyenne.
Pain (g) Pommes de terre (g)	300 350	200 250	Ou équivalents (biscottes, céréales du petit déjeuner, farine des préparations…). Ou équivalents (pâtes, riz, légumes secs).
Beurre (g) Huiles (g)	30 25	20 30	Beurre cru ou juste fondu. Varier les huiles (olive, tournesol…).
Sucre et produits sucrés (g)	60	50	

D - Rations des autres consommateurs

Aliments	Adolescent 16 à 19 ans	Adolescente 16 à 19 ans	Femme enceinte	Personnes âgées
Lait 1/2 écrémé (ml) Fromage (g)	400 70	400 60	400 60	400 60
Viande, poisson, œuf (g)	150	100	120	120
Légumes (g) Fruits (g)	400 350	300 300	400 400	400 400
Pain (g) Pommes de terre (g)	300 350	200 250	200 300	200 300
Beurre (g) Huiles (g)	35 65	25 55	25 50	25 50
Sucre et produits sucrés (g)	65	55	50	50

Commentaires

Chez les adolescents, les femmes enceintes, les produits laitiers sont à privilégier pour permettre la minéralisation du squelette. Chez les personnes âgées, les apports accrus en produits laitiers se justifient par une augmentation des apports conseillés en calcium en raison d'une diminution des capacités d'absorption par la muqueuse digestive. L'importance des quantités de légumes et fruits chez les femmes enceintes et les personnes âgées s'explique en partie par les risques de constipation. Chez les personnes âgées, il faut maintenir une ration suffisante pour éviter les risques de dénutrition.

II - Équilibre alimentaire

A - Principes de base

La ration est répartie entre les différents repas d'une journée. Il est difficile d'obtenir un équilibre alimentaire sur une seule journée, toutefois, quelques principes de base peuvent être retenus pour proposer une alimentation équilibrée.

1 – Alimentation variée

Une alimentation équilibrée est une **alimentation variée**, car même à l'intérieur d'un groupe d'aliments, la composition en nutriments est différente d'un aliment à l'autre.

2 – Répartition judicieuse de **l'apport énergétique** entre les différents repas

- 25% au petit déjeuner
- 40 à 35% au déjeuner
- 35 à 40% au dîner

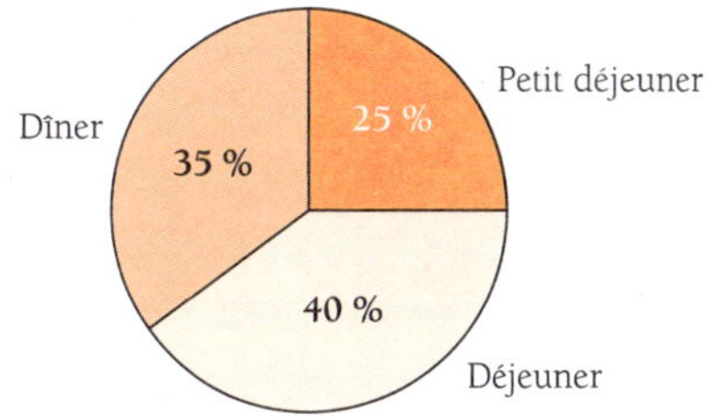

Lorsque la ration augmente, il est préférable d'apporter le supplément lors de petits repas : goûter ou collation ;

- 25% au petit déjeuner
- 35% au déjeuner
- 10 % au goûter
- 30% au dîner.

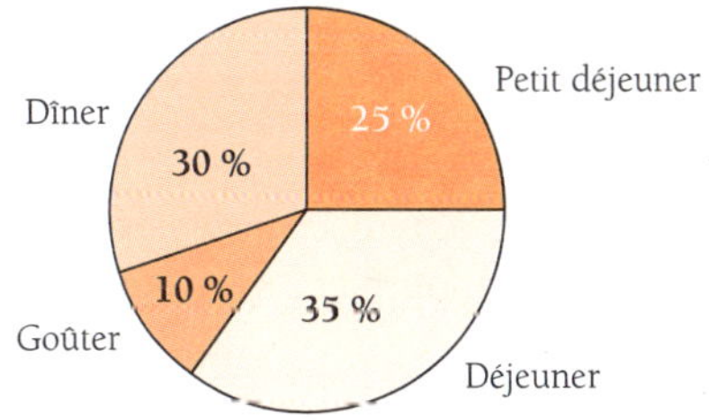

On peut donc aller jusqu'à 5 prises alimentaires par jour si on compte une collation en milieu de matinée et un goûter dans l'après-midi. Ce qu'il ne faut pas confondre avec le grignotage, qui consiste en une prise répétée de petites quantités d'aliments souvent très énergétiques car en général riches en lipides et en glucides.
Il est souhaitable de privilégier le petit déjeuner.

3 – Composition minimale de chaque repas

Chaque repas doit comporter **un produit laitier** (laitage ou fromage) et **une crudité** (entrée ou fruit cru en dessert). Il faut au minimum un fruit par jour.

4 – Composition minimale pour chaque jour

Chaque jour, on doit manger : **un plat principal protidique** de viande, ou poisson, ou œuf (VPO). Il n'est pas nécessaire de consommer un plat principal à chaque repas, toutefois, pour tenir compte des habitudes de consommation en France, la quantité totale de VPO de la journée peut être répartie sur deux repas : une portion plus importante à un repas (déjeuner) et un complément à l'autre repas (dîner).

Un plat principal de féculents et **un plat principal de légumes cuits non féculents**. Si les féculents sont servis au déjeuner, les légumes cuits seront présents au dîner et vice versa. Chaque repas aura un **accompagnement de pain** et d'**eau**.

B - Élaboration de menus équilibrés

1 – Structure des repas

À partir des principes de base précédents, on peut proposer les structures de repas suivantes.

Petit déjeuner : produit laitier, produit céréalier, fruit ou jus de fruit, boisson.

Déjeuner : hors d'œuvre ou entrée, plat principal protidique et plat principal de féculents, ou de légumes cuits, produit laitier, dessert.

Les quatre options possibles du déjeuner

Structure du déjeuner	Option A	Option B	Option C	Option D
Entrée	**Crudité**	**Féculent**	**Crudité**	**Légumes cuits**
Plat principal protidique	Plat principal protidique			
Plat principal de légumes ou de féculents	**Plat principal de légumes cuits**		**Plat principal de féculents**	
Produit laitier	Produit laitier			
Dessert	**Féculent**	**Fruit cru**	**Fruit cuit**	**Fruit cru**

Dîner : potage ou hors d'œuvre, complément protidique et plat principal de légumes cuits ou féculents (en fonction du plat servi au déjeuner), produit laitier, dessert.

Chaque repas principal comprenant donc au moins un aliment de chacun des 5 premiers groupes, on peut contrôler l'équilibre alimentaire à l'aide du code de couleurs suivant, en vérifiant que les 5 couleurs sont bien présentes :

Produits laitiers : bleu.

Viandes poissons œufs : rouge.

Légumes et fruits : vert.

Féculents : brun.

Corps gras : jaune.

2 – Menus

Un menu comprend l'ensemble des préparations servies au cours d'un repas. Une structure de repas peut se traduire en une grande diversité de menus, en fonction des préparations choisies.

À ce stade, on tiendra compte :

- de la saison,
- du budget,
- de la compatibilité des préparations entre elles au plan des couleurs, des saveurs,
- des goûts des convives,
- de leurs capacités digestives (facilité de digestion).

III - Alimentation de l'enfant

Le développement et la croissance de l'enfant sont très rapides surtout pendant les premiers mois qui suivent la naissance. Pendant la première année, l'alimentation de l'enfant présente des caractéristiques spécifiques liées aux besoins nutritionnels élevés et à l'immaturité des fonctions digestives. À partir de la deuxième année, les principes de base d'une alimentation rationnelle, étudiés précédemment, sont applicables à l'enfant tout au long de la croissance.

A - Alimentation lactée

Le lait est l'aliment quasi exclusif au cours des quatre premiers mois.

1 – Étude comparative du lait maternel et du lait de vache

Constituants	Lait maternel (en g/100g)	Lait de vache (en g/ 100g)
Protéines	1,1	3,3
Caséine	0,4	2,8
Protéines solubles	0,7	0,5
Lipides	3,5	
dont acide linoléique	0,35	0,1
Glucides	7	5
Minéraux	0,2	0,8
dont calcium	0,03	0,125

Le lait maternel est trois fois moins riche en protéines que le lait de vache, il contient surtout des protéines solubles plus digestes. La teneur en lipides est identique dans les deux laits, mais le lait maternel contient davantage d'acides gras essentiels, importants pour la croissance cérébrale. Le lait maternel est plus riche en glucides (lactose), mais moins riche en minéraux, en particulier en calcium et en fer. Par ailleurs, le lait maternel contient des anticorps qui protègent l'enfant contre les infections.
Les différences de composition justifient le fait que le lait de vache ne puisse être donné tel quel à l'enfant pendant les premiers mois.

2 – Les laits diététiques

Ce sont des laits spécifiquement adaptés aux besoins des nourrissons et des enfants en bas âge.

Différents laits	Laits pour nourrissons (1er âge)	Laits de suite (2e âge)	Laits de croissance
Indications d'âge	0 à 4 mois	5 à 12 mois	1 à 3 ans
Composition	Se rapproche le plus du lait maternel	Intermédiaire entre lait maternel et lait de vache	Lait de vache enrichi en fer
Anticorps	Absents	Absents	Absents
Obtention	Lait de vache + matières grasses végétales (apport d'AGE)* + lactosérum (apport de lactose et protéines solubles) partiellement déminéralisé + vitamines et minéraux adaptés	Modifications moins poussées	Adjonction de fer

* AGE : acides gras essentiels.

À partir de l'âge de un an, l'enfant peut aussi consommer du lait de vache entier.

3 – Intérêt des deux modes d'allaitement

	Allaitement maternel	Allaitement aux laits diététiques
Composition des laits	Parfaitement adaptée aux besoins nutritionnels du nourrisson.	Proche de celle du lait maternel pour le lait 1er âge.
Digestion	Rapide (1h30) autorisant un allaitement à la demande.	Un peu moins rapide (2 h 30 à 3 h) entre deux tétées.
Protection contre les infections	Assurée par la présence d'anticorps : moins de risques de diarrhées.	Absence de protection.
Aspects pratiques	Pas de préparation de biberons.	Plus grande disponibilité de la mère.
Coût	Coût moindre, mais prise en compte de l'alimentation de la mère.	Achat de matériel (biberons et matériel de stérilisation) et de lait.

4 – Ration journalière de lait

Ration (en g) = P/10 + 250 (± 100), P étant le poids en g.
Exemple : pour un nourrisson de 4 kg âgé de 1 mois, la ration est de 400 + 250 (± 100), soit 650 g (± 100 g) à répartir en 6 biberons d'environ 110 à 125 g.
Au deuxième mois, la ration est de 0,75 l environ, elle atteint 0,85 l au troisième mois.
Le nombre de biberons passe de 6 à 5 à l'âge de 2 mois.

B - Alimentation diversifiée

La diversification de l'alimentation commence à l'âge de 4 mois (voire 3 mois pour les farines) pour pallier l'insuffisance de l'alimentation lactée exclusive ; toutefois, le lait demeure un aliment fondamental. Elle doit être très progressive pour que l'enfant s'habitue à de nouvelles saveurs, à de nouvelles textures adaptées à ses capacités de mastication.

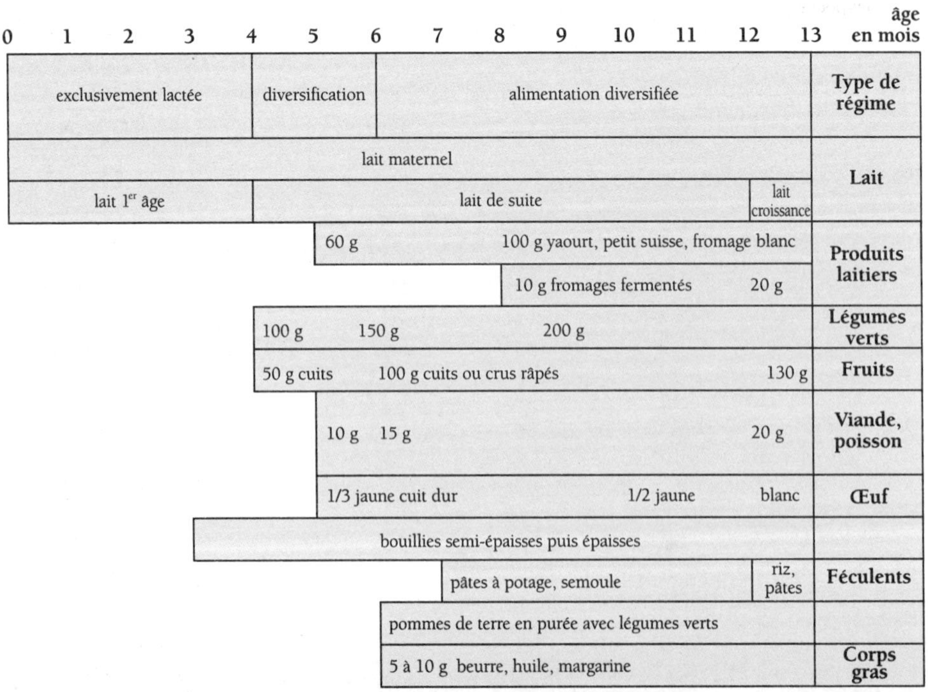

C - Quelques exemples de rations alimentaires

Aliments	Enfant de 1 à 3 ans	Enfant de 4 à 6 ans	Enfant de 7 à 9 ans
Lait 1/2 écrémé (ml) Fromage (g)	500 20	500 30	500 40
Viande, poisson œuf (g)	60	80	100
Légumes (g) Fruits (g)	200 250	250 300	300 300
Pain et céréales(g) Pommes de terre (g)	100 150	130 200	170 250
Beurre (g) Huiles (g)	15 10	15 20	20 20
Sucre et produits sucrés (g)	30	40	45

IV - Régimes alimentaires

Un régime est un ensemble de prescriptions alimentaires destinées à maintenir ou à rétablir la santé. On réaffirme donc le rôle important de l'alimentation comme facteur déterminant de la santé. On peut classer les régimes en fonction :
– de la nature de la prescription (diminution ou augmentation de la quantité de tel ou tel nutriment, par exemple sucre, sel...),
– du but recherché (prévention de l'obésité, du diabète gras, traitement de l'hypertension artérielle, de l'état de dénutrition...).

Types	Caractéristiques	Indications	Modifications de la ration
Hypoénergétique	Apport énergétique diminué.	Surpoids, obésité, prévention du diabète gras.	Diminution des quantités d'aliments très énergétiques tels que corps gras, charcuteries, pâtisseries, fromages gras, sucre. Conservation de quantités suffisantes de légumes.
Hyperénergétique	Apport énergétique augmente.	État de dénutrition.	Augmentation des quantités d'aliments en respectant des proportions équilibrées.
Hyposodé	Apport de sel diminué.	Hypertension artérielle. Œdèmes. Traitement à base de cortisone.	Suppression du sel ajouté lors des préparations. Limitation ou suppression des conserves, charcuteries, fromages.
Sans résidu	Apport de fibres contrôlé. Apport de graisses cuites limité.	Pathologies de l'estomac, de l'intestin.	Aliments crus finement râpés, bien cuits, réduits en purée. Cuissons en papillote, vapeur, à l'étouffée.
Hypolipidémiant	Apports de lipides et de sucre contrôlés. Apport de cholestérol limité.	Troubles des lipides sanguins. Prévention des maladies cardio-vasculaires.	Limitation des abats, fromages, graisses animales, sucres, chocolat. Consommation d'huiles végétales, de poissons.
Régime du diabète insulino-dépendant	Répartition régulière et très équilibrée des quantités d'aliments au cours de la journée.		Alimentation équilibrée 5 prises alimentaires par jour. Pas de consommation de sucre en dehors des repas. Consommation de pâtes et de légumineuses.

CHAPITRE 16

EXERCICES

ALIMENTATION RATIONNELLE

1 – Au self service, un adolescent a constitué son repas de midi de la manière suivante : pizza, côte de porc, nouilles au beurre, fraises au sucre.
Son repas vous semble-t-il équilibré ? Proposez une correction éventuelle de ce repas.

2 – Au cours de la journée, une femme de 75 ans, valide, a consommé les aliments suivants :

- petit déjeuner : un bol de café noir, trois biscottes, beurre, confiture ;
- déjeuner : poireaux vinaigrette, blanquette de poulet accompagnée de riz, une portion de camembert, une mandarine ;
- goûter : thé accompagné d'une tranche de cake ;
- dîner : soupe de légumes, un œuf coque, salade verte, compote de pomme.

2.1. *Cette alimentation vous semble-t-elle équilibrée ?*
2.2. *Calculez l'apport calcique fourni par les produits laitiers au cours de la journée. Proposez les modifications permettant d'assurer l'apport habituel de calcium sous forme de produits laitiers.*
On donne les teneurs en calcium (en mg pour 100 g d'aliment) : lait et yaourt 125, fromage (moyenne) 500 mais 1000 pour le gruyère.

3 – Une jeune femme a ainsi composé son repas de midi : carottes râpées, escalope de dinde accompagnée de pommes de terre sautées, yaourt, pomme au four.
Proposez le repas du soir.

Corrigé

1

Ce repas ne comprend pas de produit laitier en quantité suffisante (il y en a peut-être un peu dans la pizza). Or l'apport de calcium est très important à cette période de l'adolescence caractérisée par une forte poussée de croissance. Par ailleurs, deux préparations de féculents sont consommées au détriment d'une préparation à base de légumes cuits qu'il faudrait introduire.

Structure du repas	Avant correction		Après correction	
	préparations	groupes d'aliments	groupes d'aliments	préparations
Entrée	pizza	féculent	légumes cuits	haricots verts en salade
Plat protidique	côte de porc	viande	viande	côte de porc
Plat d' accompagnement	nouilles au beurre	féculent corps gras	féculent corps gras	nouilles au beurre
Produit laitier			produit laitier	fromage blanc
Dessert	fraises	fruit cru	fruit cru	fraises

■ 2

2.1. Chaque repas principal comporte une crudité sous forme de fruit (mandarine) ou de légume (salade).

Dans la journée, on a un plat protidique principal (blanquette) et un complément (œuf), un plat principal de féculent (riz) et un plat de légumes cuits (en fait deux préparations, poireaux et légumes de la soupe). En revanche, le produit laitier n'est présent qu'à midi (camembert) et il n'y a pas de produits laitiers au petit déjeuner. Or, il est très important, à cet âge, de préserver la masse osseuse pour prévenir les risques de fractures.

Par ailleurs, les apports de légumes et fruits paraissent corrects, dans cette ration, et justifiés car ils permettent un apport suffisant de fibres bien tolérées qui permettront de stimuler le transit intestinal (légumes et fruits cuits et crus sous forme de poireaux, soupe, pomme cuite, mandarine, salade).

Les préparations proposées sont de digestion facile à condition d'utiliser les corps gras en quantité raisonnable.

2.2. Apport calcique des produits laitiers : 40 g de camembert, soit 200 mg de calcium, ce qui est très insuffisant.

L'ANC en Ca pour une personne âgée est de 1 200 mg par jour. Les produits laitiers doivent en apporter les 2/3 soit 800 mg. Les 600 mg de Ca supplémentaires peuvent être apportés de la façon suivante : un yaourt au petit déjeuner, soit 150 mg, une crème à la vanille au goûter, soit 150 mg, 30 g de gruyère au dîner soit 300 mg.

■ 3

<table>
<tr><th rowspan="2">Structure du repas</th><th colspan="2">Repas de midi</th><th colspan="2">Repas du soir</th></tr>
<tr><th>Préparations</th><th>Groupes d'aliments</th><th>Groupes d'aliments</th><th>Préparations</th></tr>
<tr><td>Entrée</td><td>carottes râpées</td><td>légumes crus
corps gras</td><td>féculents</td><td>potage
au vermicelle</td></tr>
<tr><td>Plat protidique</td><td>escalope de dinde</td><td>viande</td><td>viande, poisson,
œuf (complément)</td><td rowspan="3">gratin
d'endives
au jambon</td></tr>
<tr><td>Plat d'accompagnement</td><td>pommes de terre
sautées</td><td>féculent
corps gras</td><td>légumes cuits</td></tr>
<tr><td>Produit laitier</td><td>yaourt</td><td>produit laitier</td><td>produit laitier</td></tr>
<tr><td>Dessert</td><td>pomme au four</td><td>fruit cuit</td><td>fruit cru</td><td>poire</td></tr>
</table>

CHAPITRE 17 COMPORTEMENT ALIMENTAIRE

Le comportement alimentaire est ce qui conduit l'individu à faire ses propres choix alimentaires dans le large éventail d'aliments dont il dispose. Il est conditionné par différents facteurs, ce qui explique que l'alimentation varie selon les individus et leur culture. L'aliment est tout à la fois une source de nutriments, un facteur de plaisir, un vecteur de lien social. Il a une valeur affective et symbolique.

I - Déterminants du comportement alimentaire

Nous mangeons :
– pour satisfaire des **besoins physiologiques** (la faim, la soif),
– pour nous faire **plaisir** (certains aliments sont plus appréciés que d'autres, il est plus agréable de partager un repas avec des amis que de manger seul),
– parce que cela correspond à nos **habitudes culturelles, religieuses**.
L'acte alimentaire est donc déterminé par des facteurs physiologiques, psychologiques, socio-culturels.
Manger n'est pas seulement une nécessité vitale, c'est aussi un acte chargé de signification sociale et affective.
Des conflits affectifs peuvent engendrer des troubles du comportement alimentaire tels que **boulimie** (ingestion répétée de grandes quantités de nourriture) ou au contraire **anorexie mentale** (refus de s'alimenter). Des troubles du comportement alimentaire s'observent plus fréquemment chez les jeunes filles et les jeunes femmes.

II - Évolution et conséquences sur la santé

Les changements de mode de vie, l'évolution économique et technique expliquent les tendances actuelles du comportement alimentaire.
On parle d'alimentation **déstructurée**
– **dans le temps** : repas pris à des heures variables, repas sautés, prises alimentaires répétées ou grignotage d'aliments souvent gras et sucrés,
– **dans l'espace** : aliments consommés dans la rue et moins souvent autour d'une table,
– **dans l'organisation du repas** : le nombre de plats diminue, le repas peut se réduire à la consommation du plat principal.
Les conséquences peuvent être des maladies nutritionnelles par carences ou par excès.

Maladies nutritionnelles				
Carences			Excès	
en protides	**en fer**	**en calcium**	**de lipides**	**de glucides**
État de dénutrition Fonte musculaire Moindre résistance aux infections	Anémie Essouflement Fatigue	Rachitisme chez l'enfant Diminution de la densité osseuse chez l'adulte (ostéoporose)	Obésité Hypercholestérolémie et athérosclérose si excès de lipides animaux (plus riches en acides gras saturés)	Obésité Risque accru de diabète chez l'adulte (diabète non insulino-dépendant)

III - Propriétés organoleptiques des aliments

Nous sommes en mesure d'apprécier **un aliment** car ce dernier **possède des propriétés organoleptiques, c'est-à-dire l'aptitude à stimuler nos organes des sens**. Les propriétés organoleptiques déterminent l'acceptabilité d'un aliment.

Les aliments stimulent les récepteurs sensoriels présents dans nos organes des sens. Les sensations qui en découlent nous permettent de percevoir l'aliment comme agréable ou non à consommer. L'élaboration de cette perception de plaisir ou de dégoût résulte de l'intégration d'un ensemble d'informations et met en jeu les centres nerveux du cerveau : c'est ce qui explique l'importance de la mémoire, de l'apprentissage, de l'environnement, dans l'acceptabilité de l'aliment.

Si le goût du sucré est inné, on apprend à aimer les saveurs amères : il y a donc une éducation du goût.

Schéma général de la perception sensorielle

Stimulation des récepteurs sensoriels → transmission d'un message sensoriel au cerveau par des nerfs sensitifs → sensation → perception → plaisir ou dégoût.

Les sensations mises en jeu avant et pendant l'ingestion d'aliments :

Sensations	Organe des sens (Récepteurs sensoriels présents dans...)	Propriétés organoleptiques des aliments
Visuelle (voir)	L'œil	Couleur, forme, aspect…
Auditive (entendre)	L'oreille	Croustillant, craquant…
Olfactive (sentir)	Le nez	Odeur (avant ingestion). Arôme (aliment en bouche).
Gustative (goûter)	La langue	Saveur (salé, sucré, amer, acide).
Tactile (toucher)	La peau (prise en main de l'aliment avant ingestion) La muqueuse buccale (aliment en bouche)	Texture (lisse, granuleuse, friable, fibreuse, dure, tendre, moelleuse, élastique, visqueuse….), température.

Les récepteurs sensoriels présents au niveau du nez et de la langue jouent un grand rôle **dans la perception sensorielle**. L'ensemble des sensations olfactives et gustatives perçues lors de la dégustation constituent la flaveur. Lorsque l'aliment est agréable à consommer, il est dit palatable (il plaît au palais), la palatabilité correspond à la sensation éprouvée par l'organisme à la flaveur de l'aliment.

Perceptions olfactives et gustatives

Sens	Stimuli		Propriétés organoleptiques	Récepteurs	Localisation
Odorat	Molécules volatiles		Odeurs (voie nasale) Arômes (voie rétronasale)	Cellules de la muqueuse olfactive	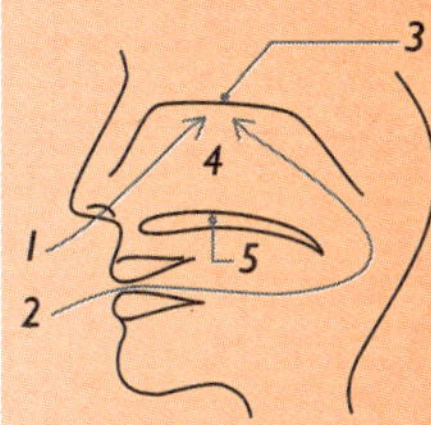
Goût	Molécules solubles dans la salive	Glucides (oses et diholosides)	Saveur sucrée	Cellules gustatives groupées en bourgeons du goût dans les papilles de la langue	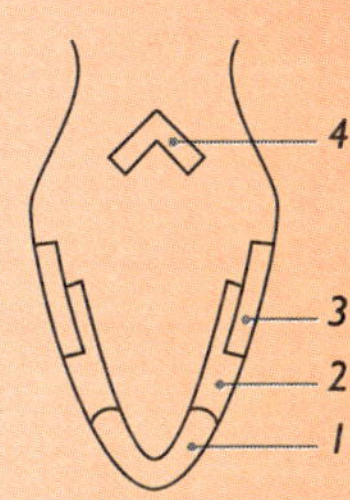
		Chlorures	salée		
		Ion H^+	acide		
		Alcaloïdes	amère		

Odorat : 1 : voie nasale ; 2 : voie rétronasale ; 3 : muqueuse olfactive ; 4 : fosses nasales ; 5 : palais.
Goût : zones sensibles : 1 : au sucré ; 2 : à l'acide ; 3 : au salé ; 4 : à l'amer.

La perception sensorielle des aliments et donc **la prise d'aliments est conditionnée par un ensemble de facteurs** qu'il convient de prendre en compte pour stimuler l'appétit des consommateurs. L'appétit correspond à l'envie de manger un aliment ou un groupe d'aliments dont on attend une satisfaction, un plaisir. L'appétit est une sensation généralement agréable qui est très dépendante de la qualité gustative des aliments. Il est donc bien distinct de la faim qui est le besoin physiologique de manger et qui se manifeste par un ensemble de sensations (creux à l'estomac, irritabilité) qui incitent l'individu à rechercher des aliments. La satiété se définit comme la disparition de la sensation de faim et la sensation de bien-être après un repas.

Pour mettre les convives en appétit, il faut mettre en valeur les qualités organoleptiques des aliments et soigner le cadre dans lequel ils sont présentés par

– l'association des aliments en fonction de leur couleur, de leur forme, de leur quantité, pour réaliser un décor agréable à l'œil ;
– des cuissons ou des réchauffages adaptés pour obtenir la consistance ou la texture souhaitées ;
– le respect des températures qui ont une incidence sur l'aspect et sur les sensations gustatives et olfactives ;
– la conservation à l'abri de l'air pour préserver le croustillant ou empêcher le dessèchement ;
– la prise en compte de l'environnement : décor de table, éclairage, acoustique, agencement et décoration du local.

CHAPITRE 17

EXERCICES

COMPORTEMENT ALIMENTAIRE

1 – *Complétez le tableau suivant de manière à associer les propriétés organoleptiques proposées aux organes des sens correspondants.*

Propriétés organoleptiques	Organes des sens
amer	
glacé	
onctueux	
doré	
grillé	
craquant	
piquant	

2 – *Complétez la grille de mots à l'aide des définitions suivantes.*

1) Refus de s'alimenter. 2) Envie de manger un aliment que l'on aime. 3) Saveur du café sans sucre. 4) Ingestion répétée de grandes quantités de nourriture. 5) Organe sensoriel permettant d'apprécier la saveur d'une préparation. 6) Saveur préférée des enfants. 7) Ensemble du goût et de l'odeur. 8) Besoin physiologique de manger. 9) Prises répétées de petites quantités de nourriture.

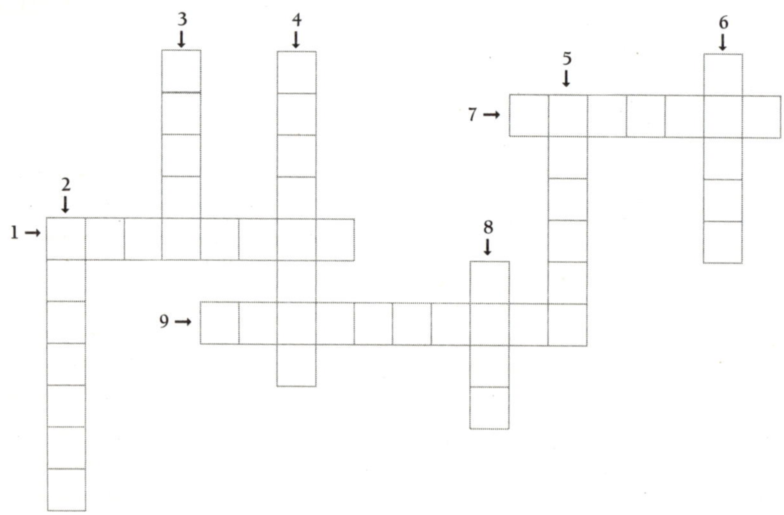

3 – *Complétez les phrases suivantes :*

a) La carence en calcium peut engendrer le .... chez l'enfant.
b) Une consommation excessive de lipides et de glucides conduit à l'.................
c) Une carence en .... peut entraîner une moindre résistance aux infections.
d) L'acceptabilité d'un aliment est déterminée par ses ....
e) Les aliments stimulent les .... présents dans nos organes des sens.
f) La disparition de la sensation de faim est la ....
g) L'acte alimentaire n'est pas seulement déterminé par des facteurs physiologiques, il est aussi conditionné par des facteurs .... et ....

■ *1* – Propriété organoleptiques - Organes des sens

Propriétés organoleptiques	Organes des sens
amer	langue
glacé	peau et muqueuse buccale
onctueux	peau et muqueuse buccale
doré	œil
grillé	nez et œil
craquant	oreille
piquant	peau et muqueuse buccale

■ **2** – Grille de mots

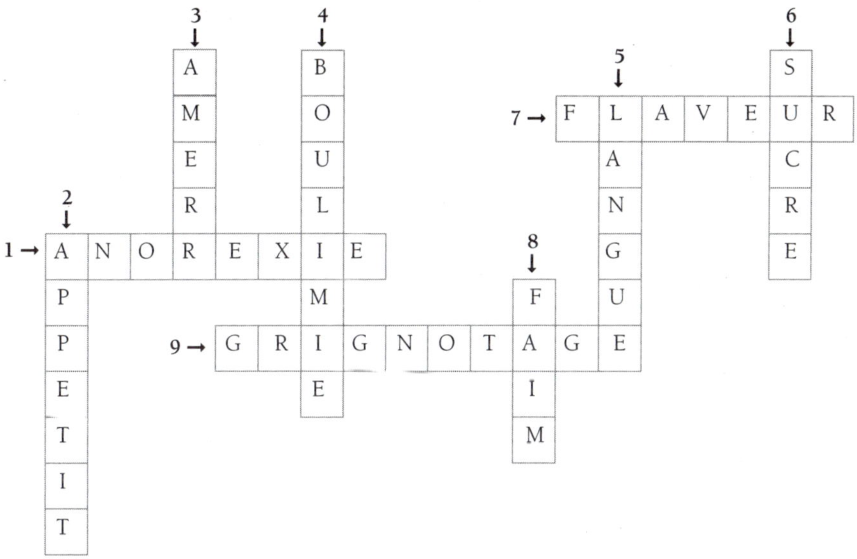

■ *3* – Mots manquants : a) rachitisme ; b) obésité ; c) protides ; d) propriétés organoleptiques ; e) récepteurs sensoriels ; f) satiété ; g) psychologiques et socio-culturels.

ANNALES CORRIGÉES

ANNALES

SUJET 1

Rennes 1998

1 - Complétez le schéma de la coupe de l'œil (10 bonnes réponses seront retenues).

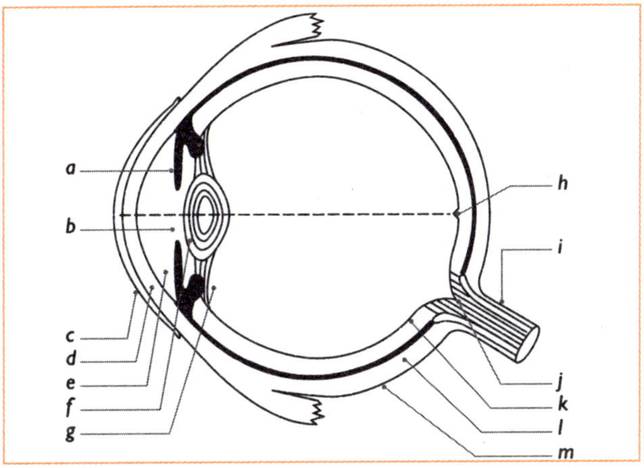

L'œil

2 - Mots croisés.

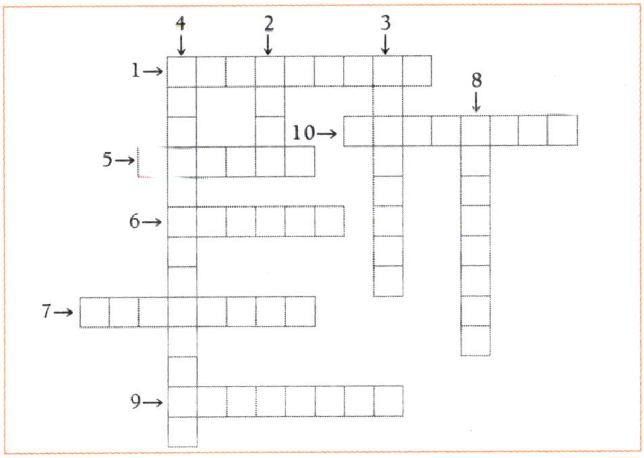

1. Membrane qui enveloppe le cœur.
2. Partie colorée de l'œil.
3. Partie d'un os long comprise entre ses deux extrémités.
4. Onde de contraction automatique assurant le cheminement du contenu du tube digestif.
5. Division cellulaire.
6. Extrémité fibreuse et blanche d'un muscle par laquelle celui-ci s'insère sur un os.
7. Muscle triangulaire de l'épaule.

8. Incontinence urinaire nocturne.
9. Tunique musculaire du cœur.
10. Micro-organisme agent de l'infection.

3 - *Cochez les cases qui correspondent aux bonnes réponses.*

❒ Le lait écrémé est moins riche en calcium que le lait entier.
❒ L'alcool donne des forces.
❒ Les œufs et le chocolat sont toxiques pour le foie.
❒ Parmi les fromages ce sont les fromages frais qui contiennent le moins de matières grasses à poids équivalent.
❒ Le poisson est en général moins riche en protéines que la viande rouge.
Le calcium est apporté dans l'organisme par :
- ❒ ⇛ le lait
- ❒ ⇛ les produits laitiers
- ❒ ⇛ certaines eaux minérales

❒ L'eau est la seule boisson indispensable, elle constitue 60 % de notre corps.
❒ Le beurre cru est riche en vitamine A.
❒ L'huile d'olive est plus grasse que les autres huiles.
❒ Les fruits peuvent être consommés à volonté, ils ne font pas grossir.
❒ Une banane vaut un steak.
❒ 1/4 de litre de lait = 2 pots de yaourt (12 cl).
❒ Les fibres facilitent le bon fonctionnement de l'intestin.
❒ Les maladies cardio-vasculaires sont favorisées par une consommation excessive de graisses.
❒ Le foie et le jaune d'œuf sont d'excellentes sources de vitamine A.
Chaque repas doit apporter :
- ❒ 4 portions de glucides
- ❒ 2 portions de protides
- ❒ 1 portion de lipides

❒ 1 gramme de protide = 4 kcal.
❒ 1 gramme de lipides = 9 kcal.
❒ 1 gramme de glucides = 1 kcal.

4 - *Complétez le tableau suivant en respectant l'ordre anatomique des organes.*

Organes	Phénomènes mécaniques (actions)	Phénomènes chimiques (sucs)
Bouche		
	Déglutition	
	Mouvements péristaltiques	
Estomac		
	Mouvements péristaltiques	
		Sucs intestinaux

5 - *Complétez le tableau suivant (6 éléments manquent).*

L'activité sensorielle et les stimuli

les organes des sens →	les yeux 	le nez 	.... 	la langue 	les oreilles 
les sens →	....	l'odorat	le toucher	....	....
les stimuli →	visuels	olfactifs	tactiles	gustatifs	auditifs
les nerfs →	....	olfactif	....	lingual et glos-so-pharyngien	auditif

6 -

Au repos complet, nous avons besoin d'environ 2 000 calories par jour. Ce besoin est fonction de l'activité de chacun.

Sachant :

– qu'une personne effectuant un travail donné dépense 2 400 calories par jour ;

– que les glucides doivent représenter 55 % de la ration calorique, les lipides 30 % et les protides 15 % ;

– que 1g de glucides apporte 4 calories ;

– que 1g de lipides apporte 9 calories ;

– que 1g de protides apporte 4 calories ;

a- *Calculez la répartition calorique journalière pour chaque nutriment.*
(Les opérations doivent apparaître).

b- *Calculez la ration quotidienne en grammes correspondant à chaque nutriment.*

7 - *Les conséquences d'une injection de toxine tétanique.*

Le tétanos est une maladie grave dont l'agent est un bacille. On trouve ce dernier dans le sol. Il peut s'introduire dans l'organisme par blessures, il sécrète une toxine fortement antigénique. Cette maladie peut entraîner la mort.

Analysez et interprétez brièvement ces quatre expériences :

	Début de l'expérience		Résultat	Réponse
1	 animal témoin →	injection de toxine tétanique  →	 mort de l'animal A	
2	sérum d'un animal guéri du tétanos  →	injection de toxine tétanique  →	 survie de l'animal B	

	Début de l'expérience		Résultat	Réponse
3	sérum d'un animal n'ayant jamais eu le tétanos  →	injection de toxine tétanique  →	 mort de l'animal C	
4	sérum d'un animal guéri du tétanos  →	injection de toxine diphtérique  →	 mort de l'animal D	

8 -

Pierre mesurait à la naissance 52 cm et pesait 3 250 kg. Marie mesurait 51 cm et pesait 3 150 kg.

a- *À partir du tableau suivant, construisez la courbe de croissance staturale de Pierre et Marie, comparez et commentez.*

ÂGE	TAILLE DE PIERRE	TAILLE DE MARIE
Naissance	52 cm	51 cm
12 mois	77 cm	76 cm
2 ans	85 cm	83 cm
3 ans	94 cm	92 cm
4 ans	104 cm	100 cm
5 ans	107 cm	103 cm
6 ans	112 cm	108 cm
8 ans	123 cm	118 cm
10 ans	136 cm	122 cm
12 ans	144 cm	146 cm
14 ans	156 cm	157 cm
16 ans	167 cm	162 cm
18 ans	170 cm	165 cm
20 ans	174 cm	166 cm

b- *Sachant qu'un enfant triple son poids de naissance à un an, quel est le poids de Pierre à 12 mois ? Quel poids a-t-il pris en moyenne depuis sa naissance, en grammes, et par jour ?*

9 -

L'augmentation constante du nombre de cancers de la peau (ou mélanomes) doit nous faire réfléchir. Il ne s'agit pas de fuir le soleil, mais d'adapter notre protection.

En une quinzaine de lignes, présentez et développer six conseils pour un bon usage du soleil.

CORRIGÉ

1- *Coupe de l'œil*

: iris - b : pupille - c : conjonctive - d : cornée - e : humeur aqueuse - f : cristallin - g : corps vitré - : fovéa ou tache jaune - i : nerf optique - j : papille ou point aveugle - k : rétine - choroïde - m : sclérotique

2- *Mots croisés*

1 : péricarde - 2 : iris - 3 : diaphyse - 4 : péristaltisme - 5 : mitose - 6 : tendon - 7 : deltoïde - 8 : énurésie - 9 : myocarde - 10 : bactérie

3- *Les affirmations vraies*

Parmi les fromages ce sont les fromages frais qui contiennent le moins de matières grasses à poids équivalent.
Viande : 20 % de protéines en moyenne aux 100 g (9 à 28 g).
Poissons : de 14 à 28 % de protéines.
Le calcium est apporté dans l'organisme par : le lait, les produits laitiers, certaines eaux minérales.
L'eau est la seule boisson indispensable, elle constitue 60 % de notre corps.
Le beurre cru est riche en vitamine A.
1/4 de litre de lait = 2 pots de yaourt (12 cl), uniquement sur le plan équivalence calcique.
Les fibres facilitent le bon fonctionnement de l'intestin.
Les maladies cardio-vasculaires sont favorisées par une consommation excessive de graisses.
Le foie et le jaune d'œuf sont d'excellentes sources de vitamine A.
Chaque repas doit apporter : 4 portions de glucides, 2 portions de protides, 1 portion de lipides. Mais aujourd'hui on considère que l'équilibre alimentaire est abordé sur la journée.
1 gramme de protides = 4 kcal (normalement le système international utilise le joule), 1 gramme de lipides = 9 kcal.

4 - *Tableau*

Organes	Phénomènes mécaniques (actions)	Phénomènes chimiques (sucs)
Bouche	Mastication	Amylase salivaire ou ptyaline
Pharynx	Déglutition	—
Œsophage	Mouvements péristaltiques	—
Estomac	Brassage et fractionnement des aliments	Suc gastrique (pepsine, acide chlorhydrique)
Intestins	Mouvements péristaltiques	Suc pancréatique + rôle émulsifiant de la bile
	et brassage des aliments	Sucs intestinaux

5 - *L'activité sensorielle et les stimuli*

les organes des sens →	les yeux	le nez	la peau	la langue	les oreilles
les sens →	la vue	l'odorat	le toucher	le goût	l'ouïe
les stimuli →	visuels	olfactifs	tactiles	gustatifs	auditifs
les nerfs →	optique	olfactif	sensitif	lingual et glosso-pharyngien	auditif

6 - *a- Répartition calorique de chaque nutriment*

Glucides $\frac{55 \times 2\,400}{100} = 1\,320$ calories

Lipides $\frac{30 \times 2\,400}{100} = 720$ calories

Protides $\frac{15 \times 2\,400}{100} = 360$ calories

b- Ration quotidienne en grammes

Glucides $\frac{1\,320}{4} = 330$ g

Lipides $\frac{720}{9} = 80$ g

Protides $\frac{360}{4} = 90$ g

7 - *Description et conclusion des expériences*

Expérience 1- L'injection de toxine tétanique à un animal entraîne le décès de celui-ci. Les défenses non spécifiques de l'animal sont inefficaces contre la toxine tétanique.

Expérience 2 - Le transfert du sérum d'un animal guéri du tétanos permet à l'animal B de guérir après contact avec la toxine tétanique. Le sérum contient donc des éléments permettant de lutter efficacement contre la toxine.

Expérience 3 - Le sérum ne contient pas de molécules capables de protéger contre l'action de la toxine tétanique. Un premier contact est donc nécessaire avec la toxine pour l'élaboration des molécules : immunité acquise.

Expérience 4 - Les éléments contenus dans le sérum et permettant de lutter contre une maladie sont spécifiques de cette maladie et donc inefficaces pour d'autres toxines (toxine diphtérique dans ce cas).

8 - *Comparaison des courbes de croissance*

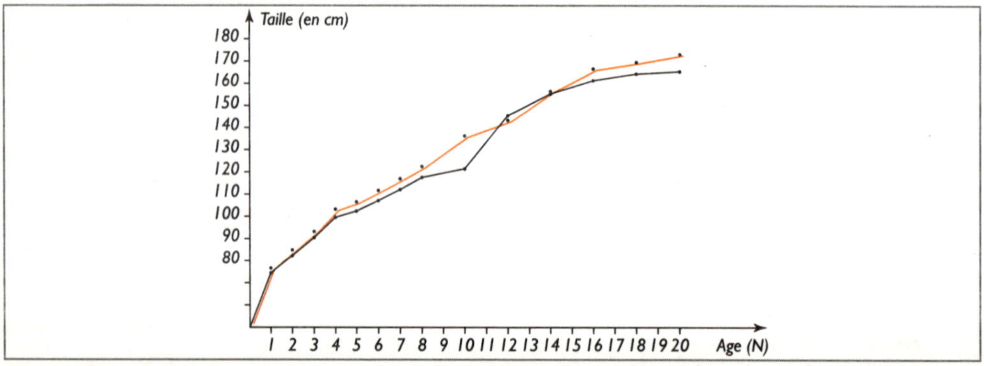

a-* *Dans les deux cas, croissance staturale très rapide durant la première année.
Jusqu'à la puberté, croissance en parallèle chez la fille et le garçon.
À la puberté, chez la fille : la poussée de croissance débute plus tôt (environ 10 ans), croissance moins forte de 16 à 20 ans ; chez le garçon : la poussée débute plus tard (12 ans) et est plus forte jusqu'à 20 ans.

b-* *Poids de Pierre à 12 mois : 9,75 kg.
Prise de poids moyen en grammes, par jour : 17,80 g
Remarque : Il s'agit d'une valeur théorique car il y a perte de poids dans les jours qui suivent la naissance, et la prise n'est pas régulière sur toute la première année.

9 - *Le soleil est un facteur de risque important dans le développement des cancers de la peau.*
Les rayons UV atteignent la structure de la molécule d'ADN et prédisposent aux cancers de la peau. Il faut éviter de s'exposer au soleil aux heures où celui-ci est le plus fort : 12 h-15 h.
L'exposition au soleil doit être progressive ; elle sera évitée chez les enfants.
L'utilisation de cosmétiques permettant de filtrer les UV est préconisée chez tous les individus à peau sensible. Les applications seront renouvelées fréquemment.
Certaines substances sont photosensibilisantes (certains médicaments, parfums...) : l'exposition au soleil devra donc être évitée lors de certains traitements.
Une protection sur la tête (chapeau) est recommandée chez les enfants afin d'éviter les insolations. Il convient de prévoir une hydratation suffisante.

ANNALES

SUJET 2 Département du Val-de-Marne 1997

***1** - Quelles sont les différentes cellules sanguines ?*

2 - Vous allez entrer en tant qu'élève dans un centre de formation d'aides-soignants.

Quels sont les vaccins obligatoires que vous devez avoir eu avant d'aller dans les structures hospitalières ?

***3** - Annotez le schéma de la cage thoracique.*

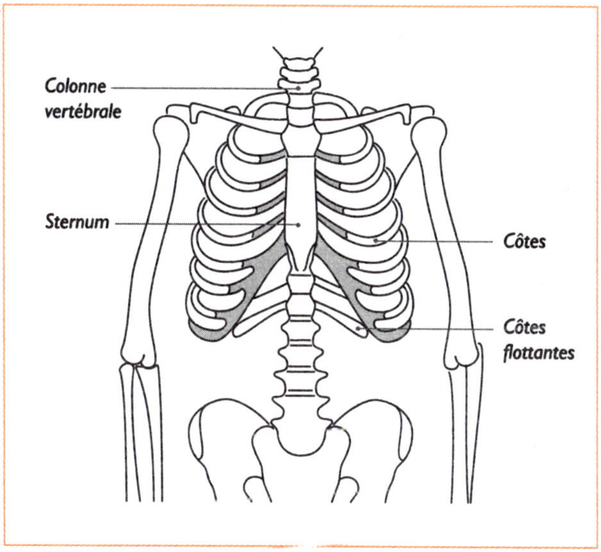

***4** - Quelle est la composition du lait de vache ?*

***5** - Quel est le rôle du sang ?*

***6** - Donnez les différents types de contraception. Pour chacun d'eux, donnez un exemple.*

7 - Vous allez partir en vacances au bord de la mer avec votre enfant de 2 ans, au mois d'août.

Quelles sont les mesures préventives dans le cadre de la campagne « lutte contre le cancer » que vous allez adopter pour votre enfant et pour vous-même ?

CORRIGÉ

1 - *Les différentes cellules sanguines sont :*

– les globules rouges ou hématies en erythrocytes

– les globules blancs ou leucocytes

– les plaquettes ou thrombocytes

2 - *Les vaccins obligatoires sont les vaccins :*

– antidiphtérique

– antitétanique

– antipoliomyélitique

– contre l'hépatite B

– le B.C.G. (contre la tuberculose)

3 - *La cage thoracique*

① Sternum

② 10 paires de côtes

③ 2 paires de côtes flottantes

④ Colonne vertébrale

4 - *Le lait de vache se compose ainsi :*

– Eau : 880 grammes par litre

– Sels minéraux dont le calcium : 8 grammes par litre

– Glucides dont le lactose : 50 grammes par litre

– Lipides (la crème) : 35 grammes par litre

– Protéines dont la caséine : 33 grammes par litre

– Vitamines : B2, Vit. A et D

5 - *Le sang a trois rôles :*

– il sert de véhicule aux substances nutritives et à l'oxygène ;

– il transporte les déchets des cellules vers les poumons ou les reins ;

– il participe à la défense de l'organisme et à sa régulation thermique

6 - *Les différents types de contraception sont les suivants :*

– la contraception naturelle : méthode Ogino (abstinence périodique), coït interrompu, méthode des températures…

– la contraception chimique vaginale : spermicide

– la contraception mécanique : préservatif masculin, diaphragme et stérilet

– la contraception hormonale : pilule (progestative, combinée)

7 - *La protection contre les UV se fera de la façon suivante :*

Pour l'enfant :

– chemise (à manches courtes) ;

– crème solaire écran total à renouveler toutes les deux heures ;

– chapeau de soleil et visière.

Pour l'adulte :

– protection avec une crème solaire ;

– utilisation de chapeau et lunettes de soleil.

Pour l'enfant et l'adulte :

– parasol ;

– temps d'exposition court ;

– éviter les heures d'exposition quand le soleil est le pus fort (exposition avant 11 h. et après 17 h).

ANNALES

SUJET 3

DRASS* de Bretagne 1997

1 - Complétez le schéma.

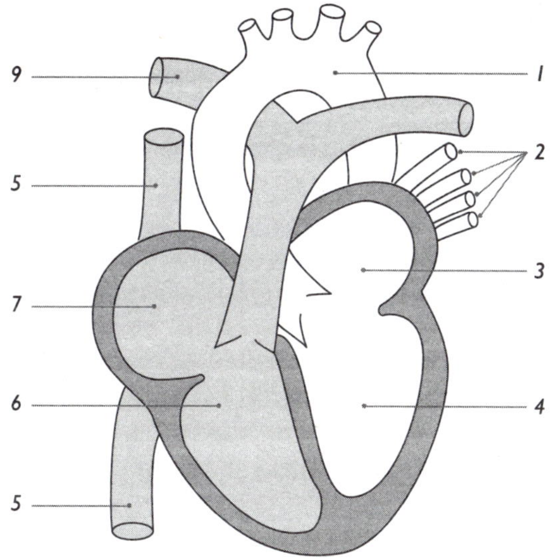

2 - *Répondez aux affirmations en rayant la mention inutile.*

1	Le pharynx comprend les cordes vocales, c'est l'organe de la phonation	Vrai	Faux
2	Les glandes parotides sont des glandes salivaires	Vrai	Faux
3	Le système nerveux cérébro-spinal est dépendant de notre volonté	Vrai	Faux
4	La bile n'est pas sécrétée par le foie	Vrai	Faux
5	Le bol alimentaire devient le chyle quand il passe dans le duodénum	Vrai	Faux
6	Le suc pancréatique est encore appelé insuline	Vrai	Faux
7	L'uretère fait suite à la vessie	Vrai	Faux
8	Le myocarde est un muscle lisse	Vrai	Faux
9	La pepsine est une enzyme qui transforme les peptides en polypeptides	Vrai	Faux
10	Les larmes sont sécrétées par les glandes sudoripares	Vrai	Faux

***3** - Associez les organes aux appareils ou systèmes en reportant dans les cases ci-dessous chiffres et lettres correspondants.*

A	Le fémur
B	La capsule surrénale
C	Les coronaires
D	Les trompes de Fallope
E	La lymphe
F	Les canaux déférents
G	La moelle épinière
H	Les trompes d'Eustache
I	L'axis

1	Appareil auditif
2	Système lymphatique
3	Appareil urinaire
4	Système nerveux
5	Appareil locomoteur
6	Appareil génital
7	Appareil cardio-vasculaire

A		**B**		**C**		**D**		**E**		**F**		**G**		**H**		**I**	

***4** - Mots croisés.*

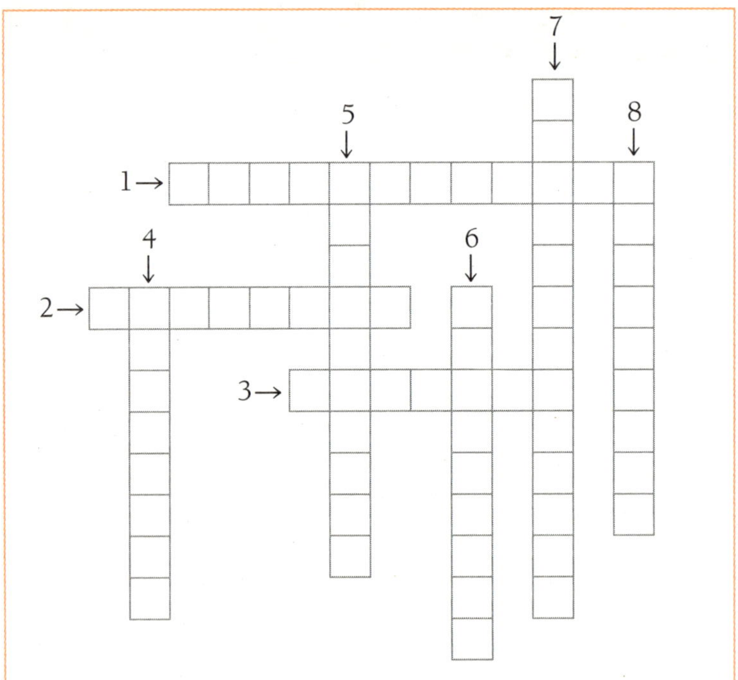

1. Hormone mâle.
2. Maladie liée à un trouble de l'assimilation des glucides.
3. Substance produite par une glande et transportée par la circulation sanguine dans un autre organe ou tissu.

4. Substance fabriquée par le pancréas.
5. Hormone extraite des follicules ovariens.
6. Les glandes salivaires en sont.
7. Hormone provenant du corps jaune de l'ovaire pendant la 2e phase du cycle ovarien.
8. Se dit d'une glande dont la sécrétion est directement déversée dans le sang.

5 - *Complétez le tableau des groupes d'aliments ci-dessous.*

Différents groupes d'aliments		*Nutriments énergétiques*	*Eléments non énergétiques*
	Lait et	Protéines animales Lipides animaux	Vitamines A, B, D ....
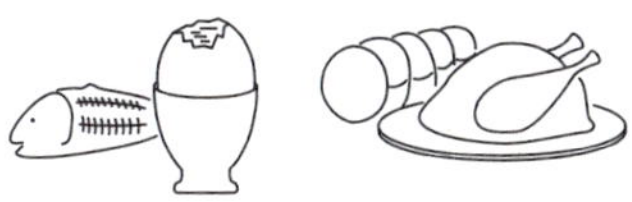	Viande, poisson et œuf	.... Lipides animaux	Vitamines A, D, B 12
	Féculents	.... Protéines	Vitamine B Fibres Minéraux
	Végétaux frais	Glucides Protéines végétales Lipides végétaux	.... Minéraux ....
	Corps gras (d'origine animale et végétale)	....	Vitamines A, D, E,

6 - *Complétez le texte avec les mots indiqués ci-dessous.*

Après l'................, le .... donne naissance au .... qui sécrète la .... dont le rôle est de préparer l'................. à une éventuelle ....

Mots à utiliser :
follicule, nidation, corps jaune, progestérone, endomètre, ovulation.

7 - À l'heure où journaux et télévisions vantent les mérites de tel ou tel produit miracle (aliment allégé, crème amincissante, etc.), quels conseils de bon sens pourriez-vous donner à une personne qui cherche à corriger un excès de poids ?

8 - Au cours d'une soirée chez des amis, trois des invités devant prendre le volant pour rentrer chez eux ont consommé :

– Christophe : plusieurs bières à 5°, soit au total 1 litre.

– Sylvie : 500 cm^3 de vin à 10°, soit 0,50 l de vin.

– Pierre : 6 verres de cocktail contenant 150 cm^3 de rhum, soit 0,15 l de rhum.

a- En vous aidant du tableau ci-dessous, calculez la masse d'alcool pur en grammes consommée par chacun.

Boisson	BIÈRE	VIN	RHUM
Degré d'alcool	5°	10°	50°
Quantité d'alcool pur par litre	40 g	80 g	400 g

b- En vous aidant du document ci-dessous, indiquez l'alcoolémie probable pour chacun.

Alcoolémie probable une heure après		
Masse d'alcool ingérée	Femme	Homme
10	0,33	0,21
20	0,66	0,43
30	1	0,65
40	1,33	0,87
50	1,66	1,1
60	2	1,33

c- Quel est le taux d'alcoolémie autorisé en France, pour conduire un véhicule ?

d- Qui peut conduire après 5 heures sachant que l'alcoolémie baisse environ de 0,15 g par heure ?

9 - Choisissez la bonne réponse.

a) l'œsophage débouche dans l'estomac par un orifice :
– le pylore
– le cardia
– le sphincter d'Oddi

b) la plèvre entoure :
– le cœur
– le poumon
– l'estomac

c) la vitamine C est apportée par :
– l'huile
– le sucre
– les fruits

d) quelles sont les vaccinations obligatoires en France ?
– vaccination antituberculeuse
– vaccination antitétanique
– vaccination antigrippe
– vaccination antidiphtérique
– vaccination antivariolique
– vaccination antipoliomyélite
e) l'urine se forme :
– dans la vessie
– dans le rein
– dans la prostate

10 *- Choisissez une réponse en entourant la lettre correspondante.*
L'hémostase est :
a) la dissolution d'un caillot
b) la lésion vasculaire
c) l'ensemble des réactions arrêtant la fuite du sang

CORRIGÉ

1 - ***Schéma***

① Aorte
② Veines pulmonaires
③ Oreillette gauche
④ Ventricule gauche
⑤ Veine cave inférieure
⑥ Ventricule droit
⑦ Oreillette droite
⑧ Veine cave supérieure
⑨ Artère pulmonaire
⑩ Coupe transversale du cœur

2 - ***Tableau des réponses***

1	Le pharynx comprend les cordes vocales, c'est l'organe de la phonation	~~Vrai~~	Faux
2	Les glandes parotides sont des glandes salivaires	Vrai	~~Faux~~
3	Le système nerveux cérébro-spinal est dépendant de notre volonté	Vrai	~~Faux~~
4	La bile n'est pas sécrétée par le foie	~~Vrai~~	Faux
5	Le bol alimentaire devient le chyle quand il passe dans le duodénum*	Vrai	~~Faux~~
6	Le suc pancréatique est encore appelé insuline	~~Vrai~~	Faux
7	L'uretère fait suite à la vessie	~~Vrai~~	Faux
8	Le myocarde est un muscle lisse	~~Vrai~~	Faux
9	La pepsine est une enzyme qui transforme les peptides en polypeptides	~~Vrai~~	Faux
10	Les larmes sont sécrétées par les glandes sudoripares	~~Vrai~~	Faux

*Affirmation ambiguë. Chyle = bouillie résultant de la transformation des aliments + sucs digestifs tapissant la muqueuse intestinale.

3 - ***Associations***

A-5 ; B-3 ; C-7 ; D-6 ; E-2 ; F-6 ; G-4 ; H-1 ; I-5.

4 - ***Mots croisés***

1. Testostérone
2. Diabète
3. Hormone
4. Insuline
5. Œstrogène
6. Exocrines
7. Progestérone
8. Endocrine

5 - *Tableau*

Différents groupes d'aliments		*Nutriments énergétiques*	*Eléments non énergétiques*
	Lait et produits laitiers	Protéines animales Lipides animaux	Vitamines A, B, D Calcium
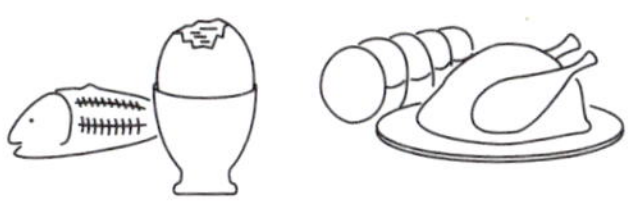	Viande, poisson et œuf	Protéines animales Lipides animaux	Vitamines A, D, B 12
	Féculents	Glucides Protéines	Vitamine B Fibres Minéraux
	Végétaux frais	Glucides Protéines végétales Lipides végétaux	Eau Fibres Minéraux Vitamines
	Corps gras (d'origine aninale et végétale)	Lipides	Vitamines A, D, E,

6 - *Texte complet*

Après l'ovulation, le follicule donne naissance au corps jaune qui sécrète la progestérone dont le rôle est de préparer l'endomètre à une éventuelle nidation.

7 - *Conseils à une personne qui veut corriger un excès de poids.*

Avoir une alimentation équilibrée sur le plan quantitatif et qualitatif (apport de tous les groupes d'aliments).

Prendre ses repas à heures régulières sans en « sauter » un. Le petit déjeuner a une importance toute particulière. Il ne faut pas grignoter entre les repas.

Pratiquer une activité physique régulièrement.

Éviter l'alcool (apport non négligeable sur le plan énergétique).

Boire suffisamment (1,5 l).

Privilégier les modes de cuisson sans corps gras (four, vapeur, eau...).
Éviter les consommations excessives de matières grasses et sucres à absorption rapide (sucreries...).
En cas de régime très restrictif (2 500 à 3 000 kJ par jour), un contrôle médical est indispensable.

8 - a- ***Masse d'alcool pur consommée par chacun.***
– Christophe : 40 g
– Sylvie : 40 g
– Pierre : 60 g

b- ***Alcoolémie probable pour chacun.***
– Christophe : 0,87
– Sylvie : 1,33 g
– Pierre : 1,33 g

c- ***Taux d'alcoolémie autorisé en France, pour conduire un véhicule :*** 0,5 g

d- Christophe peut conduire après cinq heures.

9 -
a) ***L'œsophage débouche dans l'estomac par le*** cardia.
b) ***La plèvre entoure le*** poumon.
c) ***La vitamine C est apportée par*** les fruits.
d) ***Les vaccinations obligatoires en France sont*** les vaccinations antituberculeuse, antitétanique, antidiphtérique, antipoliomyélite.
e) ***L'urine se forme dans*** le rein.

10 - ***L'hémostase*** est l'ensemble des réactions arrêtant la fuite du sang.

ANNALES

SUJET 4

Reims 1997

1 - Faites le schéma de l'appareil respiratoire en l'annotant.

2 - Complétez le schéma de l'appareil urinaire avec des annotations précises.

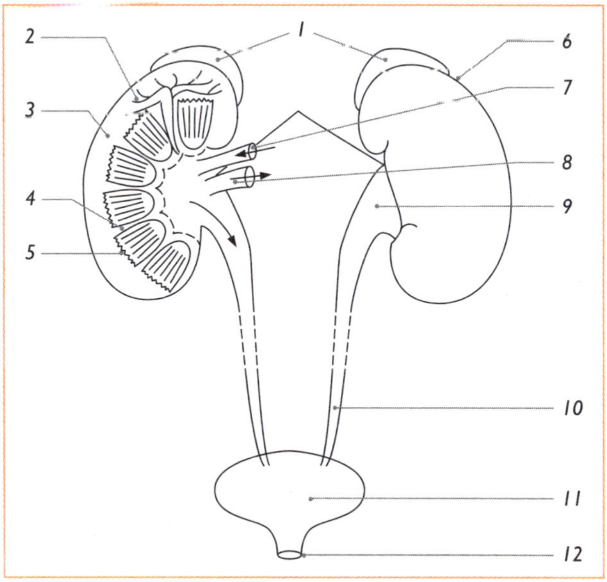

3 - *Citez six mesures permettant d'éviter le passage des germes d'une personne contaminée à une personne saine.*

4 - *Dans le corps humain, où se situent :*
– Le myocarde
– L'épididyme
– Le périoste
– La plèvre
– Le sternum
– Le calcanéum
– Le péritoine
– Le marteau
– Le clitoris
– Le cardia ?

5 - *Quelle est la fonction essentielle :*
– du pylore
– du diaphragme
– du leucocyte
– de l'hémoglobine
– de la vésicule biliaire ?

6 - *Citez trois facteurs influençant la croissance de l'os. Expliquez simplement leur rôle.*

7 - *Citez trois voies de pénétration des microbes dans l'organisme.*

8 - « Sans petit déjeuner, pas de journée équilibrée ». *Que doit-il comporter pour assurer un bon démarrage ?*

9 - *Entourez la bonne réponse.*

Le taux normal de sucre dans les urines est de :
A – 0,25 g
B – 0,90 g
C – 1,20 g
D – 0 g

L'astragale est un os :
A – du genou
B – du nez
C – du talon
D – du poignet

10 - *Associez lettres et chiffres.*

A – Humérus	1 – Appareil digestif
B – Arachnoïde	2 – Appareil urinaire
C – Jejunum	3 – Méninges
D – Bassinet	4 – Squelette

11 - Tous les ans, à l'occasion du changement horaire (passage de l'heure d'hiver à l'heure d'été), le débat est ouvert à propos des méfaits de cette pratique sur les rythmes biologiques.
Exprimez votre point de vue sur le sujet en une vingtaine de lignes.

CORRIGÉ

1 - *Schéma de l'appareil respiratoire annoté.*

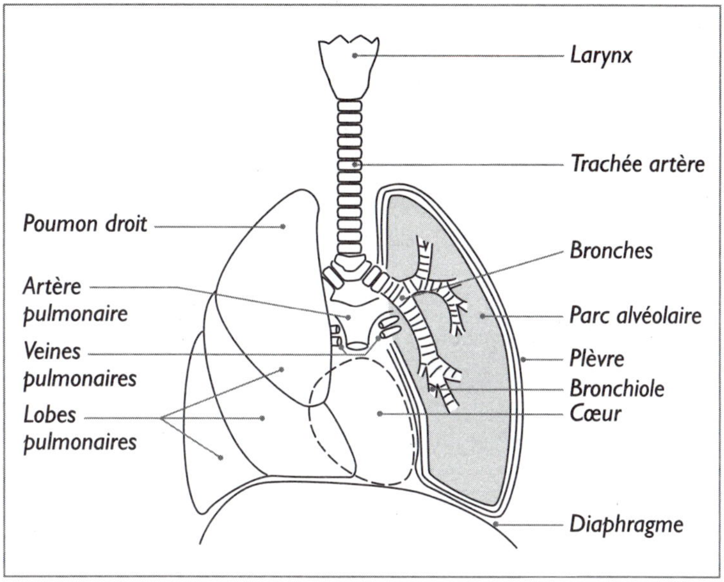

2 - *Schéma de l'appareil urinaire.*

① capsules surrénales
② vaisseaux sanguins
③ cortex
④ colonne ou zone interlobaire
⑤ pyramide de Malpighi
⑥ rein ou capsule fibreuse
⑦ artère rénale
⑧ veine rénale
⑨ bassinet
⑩ uretère
⑪ vessie
⑫ urètre

3 - *Six mesures pour éviter le passage des germes d'une personne contaminée à une personne saine.*

Isoler la personne contaminée.
Décontaminer et éliminer les déchets biologiques produits par le malade (selles, urines).
Désinfecter les locaux, les objets, les vêtements ayant été en contact avec le malade.
Protéger la personne saine en contact avec le malade (port de gants, masque, vêtements spéciaux).
Utiliser du matériel médical à usage unique (seringues, compresses, pansements…).
En cas de contact manuel avec le malade, procéder à un lavage soigneux des mains avant de quitter la chambre.

4 - *Localisation des organes.*

Le myocarde	Dans le cœur
L'épididyme	À la surface du testicule
Le périoste	Autour de l'os
La plèvre	Dans la cage thoracique, à la périphérie des poumons
Le sternum	Entre les côtes, partie antérieure de la cage thoracique
Le calcanéum	Dans le talon
Le péritoine	Dans la cavité abdominale, autour des intestins
Le marteau	Dans l'oreille moyenne
Le clitoris	Dans la partie antérieure de la vulve
Le cardia	Entrée de l'estomac

5 - *Fonctions essentielles.*

Pylore	Contrôler l'évacuation du chyme dans le duodénum
Diaphragme	Participer à la ventilation pulmonaire
Leucocyte	Participer à la défense immunitaire de l'organisme
Hémoglobine	Transporter le dioxygène dans le sang
Vésicule biliaire	Stocker la bile

6 - *Trois facteurs influençant la croissance osseuse.*

Facteurs	**Rôle**
Nutritionnels : calcium, protéines, vitamine D...	Assurer l'apport des constituants de l'os en quantité appropriée
Hormonaux : hormone de croissance hypophysaire...	Stimuler la croissance osseuse, assurer le contrôle des cellules intervenant dans cette croissance
Physiques : pressions exercées sur l'os	Permettre de renforcer la structure de l'os pour résister aux pressions

7 - *Trois voies de pénétration des microbes dans l'organisme.*

1. Voie digestive.
2. Voie aérienne ou respiratoire.
3. Voie génitale.

8 - *Composition souhaitable du petit déjeuner.*

Le petit déjeuner idéal comporte : une boisson (lait, café, thé…), une source d'énergie (aliment riche en glucides : pain, céréales…), une source de calcium (lait, yaourt…), une source de vitamine C (fruit ou jus de fruit).

9 - *Les bonnes réponses.*

Taux de sucre dans l'urine : D (0 g).
L'astragale : C (os du talon).

10 - *Association lettres et chiffres.*

A-4 ; B-3 ; C-1 ; D-2

11 - *L'heure d'été*

À chaque printemps, le changement d'heure est un sujet de controverse en France et un sujet en or pour les journalistes. Les articles de presse, les émissions de radio et de télévision foisonnent, ponctuées d'interviews d'éleveurs laitiers qui se lamentent sur les pertes économiques qui leur sont infligées, les vaches ne donnant plus autant de lait. Cet événement mérite-t-il une telle importance ?

Le fait de se lever une heure plus tôt, alors qu'il fait encore nuit, tend à accroître l'amplitude de la journée et à diminuer la durée de la période de sommeil. L'organisme mettra quelques jours à ajuster son horloge interne sur les nouvelles exigences en rapport avec le changement d'heure. Il s'ensuivra peut-être une fatigue passagère et un effet néfaste sur l'humeur de certains individus.

Mais que dire de l'influence des horaires de travail sur l'horloge biologique et sur la vie des travailleurs postés, réalisant par exemples les « trois huit » (travail du matin, puis après-midi, puis nuit, repos puis à nouveau matin, etc.), ou celle des personnels travaillant de nuit (infirmiers et aides-soignants en particulier) ? La plupart des personnes soumises à ces horaires souffrent d'une dérégulation de leur horloge interne. Il en résulte une insuffisance de la durée du sommeil et de fréquents troubles de santé. En revanche, d'autres, généralement les plus jeunes, s'adaptent bien aux rythmes imposés par les horaires de travail.

Le décalage d'une heure, dû au pasage à l'heure d'été, ne peut avoir qu'un effet mineur sur les rythmes biologiques, rythmes soumis à des perturbations bien plus importantes du fait de certains horaires de travail, de voyages en avion etc.

Ce texte constitue un simple exemple de réponse, on peut conseiller au candidat :

– de répondre précisément à la question, ici *« donner son point de vue sur… »*, ce point de vue peut être tranché ou nuancé, il doit toujours être argumenté ;

– de construire sa réponse : introduction, développement, conclusion. L'utilisation d'un brouillon pour ordonner les idées s'impose avant de passer à la rédaction définitive ;

– de respecter la syntaxe et l'orthographe. Une ou plusieurs relectures sont nécessaires.

ANNALES

SUJET 5 Département de l'Indre 1996

1 *- Sans reproduire le schéma du squelette, indiquez sur votre feuille les noms correspondant aux numéros.*

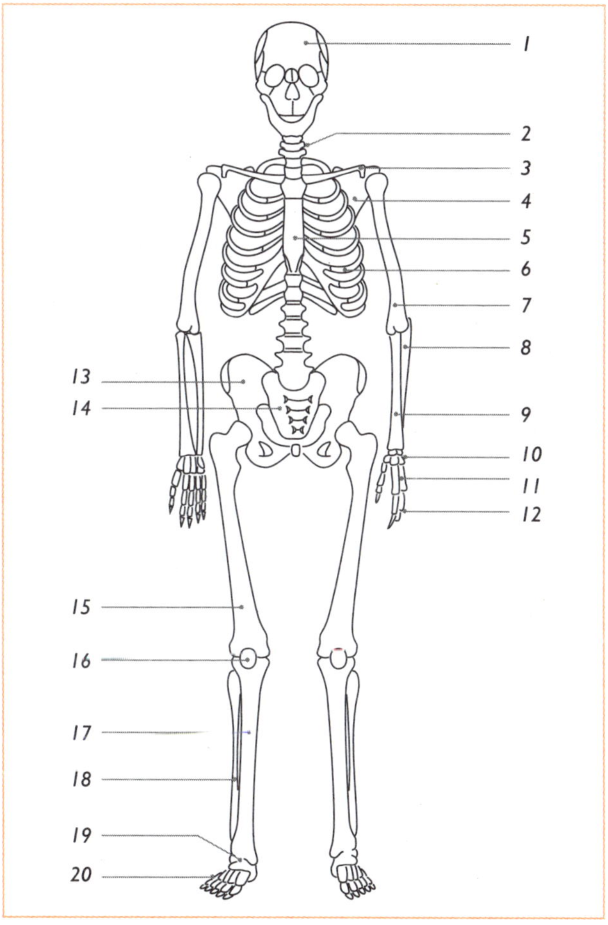

2 - L'étiquette du petit déjeuner cacaoté porte les indications suivantes :
– glucides (extrait de malt, sucre, lait écrémé, cacao dégraissé, etc.) : 92 %
– protides : 7,5 %
– lipides : 0,5 %
– poids net : 800 g

a- *Calculez la masse de glucides, lipides, protides contenue dans cette boîte.*

b- *Pour chacun des trois nutriments, donnez sa valeur énergétique pour un gramme en kilojoules et en kilocalories.*

3 - *Citez trois modes de contamination par le virus du SIDA.*

4 - Nathalie, âgée de 14 ans, se plaint à vous de migraines et vous parle également de son problème de poids. Vous l'interrogez sur ses habitudes alimentaires et vous apprenez que Nathalie ne prend jamais de petit déjeuner.
À 10 h, elle mange des croissants fourrés ou du chocolat.
À midi, son repas à la cantine se limite aux crudités et au dessert.
En sortant de l'école, elle va souvent dans un salon de thé boire un café et manger un ou deux gâteaux.
Le soir, elle mange avec ses parents un repas complet : viande, légumes ou féculent, pain et fromage et un dessert.

a- *Citez les erreurs alimentaires commises par Nathalie.*

b- *Proposez un exemple de répartition alimentaire équilibrée sur la journée pour cette jeune fille.*

5 - *Citez trois conseils relatifs à l'hygiène bucco-dentaire.*

6 - *Regroupez par deux les mots pouvant avoir un rapport entre eux, mais en ne les utilisant qu'une seule fois :*
ovaires, antigènes, vaccins, muscles, corps jaune, langue, foie, papilles, bile, fibres.

7 - *Citez quatre moyens contraceptifs qui ne soient pas définitifs.*

8 - *Citez quatre vaccinations obligatoires en France.*

9 - *Citez les trois éléments figurés du sang et leur rôle principal.*

10 - *Donnez la signification des sigles suivants :*
– OMS
– IVG
– CSG
– SIDA

11 - *Quel est le taux légal d'alcool dans le sang en France ?*

12 - *Nommez les vaisseaux qui véhiculent le sang du cœur aux organes et ceux véhiculant le sang des organes au cœur.*

CORRIGÉ

1 - *Le squelette.*

1 : os du crâne	11 : métacarpe
2 : mandibule	12 : phalanges
3 : clavicule	13 : os iliaque (ilion)
4 : omoplate	14 : sacrum
5 : sternum	15 : fémur
6 : côte	16 : rotule
7 : humérus	17 : tibia
8 : radius	18 : péroné
9 : cubitus	19 : tarse
10 : carpe	20 : métatarse

2 - Boîte de 800 g de petit déjeuner cacaoté.

a- Masse de glucides, lipides, protides contenue dans cette boîte

– glucides : 92 / 100 × 800 = 736 g

– protides : 7,5 /100 × 800 = 60 g

– lipides : 0,5 /100 × 800 = 4 g

b- Valeur énergétique pour un gramme

– glucides : 17 kJ ou 4 kcal

– protides : 17 kJ ou 4 kcal

– lipides : 38 kJ ou 9 kcal

3 - *Trois modes de contamination par le virus du SIDA :*

– par voie sexuelle (lors de relations sexuelles non protégées) ;

– par voie sanguine (injection intraveineuse de drogue, piqûre accidentelle avec un matériel souillé) ;

– par voie transplacentaire de la mère au fœtus.

4 - *Alimentation*

a- Erreurs alimentaires commises par Nathalie :

– ration alimentaire mal répartie dans la journée : absence de petit déjeuner, déjeuner insuffisant, le dîner est le seul repas convenable de la journée ;

– consommation excessive de viennoiserie et pâtisserie à 10 h et au goûter. Par ailleurs, le terme « dessert » pour le repas de midi et du soir n'est pas suffisamment précis, et si des gâteaux ont été consommés, les quantités de sucre et de corps gras risquent d'être excessives ;

– insuffisance de consommation de produits laitiers qui apporteraient le calcium nécessaire lors de la forte poussée de croissance de l'adolescence ;

– insuffisance de fruits crus qui fourniraient la vitamine C.

b- Exemple de répartition alimentaire équilibrée sur la journée.

Rappel préalable de principes simples d'équilibre alimentaire.

Répartition de la ration en 4 repas avec une répartition de l'énergie qui peut être ici :

- – petit déjeuner : 25 % de l'AET (apport énergétique total),
- – déjeuner : 35 % de l'AET,

– goûter : 10 % de l'AET,
– dîner : 30 % de l'AET.

Par jour :
– un plat principal de viande ou poisson ou œufs,
– un plat principal de féculents,
– un plat principal de légumes cuits.

Par repas :
– une crudité plus une dans la journée sous forme de fruit cru,
– un produit laitier,
– un accompagnement de pain et de l'eau.

En pratique, les 5 groupes d'aliments sont représentés dans chacun des deux repas principaux.

Petit déjeuner : lait chocolaté, pain, beurre, confiture, jus de fruit.

Goûter : lait et biscuits.

	Entrée	Plat protidique	Plat d'accompagnement	Produit laitier	Dessert
Déjeuner	crudité	poisson	féculent	produit laitier	fruit cuit
Dîner	féculent	complément protidique (œuf par exemple)	légumes cuits	produit laitier	fruit cru

5 - ***Trois conseils relatifs à l'hygiène bucco-dentaire :*** brossage des dents après chaque repas, limitation des apports de sucreries, administrations de fluor. Ne pas oublier de consulter régulièrement le dentiste.

6 - ***Groupes de mots :*** Ovaires et corps jaune, antigènes et vaccins, muscles et fibres, langue et papilles, foie et bile.

7 - ***Quatre moyens contraceptifs :*** contraception orale (pilule), préservatif, stérilet, diaphragme.

8 - ***Quatre vaccinations obligatoires en France :*** contre la tuberculose (BCG), la diphtérie, le tétanos, la poliomyélite.

9 - ***Globules rouges :*** transport du dioxygène. ***Globules blancs :*** défense de l'organisme.
Plaquettes : coagulation du sang.

10 - ***Sigles :*** OMS : organisation mondiale de la santé.
IVG : interruption volontaire de grossesse.
CSG : contribution sociale généralisée.
SIDA : syndrome d'immuno-déficience acquise.

11 - ***Le taux légal d'alcool dans le sang,*** en France est au maximum de 0,5 g d'alcool par litre de sang.

12 - ***Les artères véhiculent le sang du cœur aux organes, les veines le véhiculent des organes au cœur.***

L'ENTRETIEN AVEC LE JURY

L'ENTRETIEN AVEC LE JURY

I - La présentation de l'épreuve

A - La seule épreuve d'admission du concours

L'entretien avec le jury est la seule épreuve incontournable du concours d'aide-soignant et d'auxiliaire de puériculture. En effet, que vous soyez ou non titulaire d'un diplôme ou fort d'une expérience professionnelle, vous aurez à vous présenter devant un jury pour « une épreuve orale d'admission, notée sur 20, consistant en un entretien de quinze minutes avec le jury, précédé de dix minutes de préparation à partir d'un thème relevant du domaine sanitaire et social » (Décret n° 94-624 du 22 juillet 1994 relatif au certificat d'aptitude aux fonctions d'aide-soignant et au certificat d'aptitude aux fonctions d'auxiliaire de puériculture).

B - Le déroulement de l'épreuve

L'épreuve, d'une durée globale de 15 minutes, se déroule en deux parties, auxquelles s'ajoute un temps de préparation de 10 minutes.
La première partie consiste en un exposé portant sur l'actualité sanitaire et sociale.
Au cours de la deuxième partie, vous répondrez aux questions du jury et présenterez les raisons pour lesquelles vous faites acte de candidature à ce concours.

II - La préparation à l'entretien

A - Une préparation de longue haleine

N'attendez surtout pas la fin de l'épreuve écrite pour vous mettre à lire et prendre des notes sur les grands thèmes sanitaires et sociaux. Pour vous aider, procurez-vous un ouvrage qui rassemble l'étude et l'analyse de ces sujets, par exemple *Préparation aux concours des établissements de formation du secteur sanitaire et social*, aux Éditions Foucher, et à côté, créez vos propres fiches – format bristol –, sur lesquelles vous noterez des informations complémentaires chapitre par chapitre (une fiche « sida », une fiche « aide à domicile », une fiche « alcoolisme », etc.). Vous aurez trouvé ces informations complémentaires dans la presse écrite, télévisée, radiophonique… : notez systématiquement ce qui vous paraît intéressant, nouveau, sans omettre les explications techniques car elles auront l'intérêt d'avoir été vulgarisées, et donc accessibles au plus grand nombre. Non seulement vous les comprendrez mais vous serez capable de les restituer.
N'oubliez pas que les jurys sont sensibles à l'ouverture des candidats sur le monde, et notamment sur l'actualité médicale. Attention toutefois à utiliser correctement ces informations (voir paragraphe « bien utiliser ses connaissances de l'actualité sanitaire et sociale »).

B - Les grands thèmes sanitaires et sociaux

Les thèmes qui inspirent les questions de la plupart des concours paramédicaux et sociaux sont les suivants : accident, alcoolisme, assistance médicale à la procréation, bioéthique, cancer, chômage, délinquance, démographie française, dons d'organes, de tissus, de sang, drogue, environnement, exclusion sociale, famille, garde des jeunes enfants, handicap, hôpital, immigration, jeunes, maladies cardiovasculaires, maladies mentales, maladies sexuellement transmissibles, maltraitance des enfants, pays en voie de développement, personnes âgées, planification familiale, professions sanitaires et sociales, protection sociale, santé publique, sida, tabagisme, valeurs, villes et banlieues… Dans l'ouvrage *Préparation aux concours des établissements de formation du secteur sanitaire et social*, Éditions Foucher, vous trouverez les données et l'analyse de tous ces thèmes.

À savoir : les thèmes sanitaires et sociaux sur lesquels vous êtes interrogé sont l'objet de problématiques. Ainsi, on ne vous demande pas de faire un exposé sur la toxicomanie en général, mais sur la toxicomanie chez les jeunes par exemple ; et on circonscrira peut-être encore davantage le problème en vous suggérant une esquisse de plan, par exemple : « La toxicomanie chez les jeunes : quelle prévention ? ».

C - Exemples de sujets

– Qu'entendez-vous par médecine du travail ? Développez son rôle.

– Une personne séropositive et une personne atteinte du sida ont des points qui les différencient, exposez-les.

– Qu'est-ce que la protection maternelle et infantile (créée en 1974), quelles sont ses actions ?

– « L'alcool, la drogue, le tabac, ça tue la vie », que pensez-vous de cette citation ?

– Pensez-vous que la notion de handicap est toujours liée à la notion de dépendance (ou de perte d'autonomie) ?

– Citez les facteurs d'ordre psychologique pouvant conduire un adolescent à l'alcoolisme.

– Plusieurs éléments entravent les possibilités de communication des personnes âgées avec leur entourage. Expliquez.

– La gérontologie c'est l'avenir, qu'en pensez-vous ?

– Citez les influences positives et négatives du travail sur la santé de l'individu.

– À l'âge où tous les espoirs et les rêves sont encore permis, certains adolescents se donnent la mort. Comment expliquez-vous ce phénomène et qu'en pensez-vous ?

– Sous quelle forme trouve-t-on les principaux polluants dans l'atmosphère ? Quels sont leurs effets sur l'organisme ?

– Quels sont les éléments à prendre en compte pour le retour au domicile d'une personne âgée seule après un séjour à l'hôpital ? Expliquez vos réponses.

– Le gouvernement parle de la réduction du coût de la santé. Qu'en pensez-vous ?

– Quand devient-on vieux ?

– Les fast-food : quels sont les avantages et les inconvénients de ce type de restauration ? Qu'en pensez-vous ?

– Qu'appelle-t-on les nouveaux pauvres ? Expliquez.

– Quelle importance doit-on donner au petit déjeuner ?

III - Le travail sur le sujet : entraînement

A - Bâtir son exposé en 10 minutes

1 – Faire parler le sujet

Exemple sur le sujet « **La toxicomanie chez les jeunes : quelle prévention ?** » : *la* ou *les* toxicomanies ? Vous constatez ainsi qu'il y en a plusieurs, et que les réponses à apporter peuvent différer. Analysez le mot *prévention*, de la même famille que prévenir : précéder, aller au-devant de quelque chose pour faire obstacle, détourner, éviter ; comment faire si on ne connaît pas les causes ?... Interrogez-vous sur chaque terme du sujet, et allez au-delà de la simple question qui vous est posée.

2 – Jeter ses idées sur le papier

Exemple sur le sujet « **Pourquoi peut-on dire que l'alcool est une drogue ?** ».
Deux mots sont importants, faites deux colonnes et remplissez-les des idées qui vous viennent immédiatement :

Alcool	Drogue
– Importance du comportement social. En France, alcool = fête.	– Dépendance
– Cause de 40 % des accidents de la route, et du travail.	– Danger de mort
– Coût pour la société.	– Adolescents particulièrement touchés – Difficulté pour s'en sortir – Exclusion – Drogue douce = drogue dure ?

Ressemblances

– **Les causes** peuvent être communes : faiblesse, influence, frustration, attrait de l'interdit, d'où compensation par un produit qui fait office d'euphorisant ou d'antidépresseur.

– **Les conséquences** sont également similaires : exclusion, rupture de la vie sociale, familiale, affective ; accidents du travail, de la route...

– **Les remèdes** (avant et après) : prévention, information au niveau individuel (aides psychologique, médicale) ; au niveau de la société (aide à la réinsertion professionnelle).

Différences essentielles

– **Légalité** de la vente et de la consommation de l'alcool, illégalité de la drogue ; donc facilité pour se procurer de l'alcool, également moins onéreux.

– Questions sur la **législation** : on parle de dépénalisation de la consommation des drogues dites douces (essai aux Pays-Bas). Pour schématiser, les partisans de cette mesure prétendent que l'on peut ainsi mieux contrôler leur consommation, l'attrait de l'interdit s'en trouve également diminué. Les adversaires de cette permissivité craignent une banalisation de la consommation de ces substances et donc l'oubli que ce sont des produits dangereux.

Conclusion

Il y a effectivement plus de ressemblances que de différences.

En effet, si on considère que la drogue ou « stupéfiant » est une substance toxique agissant sur le système nerveux et dont l'usage provoque une dépendance, alors, l'alcool répond à cette définition.

Quant aux différences, la principale est d'ordre légal.

On peut conclure sur une question qui élargit le sujet : quand on dit que les drogues sont plus dangereuses que l'alcool, n'est-on pas surtout influencé par le risque pénal encouru, alors que sur le strict plan de la santé et du coût pour la société, l'alcool cause incontestablement plus de dégâts et de décès que les stupéfiants ? Le dernier rapport fourni au gouvernement par une assemblée de spécialistes va dans ce sens.

3 – Bâtir un plan

Lorsque vous avez épuisé les ressources de vos idées, celles qui vous seront venues par association, par analogie... ordonnez-les et faites un plan pour que votre exposé soit structuré ; pour ce faire, aidez-vous du libellé du sujet.
Au minimum, un plan doit comporter deux parties, elles-mêmes subdivisées en deux sous-parties. Chaque partie correspond à une idée ; attention à la tentation d'en faire des tiroirs fourre-tout ! Ici, la question suggère un plan en deux parties :
1 - L'alcool est une drogue (les ressemblances).
2 - Mais vente et consommation d'alcool ne sont pas interdites par la loi (les différences).

4 – Finir en rédigeant l'introduction

Cela peut paraître curieux mais cette méthode s'avère efficace parce qu'il est adroit de n'annoncer son plan que lorsqu'on le connaît ; ainsi, vous ne serez pas tenté de le remanier au dernier moment au risque d'oublier de le faire dans l'introduction.
La fonction de l'introduction est de présenter le sujet, au besoin en reprenant les mêmes termes que son libellé, et d'annoncer le plan de l'exposé.
Exemple : « L'alcool échappe à la définition commune de la drogue : en effet, il n'est pas considéré comme un stupéfiant. Mais, comme la drogue, il entraîne des comportements de dépendance et si l'on considère la mortalité consécutive à la consommation de ces deux sortes de produits, il apparaît comme beaucoup plus dangereux.
Nous verrons dans un premier temps les ressemblances entre alcool et drogue, puis la raison essentielle de leurs différences. »
Dernier conseil de méthode : ne rédigez pas l'ensemble de votre exposé mais la ou les phrases d'introduction et de conclusion. Elles sont les éléments indispensables et les plus soignés de votre exposé. Parlez à partir de vos notes. Vous serez entraîné à présenter des sujets (voir conseils généraux) devant un public, la parole vous viendra ainsi aisément.

B - Bien utiliser ses connaissances de l'actualité sanitaire et sociale

Les informations que vous recueillez par vos propres moyens doivent passer par la grille de votre esprit critique car vous ne devez pas paraître trop naïf ou crédule face au jury. Les informations en matière de santé appellent plusieurs réflexions.

1 – Dans l'introduction

Elles peuvent servir avec succès d'accroche à une introduction d'exposé.
Exemple, en mai 1998, après la révélation par la presse de la réussite de plusieurs opérations à cœur ouvert assistées par ordinateur, on peut écrire : « Les exploits de l'équipe des Professeurs Carpentier et Loulmet à l'hôpital Broussais à Paris ouvrent des perspectives révolutionnaires pour la chirurgie assistée par ordinateur. »
Dans la deuxième phrase d'introduction, il convient de présenter le sujet et d'en annoncer la problématique. Exemple – s'il s'agit d'un sujet sur le remplacement de l'homme par l'ordinateur dans le domaine médical – : « Mais on sait depuis longtemps qu'il est impossible et non souhaitable d'abandonner entièrement la science à la technique. »

Puis vous exposez le plan de votre exposé : « Nous verrons dans un premier temps dans quelles circonstances la machine a avantageusement remplacé l'homme, puis comment et pourquoi il conviendra de toujours contrôler et maîtriser le progrès. »

2 – Prudence dans l'utilisation des « scoops » médicaux

Les informations médiatiques appellent la prudence : tous les effets d'un produit nouveau ne sont pas connus au moment de l'annonce. Méfiez-vous du « médiatiquement scientifique » ! Pour les évoquer, employez le mode conditionnel ou posez des questions ; dans tous les cas, ne soyez jamais catégorique, nuancez vos propos. Vous croyez peut-être en savoir beaucoup, vous en savez toujours moins que vos examinateurs : le but n'est pas de les épater, mais de les convaincre que vous êtes ouvert sans être crédule ; que vous êtes sincère et modeste, et surtout que vous êtes doté de qualités relationnelles.
Exemple, ne dites pas : « On vient de trouver le remède miracle contre l'impuissance », mais plutôt : « On nous présente *Viagra* comme un remède miracle contre l'impuissance, mais… », ou mieux encore : « Deux semaines après avoir présenté *Viagra* comme la panacée contre l'impuissance, les médias s'interrogent sur ses effets secondaires indésirables, cinq consommateurs de ce remède miracle étant décédés depuis. »

3 – Dans la conclusion

Autre manière d'utiliser ces informations : dans la conclusion. Pour ouvrir sur un sujet proche de celui que vous aurez traité, l'évocation critique d'une actualité médicale médiatique peut influencer favorablement le jury. Exemple à partir d'un sujet sur le remplacement de l'homme par l'ordinateur dans le domaine médical : « On ne peut donc imaginer qu'un robot manipulé par un ordinateur fonctionne sans l'assistance de l'homme ; mais il serait plus réaliste d'affirmer que c'est l'homme qui se fait assister d'un ordinateur, et non l'inverse. La technique ne peut rien sans l'homme car c'est lui qui l'utilise pour améliorer son emprise sur l'environnement, dans le domaine de la santé comme dans d'autres. Il n'y aura jamais de téléchirurgie sans chirurgien ! »

IV - L'entretien avec le jury

A - Les objectifs de l'épreuve

Le rôle du jury n'est pas de faire chuter le candidat, mais de sélectionner celles et ceux susceptibles de devenir de bons aides-soignants et auxiliaires de puériculture, c'est-à-dire des gens qui exerceront un métier souvent difficile, fatigant, qui devront, malgré les contraintes de leurs tâches, rester aimables et attentifs aux malades (enfants, personnes âgées), à leurs parents, être disponibles et à l'aise dans le contact avec les autres.
L'objectif de l'épreuve est d'apprécier la personnalité, de juger les qualités de réflexion, le niveau de connaissances générales et la motivation professionnelle des nombreux candidats.
Les questions qui vous seront posées concernent deux domaines de compétences :
– le thème sanitaire et social sur lequel vous venez de travailler ;
– vos motivations professionnelles.

B - L'exposé sur un thème sanitaire et social

La première impression du jury est essentielle : soignez votre entrée dans la salle et la façon de vous présenter (voir conseils généraux).

Attendez que l'on vous convie à présenter votre sujet et lancez-vous ; vous vous serez entraîné à parler en public auparavant (voir conseils généraux), la première phrase sera la plus difficile, c'est pourquoi vous l'aurez rédigée, puis les mots vous viendront plus aisément. Le plan que vous aurez préparé sera sous vos yeux, mais attention, ne le lisez pas, jetez-y seulement un coup d'œil de temps en temps afin de ne pas vous perdre et donner ainsi une impression de désordre.

C - Les réponses aux questions sur l'exposé

Il est probable que vous n'ayez pas tout dit sur le sujet, ou que le jury veuille vous tester un peu plus : ne paniquez pas, répondez du mieux que vous pouvez.
Regardez toujours en face la personne qui vous interroge.
Si vous n'avez pas exactement compris ce que l'on cherche à vous faire dire, reformulez la question, afin de vous assurer de ne pas commettre de contresens.
Si vous ne connaissez pas la réponse, jouez la sincérité et dites-le simplement : il vaut mieux reconnaître son ignorance que dire n'importe quoi !
Le jury peut vous avoir interrompu avant la fin de votre exposé : demandez-lui alors la permission de livrer votre conclusion sur le sujet, il sera sensible à votre effort de structuration. Puis il vous interrogera sur vos motivations.

D - La présentation des motivations en cinq minutes

1 – Première règle : être authentique

Ne cherchez pas à afficher des motivations ou des connaissances du métier que vous n'avez pas. Le jury est toujours plus sensible à un candidat modeste mais authentique qu'à un candidat parfait mais dont la sincérité est incertaine. Cependant, à l'inverse, vous devez montrer que vous vous êtes intéressé au métier et à la carrière, que vous vous êtes renseigné, dans un CIO (centre d'information et d'orientation), un CIDJ (centre d'information et de documentation de la jeunesse) etc., que vous avez rencontré des aides-soignants et des auxiliaires de puériculture ; notez sur une fiche les différentes démarches que vous avez entreprises et ce que chacune d'elles vous a apporté.
Préparez cette partie de l'entretien en vous rappelant que le total n'excède pas cinq minutes.

2 – Deuxième règle : écouter attentivement la (ou les) question(s) du jury

Au besoin, prenez des notes, cela vous évitera de vous égarer dans des considérations ou des renseignements dont le jury n'a que faire. Concentrez-vous sur la question qui est posée et tâchez d'y répondre de façon structurée.
Exemple de question : *Quels sont les événements, dans votre parcours personnel, scolaire ou professionnel, qui vous ont conduit à présenter ce concours ?*
Exemple de réponse (en plusieurs points) :
– *Il y en a plusieurs...* Ne paraissez pas exhaustif ou trop fougueux, faites la part des choses, tenez des propos mesurés. *Telle personne de mon entourage exerce une profession médicale et je me suis toujours senti attiré par les métiers où l'on s'occupe des malades (ou des enfants)...*
– *Mais ma réflexion a mûri du fait d'une autre expérience (hospitalisation ou visites régulières à un proche dans un établissement sanitaire ou hospitalier, et rencontre avec des aides-soignants ou des auxiliaires de puériculture, ou encadrement d'enfants lors de séjours, colonies, cantines...).*

Néanmoins je connais les inconvénients du métier (horaires décalés, stress, travail physiquement éprouvant...).
Malgré cela, je pense avoir la solidité nerveuse suffisante. Mon expérience en tant que (animateur, baby-sitter, aîné d'une famille nombreuse...) m'a appris à surmonter ces difficultés.
Si vous avez subi des échecs à un examen ou un concours en relation avec ce secteur, présentez l'intérêt que vous en avez retiré. Vous avez été déçu de ne pas le réussir, dites-le simplement mais ne présentez surtout pas votre tentative au concours présent comme un pis-aller.
Votre souhait remonte à longtemps. Précisez-le en évitant la phrase « *j'ai toujours eu envie de soigner les gens !* » ; la majorité des enfants passent par une phase de ce type.
Préférez une formulation du type « *Ce désir est fort depuis longtemps, cela s'est traduit par des activités en relation avec la santé : passage du brevet de secouriste, visites d'hôpitaux, de maisons d'enfants, de haltes-garderies, lecture de revues spécialisées...* »
Puis expliquez ce qui vous a attiré dans ces activités : contact avec le public, les enfants, le monde médical, diversité des missions, travail en équipe, action...
Votre désir est récent. Ce n'est pas un handicap ; exprimez simplement ce qui a déclenché cette motivation : une rencontre avec quelqu'un qui vous a parlé de ce métier, un événement où vous avez vu des équipes de ces personnels en action, la visite d'une maison de soins, etc. Présentez ensuite les démarches que vous avez entreprises pour approfondir cet intérêt.
Pour conclure l'exposé de ce volet, vous pouvez évoquer, si cela correspond à vos désirs, les évolutions que vous envisagez dans votre carrière professionnelle. Pour cela, renseignez-vous dès maintenant sur les perspectives de carrière, les concours internes, examens professionnels...
Entraînez-vous à présenter ces motivations en trois ou quatre minutes.

3 – La dernière minute

Enfin, si on vous y invite ou si vous jugez que d'autres facettes de votre personnalité peuvent avoir un rapport avec votre futur métier, vous les présenterez sommairement. Il peut s'agir d'activités associatives dans un club sportif, d'une passion pour une activité particulière. Si vous êtes secouriste, présentez votre engagement, les interventions ou les événements qui vous ont marqué.
À l'issue de votre propos, apportez une conclusion qui vous permette de rendre la parole au jury. Cela peut être sous la forme « *Voilà toutes les raisons qui me motivent. Je suis à votre disposition pour répondre à vos questions.* »
Pour réussir cette prestation, vous pouvez utilement réaliser une fiche de synthèse (ce peut être un *curriculum vitae* qui vous servira pour la suite). Elle vous aidera à structurer vos propos et à vous entraîner. En effet, après avoir fixé la trame de son exposé, il faut s'habituer à le dire en respectant la règle des cinq minutes maximum. Attention il ne s'agit pas de réciter un texte. Au contraire, imaginez que vous racontez une histoire ! Soyez naturel, parlez avec vos mots tout en faisant attention aux expressions employées.
Entraînez-vous au début seul, devant une glace, avec une montre ; puis, devant des amis ou de la famille.
Cet exercice devant un public vous aidera à surmonter votre trac.

E - Les réponses aux questions sur la motivation

Dans cette partie, le jury va peut-être, par différentes questions, revenir sur votre exposé pour apprécier votre sincérité, la cohérence de vos propos ou approfondir un point particulier. Exemple de questions : *pouvez-vous nous préciser ce que vous voulez exprimer par... ? Pouvez-vous développer l'idée que vous avez avancée... ?*
Le jury va chercher à mieux cerner les aptitudes et les qualités du candidat sur les points essentiels des métiers d'aide-soignant et d'auxiliaire de puériculture :
– capacité à s'adapter à la vie en collectivité ;
– expérience personnelle et capacité à en tirer un enseignement ;
– capacité de réagir face à des situations imprévues ;
– capacité d'ouverture sur le monde et d'écoute de l'autre.
Afin de répondre au mieux au jury, prenez un peu de temps avant de parler, au besoin écrivez rapidement les idées que vous souhaitez developper. Si vous ne savez pas répondre à une question, dites-le plutôt que d'inventer une réponse.

V - Conseils généraux

A - La tenue

1 – Première règle

Vous devez vous sentir à l'aise et ne pas vous engoncer dans des vêtements que vous n'avez pas l'habitude de porter (n'étrennez pas un costume trois-pièces pour cette occasion !).

2 – Deuxième règle

Votre tenue doit être décente et sobre (pas de couleur fluorescente, de jean délavé, de chaussures de sport...).
Les femmes veilleront à la bonne longueur du vêtement, surtout pas de tenue provocante : minijupe et décolleté plongeant sont à prohiber ! Le maquillage sera de bon goût ainsi que les bijoux – dont le port sera ultérieurement limité quand elles porteront la blouse de rigueur. Les adeptes du percing rangeront les accessoires et les hommes leur boucle d'oreille.

3 – Troisième règle

Apparaissez de façon qu'il n'y ait aucun doute quant à votre propreté ou votre hygiène. Ongles et cheveux doivent être irréprochables ; même si vous n'en avez pas l'habitude, pensez, ce jour-là particulièrement, à discipliner votre coiffure.
Si cela vous est possible, pour vous assurer que vous n'avez rien oublié, interrogez, avant de partir, une personne proche en qui vous avez totalement confiance. Il n'est pas question non plus de vous laisser déstabiliser par une réflexion blessante ; prévenez la personne que l'enjeu est important, mais que vous ne voulez pas donner l'impression d'être « déguisé ».

B - L'entrée dans la salle et l'attitude générale

1 – Ce qu'il faut faire

Entrez dans la salle, de manière naturelle, en disant « *bonjour messieurs* » ou s'il y a une dame « *bonjour madame ; bonjour messieurs* ».

Déclinez votre identité, attendez ensuite que l'on vous invite à vous asseoir et que le jury vous donne la parole. Déposez devant vous un crayon, une feuille de papier et la fiche que vous aurez préparée.
De même, lorsque le jury vous précisera qu'il a terminé votre audition, remerciez-le pour son attention, n'oubliez pas de le saluer, levez-vous et quittez la salle de manière naturelle.

2 – Ce qu'il ne faut pas faire

De nombreux candidats ignorent encore le b-a-ba des règles de savoir-vivre.
Vous vous interdirez de :
– rentrer dans la salle avec les mains dans les poches,
– mâcher du chewing-gum,
– être avachi(e) sur la chaise,
– jouer avec un objet (stylo, pièces de monnaie…) pendant l'entretien,
– ne pas regarder les membres du jury.
À l'inverse, ne cherchez pas à adopter un comportement qui ne correspond pas à votre apparence naturelle. Là encore, l'attitude adéquate se trouve dans l'équilibre juste entre décontraction et rigidité.

C - L'élocution

1 – Ce qu'il faut faire

Vous devez parler correctement ! Et ce, à plusieurs niveaux :
– soyez audible ; les membres du jury doivent entendre ce que vous dîtes. Vous devez donc parler suffisamment fort ; attention aux chutes d'intensité sonore en fin de phrase !
– vous devez être compréhensible ; votre discours doit être clair et votre syntaxe correcte.

2 – Ce qu'il ne faut pas faire

Sachez que les fautes s'entendent ! Un mauvais accord du participe passé, une liaison mal à propos ou une négation oubliée font toujours mauvaise impression. Ne vous lancez pas dans des phrases complexes : vous risquez de perdre le fil conducteur de votre pensée et de commettre des fautes de syntaxe lourdes.

3 – Comment y parvenir

Comme pour toutes les autres épreuves, seul l'entraînement vous fera progresser.
Faites d'abord un bilan : interrogez vos proches sur vos éventuels tics de langage, répétitions – notamment d'expressions à la mode du style « j'veux dire » ou des « euh » récurrents…
Enregistrez-vous alors que vous vous exercez à faire l'exposé sur vos motivations (voir partie suivante).
Notez vos défauts, réessayez, réécoutez le résultat etc. Soyez sans pitié, aussi bien sur l'évaluation de vos carences que sur le temps d'entraînement nécessaire pour obtenir une amélioration.
Chronométrez votre temps de parole. En effet, on parle plus vite que l'on écrit. Afin de ne pécher ni par excès, ni par défaut, évaluez précisément le rapport de temps entre ce que vous écrivez sous forme de plan et ce que vous en dites effectivement.

D - La gestion du stress

Vous avez le trac : pas de panique, c'est un phénomène naturel qui touche tous les candidats à une épreuve orale ; il est même plutôt rassurant. En effet, on imagine mal un candidat motivé afficher une décontraction exagérée car elle pourrait être interprétée comme de l'indifférence ou du laxisme.

L'important est de le maîtriser, et non de vouloir le cacher ou le supprimer. Pour cela, il faut :

– d'une part s'entraîner à prendre la parole devant un public ;

– d'autre part, préparer ses connaissances pour l'entretien, en particulier au moyen d'une fiche de synthèse (voir conseils ultérieurs) ;

– être « en forme » et suffisamment « bien dans sa peau » pour être capable de sourire ; il est toujours plus agréable pour un jury d'avoir face à lui un candidat aimable qu'un angoissé taciturne !

– faire attention à la fatigue : soyez et apparaissez reposé.

E - La préparation physique

1 – L'attente

Il est possible que vous soyez obligé de patienter avant que l'on vous communique le sujet que vous devez exposer. Dans une salle d'attente, avec les autres candidats, ne vous laissez pas gagner par le stress : concentrez-vous sur une activité de détente (lecture, musique...), il n'est plus temps de réviser.

2 – À l'heure d'entrer dans la salle

Si tous les autres conseils n'ont pas suffi : vous pouvez pratiquer quelques exercices respiratoires :

– Respirez doucement et profondément plusieurs fois de suite en vidant bien vos poumons à chaque expiration.

– Pensez à quelque chose qui vous est agréable et qui n'a aucun rapport avec le concours.

– Dites-vous que vous faites au mieux ce que vous êtes en train de faire !

3 – Le jour J

La veille, vous aurez préparé vos vêtements, une pochette contenant votre convocation, une pièce d'identité et des feuilles blanches, un livre ou une revue ou un baladeur en vue d'occuper votre temps de transport et d'attente avant la distribution du sujet d'oral, et un sac contenant également de quoi écrire.

Pensez à une alimentation équilibrée et notamment à un petit déjeuner consistant si vous êtes convoqué le matin, et à vous munir d'une barre de céréales si l'entretien doit avoir lieu en fin de matinée.

Arrangez-vous pour arriver à l'entretien en avance ; rien de pire que de se sentir en retard. Vous aurez pu repérer le trajet auparavant, le chronométrer ; n'oubliez pas d'ajouter 20 bonnes minutes de sécurité afin d'intégrer les imprévus (incident mécanique, arrêt prolongé du métro, embouteillages...).

Vous n'avez pas le droit d'être pris au dépourvu ; vous éviterez également d'arriver essoufflé, l'effet serait médiocre.

4 – Les jours précédents

Détendez-vous ; il n'est plus temps d'apprendre quoi que ce soit.

Mais continuez à lire la presse. Tenez-vous au courant des dernières informations sur la vie sanitaire et sociale nationale et internationale. Le jury peut vouloir tester votre ouverture d'esprit sur le monde contemporain ou des problèmes de société. Inutile cependant de vous attaquer à des journaux que vous n'avez pas l'habitude de lire, qui vous paraîtront alors trop compliqués ; cela vous déstabilisera. Votre quotidien régional, le journal de 20 heures et un hebdomadaire suffiront.

Faites du sport ou une activité physique susceptible de vous « vider la tête » : natation, vélo, course à pied, promenades…

Dormez suffisamment.

Ayez toujours un livre (ou un film) sur le feu !

Dès le début de la préparation du concours, vous aurez commencé à lire. Ne choisissez pas un classique si vous gardez de mauvais souvenirs de Balzac ou Zola, mais prenez un ouvrage considéré comme sérieux, pourquoi pas une nouveauté, essai ou roman ? Les jurys aiment interroger sur la lecture ou tout autre sujet culturel. Entraînez-vous à parler de ce que vous aimez afin d'être capable d'exposer, voire de faire partager vos centres d'intérêt.

ANNEXE
DES ADRESSES UTILES

LES DIRECTIONS RÉGIONALES DES AFFAIRES SANITAIRES ET SOCIALES (DRASS)

ALSACE
Cité administrative
2, rue de l'Hôpital-Militaire
67084 STRASBOURG Cedex
Tél : 03 88 76 76 81

AQUITAINE
Cité administrative
Rue Jules-Ferry - BP 100
33090 BORDEAUX Cedex
Tél : 05 56 24 80 80
Fax : 05 56 24 51 05

AUVERGNE
Cité administrative
Rue Pélissier
63034 CLERMONT-FERRAND Cedex
Tél : 04 73 60 90 00
Fax : 04 73 90 16 05

BOURGOGNE
11, rue de l'Hôpital - BP 1535
21035 DIJON Cedex
Tél : 03 80 44 30 00
Fax : 03 80 44 30 09

BRETAGNE
20, rue d'Isly
35042 RENNES Cedex
Tél : 02 99 35 29 00
Fax : 02 99 30 59 03

CENTRE
Immeuble Le Magellan
25, bd Jean-Jaurès
45044 ORLEANS Cedex 1
Tél : 02 38 77 47 00
Fax : 02 38 54 46 03

CHAMPAGNE-ARDENNES
7, bd Kennedy - Quartier Verbeau
51037 CHÂLONS-EN-CHAMPAGNE Cedex
Tél : 03 26 66 78 78
Fax : 03 26 65 57 46

CORSE
1, rue Colomba - BP 418
20308 AJACCIO Cedex
Tél : 04 95 50 91 11
Tél : 04 95 51 12 34

FRANCHE-COMTÉ
16, rue des Villas - BP 219
25015 BESANÇON Cedex
Tél : 03 81 80 36 22
Fax : 03 81 47 88 00

ILE-DE-FRANCE
58-62, rue de Mouzaïa
75935 PARIS Cedex 19
Tél : 04 42 00 33 00

LANGUEDOC-ROUSSILLON
615, bd d'Antigone
34064 MONTPELLIER cedex 1
Tél : 04 67 22 89 00

LIMOUSIN
24, rue Donzelot
87037 LIMOGES Cedex
Tél : 05 55 45 80 80

LORRAINE
Immeuble Les Thiers
4, rue Piroux - Case officielle n° 071
54036 NANCY Cedex
Tél : 03 83 39 29 29

MIDI-PYRÉNÉES
71 bis, allée Jean-Jaurès
31050 TOULOUSE Cedex
Tél : 05 61 29 30 00
Fax : 05 62 73 93 00

NORD-PAS-DE-CALAIS
62, bd de Belfort - BP 605
59024 LILLE Cedex
Tél : 03 20 62 66 00
Fax : 03 20 69 66 62

BASSE-NORMANDIE
27-29, rue des Compagnons
La Folie Couvrechef
14050 CAEN Cedex
Tél : 02 31 46 54 54

HAUTE-NORMANDIE
Cité administrative
2, rue Saint-Sever
76000 ROUEN Cedex
Tél : 02 35 38 59 60

PAYS DE LA LOIRE
Maison de l'administration nouvelle
Rue René Viviani - Ile Beaulieu
44062 NANTES Cedex 02
Tél : 02 40 12 87 48

PICARDIE
52, rue Daire
80037 AMIENS Cedex 1
Tél : 03 22 82 30 00

POITOU-CHARENTES
28, rue Gay-Lussac - BP 559
86020 POITIERS Cedex
Tél : 05 49 42 30 00
Fax : 05 49 44 27 23

PROVENCE-ALPES-CÔTE-D'AZUR
23-25, rue Borde
13285 MARSEILLE Cedex 08
Tél : 04 91 29 99 99

RHÔNE-ALPES
107, rue Servient
69418 LYON Cedex 03
Tél : 04 72 34 31 32

ANTILLES-GUYANE
Immeuble Transat
Route de Sainte-Thérèse - BP 656
97263 FORT-DE-FRANCE Cedex
Tél : 00 (596) 63 31 61

COMPOSITION PARIS PHOCOMPOSITION CTP - PARIS
NORMANDIE ROTO IMPRESSION S.A. 61250 LONRAI - N° D'IMPRESSION 990224
EDITIONS FOUCHER - 31, RUE DE FLEURUS, 75006 PARIS - N° 13 132 FEVRIER 99 - OI - DL/FA